마쓰시타 고노스케

일러두기

1. 마쓰시타 고노스케가 창업한 회사 이름은 2008년 이후 지금까지 정식 명칭으로 사용하고 있는 '파나소닉'으로 통일했다.
2. 책에 수록된 사진은 저자가 직접 촬영한 사진이다. 그 외 파나소닉, 일본정부관광국(JNTO) 등에서 제공받은 사진의 저작권자는 캡션에 표기했다.

마쓰시타 고노스케

오사카의 장사꾼에서 경영의 신으로

송희영 지음

21세기북스

머리말

1961년.

아버지는 군사 쿠데타 뉴스에 귀를 기울였다. 라디오는 함부로 만지지 못하도록 높은 선반 위에 올려놓고 있었다. 파나소닉의 옛날 브랜드인 '나쇼나루National' 상표가 선명했다. 미국산으로 착각했으나 동화 낭독과 어린이 노래자랑 프로를 애청했다.

1990년.

도쿄 서점에 마쓰시타 고노스케의 전담 코너가 있었다. 노벨문학상 수상 소설가나 인기 시인과 다를 바 없는 대접을 받고 있었다. 그의 경영 서적은 일본이 장기 침체에 빠져들면서 더 팔려나갔다. 후배 경영인들이 그가 남긴 말씀에 밑줄을 그어가며 되새김질하고 있었다.

2018년.

오사카 위성도시 이바라키시茨木市의 마쓰시타松下라는 동네를 찾아갔다. 멋진 TV 공장이 들어서자 주민들은 마을 이름을 마쓰시타로 바꾸었다. 이 공장에는 중국의 개혁 정책을 지휘하던 덩샤오핑鄧小平과 영국 다이애나 황태자비가 방문했다. TV 생산이 1억 대, 2억 대, 3억 대를 돌파할 때면 화려한 출하 파티를 열었으나 4억 대 출하 기념식은 갖지 못하고 공장 문을 닫았다. 잔해가 치워진 터에서는 이제 문화재 발굴 작업이 진행되고 있었다.

마쓰시타가 창업한 파나소닉은 IT 기술의 큰 물결에 휩쓸려 사라지는 게 아닌가 싶었다. 삼성전자에 잠시 밀려나 있지만 창업 100년을 넘긴 오늘도 여전히 글로벌 500대 기업으로 남아 있다.

회사보다 훨씬 우뚝 살아 숨 쉬는 존재가 창업자다. 그는 역사박물관 안의 코너에 갇혀 있지 않았다. 낡은 역사책의 한 쪽을 메우고 있는 국보가 아니라 현역으로 뛰고 있는 올림픽 금메달리스트 같았다.

오늘도 그의 경영 비법을 배우고 토론하는 모임이 일본 어디에선가 열리고 있을 것이다. 기업인뿐 아니라 30대, 40대 아줌마들까지 마쓰시타 모임을 결성하고 있다. 그가 생전에 머물렀던 장소에는 그와의 인연을 적은 팻말과 기념비가 어김없이 서 있고, 방문자들이 이어지고 있다.

마쓰시타가 1989년 4월 사망한 지 꼬박 한 세대가 지났다. 기억에서 지워질 만한 세월이건만 아직도 일본 역사상 가장 뛰어난 기업인으로 추앙받고 있다.

그의 기업가 혼魂을 갈망하는 목소리가 한국서도 부쩍 높아지고 있다. 대기업의 역할이 한계에 도달한 게 아닌가 하는 걱정이 깊어가기 때문일 것이다. 총수 가족의 일탈과 갑질이 불쑥불쑥 터지고 있기 때문인지도 모른다. 경제가 더 어려워지고 재벌가 세습 전쟁이 치열해질수록 마쓰시타 인생에서 작은 열쇠를 찾아보려는 갈증은 더해질 것이다.

마쓰시타 고노스케를 그저 성공한 억만장자로 묘사하고 싶지 않았다. 그가 체험한 고민과 시행착오, 조직 내부의 마찰까지 담으려고 노력했다.

무엇보다 마쓰시타의 일생을 통해 한국 경제가 안고 있는 해묵은 과제를 함께 얘기해보고 싶었다. 재벌 기업의 후계자 세습 갈등, 과격성을 감추지 못하는 노사 갈등, 최고경영인의 일방 지시로 전략이 변덕을 부리는 경영 현장을 보며 마쓰시타가 이 시대 한국의 경영인이라면 어떻게 했을까, 그런 화두를 우리 기업인과 월급쟁이들에게 던지고 싶었다.

마쓰시타에 관해 소중한 증언을 해주신 다니이 아키오谷井昭雄 전 사장과 사진 자료를 기꺼이 제공한 조 츠치야土屋浩司 글로벌커뮤니케이션 부장 등 파나소닉의 여러 분들께 감사드린다. 파나소닉과 다리를 놓아준 안자이 타쿠미安西巧 일본경제신문 편집위원께도 깊은 감사를 올린다. 오랜 친구 타마키 타다시玉置直司 법무법인 광장 고문은 관련 서적을 제공했고, 때로는 현지 취재에 동행하며 솔직한 조언과 지적을 아끼지 않았다. 그의 도움이 없었으면 도저히 책을 완성할 엄두가 나지 않았을 것이다.

'우리나라에는 왜 이런 기업인 한 분이 없을까.'

40년 전 마쓰시타 고노스케를 처음 알게 된 이후 줄곧 그런 아쉬움을 버릴 수 없었다.

마침 그의 생애를 정리해달라고 권유한 21세기북스 김영곤 사장께 감사드린다. 덕분에 오사카, 교토, 와카야마에 흩어져 있는 마쓰시타 탄생지부터, 묘지, 창업의 터, 단골 목욕탕까지 현장을 3차례 취재할 수 있었다.

2019년 초봄에

1

'경영의 신'
마쓰시타 고노스케의 삶

일본 1000년 내 가장 뛰어난 경영인이었던 마쓰시타 고노스케는 스타 저술가였고 철학자이자 경세가經世家였다. 저학력, 허약 체질, 가난 등 인생의 3대 악재를 모두 딛고 일어선 그는 농업시대의 루저가 제조업시대의 영웅으로 변신한 상징적 인물이었다.

일본 1000년 내 가장 뛰어난 경영인

와카야마和歌山 여행은 가을이 제격이다. 단풍과 온천, 시골 기차, 트레킹을 가벼운 마음으로 즐길 수 있다.

2018년 11월, 간사이국제공항에서 와카야마 시내까지는 전차로 한 시간이 채 걸리지 않았다. JR와카야마역에서 기차를 갈아타고 동쪽으로 달리니 첫 정거장에 도착하기 전에 논과 귤밭, 비닐하우스가 눈앞에 펼쳐졌다. 인구 36만 명의 와카야마지만 일본 도시 변두리에서 흔히 보는 농촌 풍경이다.

목적지 센다千旦역은 무인역이다. 철로는 외길이다. 매시간 한두 번, 출퇴근 시간에는 세 번씩 두 칸짜리 짧은 시골 열차가 멈췄다 떠난다.

철도원은 하루 종일 없다. 개찰구가 따로 없어 내릴 때 기차 운전 수에게 열차표를 주어야 한다.

일본에는 20여 년 전부터 무인역이 급증했다. 센다역 산 너머 기시貴志역에선 12년 전부터 들고양이가 역장을 맡고 있다. 승객 감소와 인건비를 고민한 끝에 역무원을 없애면서 매점에서 자라던 들고양이 '타마'를 역장으로 임명했다.

외딴 시골 역의 고양이 역장 스토리는 엄청난 애완 고양이 붐을 일으켰다. 기시역은 단번에 유명 관광지가 됐다. 지붕을 고양이 얼굴로 디자인한 기시역 건물이 신축됐다.

역무원도 없는 센다역은 도시 변두리의 한적한 시골 마을에 있다.

타마를 소재로 영화와 드라마가 나왔고, 여러 가지 캐릭터 상품이 출시됐다. '고양이 경기'라는 표현이 언론에 등장했다. 1대 역장 타마가 사망했을 때는 일본의 모든 언론이 애도를 표했고, 미국과 한국 언론까지 부음 기사를 썼다.

센다역에서는 흔한 들고양이마저 눈에 띄지 않았다. 출입문 없는 센다역을 나서면 주차장이나 자동차 도로가 없다. 자전거 한 대가 가까스로 달릴 논두렁 밭두렁뿐이다. 센다역에서 도심으로 출근하는 주민과 등교하는 학생이 타고 온 자전거 40여 대가 길섶에 그냥 누워 있다. 인구가 줄고 있는 탓인지 인적은 드물다.

넓은 들판의 좁은 논두렁과 밭두렁을 꺾어가며 5분 안팎 걸으면 마을에 들어선다. 전에 와사무라和佐村라고 불리던 평야 지대의 동네다.

자그만 마을 공원 구석에 세계적인 전기전자회사 파나소닉그룹(과거 이름은 마쓰시타전기) 창업자 이름이 보인다. 마쓰시타 고노스케松下幸之助(1894~1989) 탄생지 표지석이다. 현지에서 나온 큼직한 바위에 글씨는 노벨 물리학상을 받은 교토대 교수가 썼다.

한국 경남 의령군에는 삼성, LG, GS 그룹의 창업자와 후손들 생가가 12곳 이상 복원돼 있지만 마쓰시타 탄생지에는 생가가 없다. 표지석뿐이다. 오사카 시내 창업 터에도 복원된 생가는 없다.

마쓰시타 생가는 파나소닉이 창업 100주년 기념으로 2018년 설립한 박물관에 창업 시절 세 들어 살았던 연립주택 모형이 복원돼 있다. 그가 태어난 집 터에는 현재 다른 주민이 새 집을 지어 살고

마쓰시타 고노스케의 생가에 세워진 탄생 표지석.

있다.

마쓰시타는 일본 최고 부자였다. 연간 소득세를 가장 많이 내는 1등 부자 명단에 7번 올랐고, 1955년 이후 사망하기 직전까지 34년 동안 소득세 납부 랭킹 10위 이내에 머물렀다. 일본에서 가장 오랜 세월 부자로서 명성을 유지했다.

그는 단지 세금을 많이 납부한 부자가 아니었다. 살아 있을 때 '경영의 신神'으로 추앙을 받았다. "호황도 좋지만, 불황은 더 좋은 기회다."라고 말하며 경기 사이클에 상관없이 흑자 경영에 성공했다.

"신이 일본 경제계에 내려보낸 사신使臣이다."

그를 요술 지팡이를 휘두르는 초인간적 존재로 신격화하는 교수들까지 있었다.

아사히신문이 서기 2000년 밀레니엄 특집을 내며 일본 국민을 상대로 여론조사를 실시했을 때 지난 1000년 동안 일본 기업인들 중에서 가장 뛰어난 인물 1위에 꼽혔다. 8559명의 응답자 2672명(31%)이 마쓰시타를 꼽았다. 2위는 혼다자동차 창업자 혼다 소이치로本田宗一郎였다. 혼다를 지목한 일본인은 마쓰시타의 절반에 미치지 못하는 1031명이었다.

소니생명보험회사가 2016년 일본 경영인 500명을 상대로 실시한 조사에서도 마쓰시타를 '이상적인 경영인' 선배로 꼽은 사람이 135명으로 압도적 1위였다. 혼다 소이치로가 60명으로 2위였고 손정의는 3위였다.

일본경제신문과 한국의 매일경제신문 조사에서도 마쓰시타는 손정의, 이나모리 가즈오稻盛和夫 교세라 명예회장과 함께 한국 기업인들로부터 가장 존경받는 일본 경영인으로 꼽혔다.

그는 성공한 경영인이자 수십 권의 베스트셀러를 집필한 스타 저술가였다. 삶의 지혜를 널리 전파한 철학자이자 나라의 장래를 걱정하며 국민들에게 꿈을 심어주었던 경세가警世家였다. 100여 개

신상품을 개발한 발명가이면서 노사 화합, 이익의 사회 환원 등 많은 측면에서 기업인의 모범이었다.

사망 후 3조 5000억 원 이상의 유산이 나왔으나 대부분 파나소닉 관련 보유 주식이었다. 집 이외 목 좋은 곳의 다른 부동산이나 해외 계좌, 특이한 금융 상품 같은 것은 없었다. 기부와 사회공헌 활동에 많은 개인 돈을 헌납한 결과였다.

이 시대 '살아 있는 경영의 신'으로 통하는 이나모리 가즈오 명예회장을 비롯한 많은 경영인들이 그를 닮고 싶어 했다. 저학력, 허약체질, 가난 등 인생의 3대 악재 가운데 하나를 안고 태어난 사람들은 3가지 악재를 모두 딛고 일어선 그로부터 위로와 용기를 받으려 했다. 그는 농업시대의 루저Loser가 제조업시대의 영웅으로 변신한 상징적 인물이었다.

자신을 낮춘 삶의 잣대는 세간의 상식

탄생 표지석 앞 좁은 길 건너에는 마쓰시타 가문의 가족묘가 조성돼 있다. '나무아미타불' 비석 아래 '마쓰시타가松下家'가 각인됐다. 마쓰시타 고노스케가 1989년 4월 94세 나이로 사망한 다음 해 만들어진 것이다.

그는 쌀 투기에 실패한 아버지를 따라 갓 네 살에 친척 등에 업혀 고향을 떠났다. 부모는 짐수레 두 대에 가재도구를 싣고 3남 5녀와

마쓰시타 고노스케는 92세였던 1987년 일본 최고 훈장인 일등욱일동화대훈장을 받았다. 일본 인들은 여전히 그를 이상적인 경영인으로 꼽는다. ⓒ 파나소닉 함께 마을에서 가장 큰 집을 뒤로해야 했다. 쫓기듯 찾아간 정착지는 와카야마 도심의 전셋집이었다.

"한몫 잡으려 하다 폭삭 망한 마쓰시타네를 봐라."

이런 비아냥거림은 수십 년간 동네 어른들의 단골 잔소리가 되고 말았다. 벼락치기 횡재를 조심하라는 경고였다. 아버지는 쌀 선물거래에 투자했으나 5년 만에 대대로 물려받은 가문의 전 재산을 잃었다.

고노스케가 세계적인 경영인이 되어 고향 땅에 돌아온 것은 91년 만이었다. 아버지가 마지막까지 버티다 처분했던 감귤밭을 사들여 가족묘를 만들고 조상들 위폐를 모셨다. 비아냥거림의 대상이 됐던 고향 땅에서 가문의 위신을 다시 세웠다고 볼 수 있다.

논픽션 작가 다테이시 야스노리立石泰則는 마쓰시타가 고향 땅에 묻힌 것을 귀소본능이라고 보았다. "선조가 뒤집어쓴 오명을 씻고 자신이 어떤 인물인지 실증하기 위한 고난의 길"을 갔다가 출발 지점에 돌아왔다는 말이다.

가문의 체통을 되찾은 것이었든, 어릴 적 살았던 안식처로 귀환한 것이었든 누더기 차림으로 나가 명품 브랜드 옷으로 갈아입고 귀환한 격이었다.

마쓰시타 탄생지 겸 가족묘는 동네 공원과 밭, 주택으로 둘러싸여 있다. 탄생 표지석은 마을 공원 끝자락에 있고, 가족묘 건너편은 와카야마시가 조성한 마쓰시타기념공원이다.

사망한 지 어느덧 30년이다. 그에게는 잊힐 권리조차 없다는 듯

참배하는 사람들이 끊이지 않는다. 참배객이 명함을 넣을 수 있도록 상자가 마련돼 있다. 깔끔한 묘지석 앞에 싱싱한 들꽃 다발이 두 묶음 놓여 있다.

묘지 바로 앞에는 승용차 3대를 세울 주차장이 마련돼 있고, 공중화장실과 음료수 자동판매기가 설치돼 있다. 게다가 5~6명이 앉아 음료수나 도시락을 먹을 수 있는 의자와 탁자까지 놓여 있다. 섬세하고 완벽한 손님 접대를 강조했던 마쓰시타는 죽어서도 손님맞이에 신경을 쓰고 있다는 인상을 준다.

마쓰시타 선조들은 이곳에서 적어도 200년 이상 살았다. 마을의 좋은 논밭은 대부분 가문의 땅이었다. 마쓰시타네 땅을 밟지 않으면 이웃 마을에 가지 못한다는 말을 들었다.

마쓰시타는 자기 가문을 '소지주' 계층이라고 했지만 성姓을 쓰고 칼을 차고 다닐 자격을 가진 농촌의 부자였다. 일본 서민들은 메이지유신(1868년) 무렵까지 성을 갖지 못했고 아무나 칼을 찰 수 없었다. 마쓰시타 집안은 와사무라에서 떵떵거리던 지방 유지였다.

일꾼을 7명이나 두었던 아버지는 농사에 직접 손을 대지 않았다. 농사에 만족하지 않고 사업 영역을 넓혀 양잠에 투자하더니 쌀 투기에 뛰어들었다.

쌀은 가격 변동이 심했고 풍년과 흉년을 점치기 힘들었다. 개미 투자자에 불과한 아버지는 오사카 큰손 투자자와 힘겹게 대결해야 했다. 투기판에서 아마추어 투자자는 참패할 수밖에 없었다.

고노스케는 부자가 된 후 아버지가 잃어버린 땅을 되사들여 대부분을 공원으로 기증한 뒤, 한쪽 편에 탄생 표지석을 세우고 가족묘를 앉혔다.

마쓰시타 묘지는 삼성, 현대 그룹 창업자 묘지와는 딴판으로 다르다.

한국 재벌 총수의 무덤은 일반인이 접근하기 힘든 장소에 터를 잡고 높은 담벼락이나 철조망으로 둘러싸여 있다. 계열사가 관리하는 농원 안에 갇혀 있는 사례가 많다. 큼지막한 봉분 옆에 거대한 기와지붕을 얹은 제각祭閣까지 덧붙여 지은 집안이 적지 않다. 이 때문에 단번에 돈깨나 썼겠다는 말을 듣는다. 봉분 크기부터 비석, 석등 같은 과잉 장식은 가까이 오지 말라고 경고하는 듯하다.

반면 마쓰시타 가족묘는 마을 안에 있다. 공원과 밭, 비닐하우스, 주택이 이어지고 자전거와 경승용차가 오간다. 밤에도 주민의 발걸음과 개 짖는 소리, 자동차 소음을 들을 수 있는 평야의 주택가에 자리 잡고 있다.

무엇보다 출입문이나 철조망이 없다. 누구나 들를 수 있게 개방돼 있다. 게다가 공적비 같은 잡다한 장식물이 없다. 한 시대를 대표하는 일본 최고 부자의 묘지치고는 너무 담백하다.

지나가다 잠깐 들러 묘지 앞에서 커피를 마시며 잡담해도 좋다는 분위기다. 마쓰시타는 저세상에서도 살아 있을 때처럼 세상 사람들과 툭 터놓고 허물없이 소통하고 있다는 느낌을 준다.

그는 정계와 재계의 거물들만 상대하지 않았다. 평사원부터 중소기업인까지 보통 사람들과 대화하는 기회를 즐겼다.

소박하게 단장한 마쓰시타 가족묘. 누구에게나 개방되어 있다.

전 생애 무려 3000여 차례의 공개 강연회를 가졌다. 나이가 들어 기관지병으로 목소리가 깔끔하게 나오지 않을 때도 강연을 멈추지 않았다. 그의 강연을 통역하는 비서가 언제나 그를 수행했다.

"마쓰시타는 이렇게 말했습니다."

통역 비서는 무대에서 오너의 발언이 끝나자마자 같은 일본어로 다시 설명하곤 했다. 실로 진귀한 풍경이었으나 대중과 대화를 막을 수는 없었다.

그는 거대한 탑 위에 올라 있기보다는 땅 위에서 세간의 상식을 삶의 잣대로 여기며 살았다. 낯선 청중들로부터 질문을 받은 뒤 자기 생각을 솔직하게 말하곤 했다. 그리고 그들을 통해 세상이 돌아가는 분위기를 파악했다.

그는 영어 단어가 들리면 "내가 초등학교조차 졸업하지 못해서……."라며 신입 사원에게 그 뜻을 설명해달라고 재촉했다. 1등 부자로 등극한 뒤에도 대리점 사장들이 탄 버스가 시야에서 사라질 때까지 허리를 90도 굽혀 인사했다.

'남보다 머리를 더 깊게 숙이는 사람이야말로 장사꾼 소질이 많은 사람이다.'

허리를 유연하게 낮추는 장사꾼이 되려고 애썼고, 그는 실제로 그렇게 됐다. 총수랍시고 세상사를 제 맘대로 휘두를 것처럼 허세를 부리거나 만능 지팡이를 가진 권력자처럼 거들먹거리지 않았다. 항상 자신을 낮추고 배우는 자세로 평생을 보냈다.

가족묘를 보면 그가 고향 집 터에 생가를 복원하지 않은 이유가 짐작이 간다. 마음만 먹으면 자신의 옛집 터에 살고 있는 주민을 내보낼 수 있었고, 그럴 돈이 없었던 것은 아니었으리라.

'세상은 인간을 담금질하는 도장이야.'

'세상에는 눈먼 사람이 1000명 있으면 눈을 부릅뜨고 지켜보는 사람도 1000명 있는 거야.'

이렇듯 그는 주변 사람들의 눈과 세상의 평판을 끊임없이 의식하며 살았다. 이 때문에 고향 주민이 살고 있는 주택을 돈을 앞세워

매집하려 들지 않았다. 묘지에는 세간의 인심을 두려워하던 그의 인생철학이 오롯이 담겨 있다.

마쓰시타에서 파나소닉으로 이어지는 창업 이념

『혈족의 왕』이라는 마쓰시타 평전을 집필한 이와세 타쓰야岩瀬達哉는 마쓰시타와 같은 와카야마 출신이다.

이와세가 초등학교 4학년 때 소풍을 가면서 마쓰시타 생가 옆 도로를 지나쳤다. 관광버스 안내원이 현장을 설명했다.

"오른쪽에 보이는 소나무 아래에 있는 집에서 그 유명한 마쓰시타 고노스케가 태어났대요. 여러분과 같은 나이에 상점의 말단 점원(丁稚, 뎃치. 잔심부름을 맡는 입주 아르바이트생 격)으로 시작해 지금의 나쇼나루(파나소닉의 과거 브랜드)를 만들었고, 지금도 회장으로 활약하고 있대요."

왁자지껄 시끄럽던 버스 속 개구쟁이들이 일제히 고개를 돌렸다. 이와세는 버스 안에서 순식간에 벌어진 그 풍경을 평생 잊을 수 없었다.

그는 고향 출신 기업인의 영웅담을 귀동냥하며 자랐다. 마쓰시타가 내놓은 히트 상품의 스토리가 역사설화의 한 컷으로 뇌리에 박혔다. 그의 머릿속에 마쓰시타는 어느새 도요토미 히데요시처럼 머나먼 역사적 위인으로 자리매김하고 있었다.

마쓰시타 가문의 유래가 된 센다의 소나무. © 파나소닉

하지만 이와세는 안내원의 설명을 듣고서야 문득 그 영웅이 우리 곁에 살아 있다는 사실을 깨달았다.

'엄청난 위인이 이렇게 가까운 곳에서 태어나 지금도 살아 있다니……'

그는 관광버스 안내원이 지목한 소나무를 버스 안에서 힐끗 보았다. 그 시절만 해도 소나무는 키가 훌쩍 컸고 무성한 이파리가 푸르렀다. '소나무 아래(松下)'라는 가문의 성姓은 바로 이 소나무에서 나왔다.

소나무는 오래전부터 동네 명물이자 상징이었다. 700~800년 묵은 노송이었다. '센다의 소나무'라거나 '센다의 나무'라는 별명으로 통했다. 주소를 '소나무마을'이라고 쓰면 편지가 무사히 도착했다.

마쓰시타의 성공 후 소나무의 위상은 한층 격상됐다. 억만장자를 잉태한 나무라는 신비한 이미지를 갖추었다.

소나무의 신통력 덕분에 마쓰시타의 성공 스토리가 완성된 듯한 환상을 많은 이에게 안겨주었다. 부자를 배출하는 힘과 혼이 깃든 영험한 나무라고 생각했다. 우리나라 천연기념물 정이품正二品 소나무처럼 애착을 보이는 일본인이 늘었다.

수백 년간 아무 탈 없던 소나무에 한번은 벼락이 떨어져 3분의 1이 타버렸다. 또다시 4년 후엔 바로 옆 주택에서 발생한 화재가 옮겨붙었다. 1966년, 1970년 발생한 연쇄 비극이었다. 마쓰시타는 '경영의 신'으로 떠올랐고, 외신들이 경쟁적으로 파나소닉의 성공 신화를 지면에 담고 있던 시기였다.

벼락과 화재 때마다 7~8km 떨어진 도심에서 소방차가 출동했다. 동네 주민 모두가 불을 끄러 나와 소나무 구출에 필사적이었다. 소나무에 내려 닥친 재앙은 현지 언론에 보도됐다.

두 번의 충격에 소나무는 치명상을 입었다. 마쓰시타 가문이나 파나소닉이나 최고 전성기에 닥친 불길한 비보였다.

그 소나무는 마쓰시타 탄생 표지석 뒤에 있었다.

소나무 윗부분은 몽땅 잘려 나가 밑동에서 5미터가 가까스로 남아 있다. 몸통 전체가 잿빛이다. 그마저 폭우와 태풍에 부대끼며 몸통이 갈라지고 쪼개진 틈은 부스러지고 있다. 상상했던 것보다 상처는 깊고 크다.

소나무는 철제 기둥이 사방에서 떠받치고 있고, 잘려 나간 나무 꼭지는 양철판으로 모자를 만들어 씌웠다. 단번에 산산조각 나는 참사를 막으려고 안간힘을 쓰는 모습이 안쓰럽다.

마쓰시타의 기부금으로 소나무 바로 옆에 미니 신사神社를 세우고 살아나기를 기원했으나 별 효험이 없었던 것일까. 사망 선고를 받고 버틸 때까지 버텨보겠다고 마음먹은 나무 기둥에 불과할 뿐이다.

나무 한 그루가 글로벌 기업의 운명을 좌우할 힘을 가졌을 리 없다. 하지만 공교롭게도 벼락과 화재가 연달아 소나무를 치고 간 이후 액운이 마쓰시타 가문과 파나소닉에 휘몰아쳤다.

먼저 그룹의 후계 구도가 휘청거리기 시작했고, 이어 파나소닉 경영마저 흔들리게 됐다.

고노스케로부터 사위 그리고 손자로 이어질 듯하던 후계 경영

억만장자를 잉태한 영험한 소나무로 사랑받았던 마쓰시타가의 소나무. 지금은 벼락과 화재로 썩어가고 있다.

체제에 혼선이 빚어졌다. 경영 후계 구도를 둘러싼 내부 갈등은 10년 이상 이어졌다. 창업자 가문은 결국 대물림을 포기했다.

마쓰시타의 큰손자 마사유키松下正幸는 19년 동안 그룹 부회장 명함을 갖고 있었으나 어디까지나 명예직이었다. 투자 결정이나 인사 등 경영 실무에는 일체 간여하지 않았고, 2019년 6월부터는 특별고문으로 사실상 은퇴한다. 카레이서로 이름을 떨치던 둘째 손자 히로유키弘幸는 미국에서 항공우주회사를 독립적으로 경영하고 있다.

마쓰시타 후손들은 번민 끝에 세습에 따른 경영권 상속보다는 회사가 장기간 생존하는 것이 창업자의 본심이라고 받아들였다.

마쓰시타는 창업 초기에 일찌감치 250년 수명을 누리는 장수 회사를 만들겠다고 선언했다. 혈연에 따른 승계보다는 회사의 장수를 중시했다.

후손들이 경영권을 포기한 이면에는 고노스케의 파워가 강하게 작동했다고 볼 수 있다. 무덤 속 마쓰시타가 후손들을 다스리고 있는 셈이다.

소나무 재앙 이후 파나소닉이 겪고 있는 비극은 글로벌 톱 기업 자리에서 밀려난 일이다.

후계자 진통이 이어진 10여 년 동안 파나소닉은 신제품 개발과 판매에서 앞으로 전진하기 힘들었다. 전문 경영인들이 후계 체제를 구축한 뒤에도 판단 실패와 경영 혼란이 발생했다. 디지털 기술과 IT혁명에 적응하지 못하고 방황했다.

그사이 마쓰시타은행이라고 불릴 만큼 거대한 여유 자금을 쌓았던 명성은 무너졌다. 간혹 거액 적자로 휘청거렸다. 마쓰시타 사전에 해고라는 단어는 없다던 인사 원칙은 한국과 중국 전자업체 공세에 밀려 산산조각 났다. 2002년 1만 3000명, 2012년 3만 5000명을 집단 해고해야 했다.

철옹성 같던 가전왕국은 삼성전자, LG전자에 밀리기 시작하더니 급기야 가전사업 일부를 중국 가전회사 하이얼에 매각하는 데 이르렀다.

미국 경영 잡지 〈포브스〉가 2018년 발표한 세계에서 가장 큰 상장기업 순위(Global Leading Company)에서 삼성전자는 14위, 파나소닉은 231위다. 파나소닉의 랭킹은 현대자동차, KB금융, 포스코에도 밀린다.

그렇다고 해서 파나소닉이 허망하게 몰락할 수는 없는 일이다. 경영권을 넘겨받은 역대 사장들은 대를 이어 경영 혁신을 단행했다. 한 세대가 흐르는 동안 회사 이름에서 '마쓰시타'를 지웠다. 그 대신 '파나소닉'이라는 브랜드가 회사 이름으로 등장했다.

창업자가 경영하던 시절 습관적으로 시행하던 관행도 대거 정리했다. 아침저녁마다 온 사원이 창업 이념과 사시社示를 소리 높여 낭독하고 사가社歌를 합창하던 풍경은 사라졌다. 사원 생일날 사장이 선물을 보내던 것도 폐지했다. 2018년 창업 100주년에는 양복 정장에 명찰을 차고 다니라던 복장 규칙을 포기했다.

파나소닉은 요즘 전기차 배터리 부문 등 몇 가지 분야에서는 세계 최고 수준을 유지하고 있다. 마쓰시타 통치 시절의 화려한 신화는 찾기 힘들어도 자동차와 주택 부문의 전자시스템 관련 사업에서 두각을 보이고 있다.

다이아몬드처럼 빛나던 최고 전성시대는 막을 내렸고 어떤 주력 제품을 공급하는 회사인지 애매해졌지만, 여전히 글로벌 기업으로 건재하고 있다. 2018년에는 100년 장수 회사에 이름을 올렸다.

장수 기업에서 전문 경영인들이 위기 때마다 단골로 꺼내 드는 처방은 창업자다. 창업 이념으로 돌아가자는 것이다.

마쓰시타는 "기업의 이익이란 회사가 사회에 공헌하고서 사회로부터 받는 사례금"이라고 규정했다. 기업이 사회 번영을 위해 좋은 제품과 깔끔한 서비스를 하면 그 보상으로 받는 대가가 기업 이윤이라는 논리다.

후대 사장들은 "회사가 이익을 내지 못하는 것은 사회에 공헌하지 못하는 죄를 짓는 것과 마찬가지"라며 창업자 정신을 되찾자고 임직원의 분발을 촉구해왔다. 창업자의 가르침에서 위기 돌파의 탈출구를 찾고 있다.

창업자가 남긴 무형의 정신 유산은 위기 때마다 효과를 보고 있다. 마쓰시타가 무덤에서 후손만 컨트롤하는 게 아니라 파나소닉 경영진과 사원들에게까지 직접 영향을 미치고 있다고 하겠다. 마쓰시타의 경영 이념은 아직 약발을 잃지 않았다.

마쓰시타의 소나무는 부스러지고 있지만 언젠가 기적적으로 새싹이 움트고 나올지 알 수 없다.

소년 아르바이트생으로 첫발을 딛은 경영의 거인

어느 나라에서나 최고 부자의 묘지, 탄생지에는 방문자가 몰리기 마련이다. 그것이 단순한 호기심에서 오는 것이든, 아니면 명당의 기운을 받으려는 목적이든 상관없다.

마쓰시타 묘지 방문객이 그가 살아 있을 때만큼 많지는 않지만 그가 고독의 감옥에 갇혀 있는 것은 결코 아니다. 사망한 지 30년이 됐지만 마쓰시타와 대화하려는 사람들이 끊이지 않고 있다. 풍수꾼이나 들르는 한국 재벌 창업자 묘소와는 다른 장면이다.

1904년 11월 23일은 마쓰시타 인생에서 최고 전환점이었다. 엄마 품에서 오사카 센바의 화로점 점원으로 일하기 위해 떠났던 날이다. 이날 그는 초등학생에서 입주 아르바이트생 격 사원으로 신분을 바꾸었다.

114년이 흐른 2018년 11월 23일, 25명의 마쓰시타 팬들이 와카야마를 찾았다. 현지 철도회사의 답사 플랜에 따른 단체 방문객이다. 교통비 1000엔과 점심값 1500엔을 각자 부담하면 되는 단출한 실비 여행이다.

이들은 센다의 마쓰시타 탄생지와 묘지, 마쓰시타가 와카야마대학에 기증한 마쓰시타회관, 마쓰시타가 4년 만에 중퇴한 초등학교를 둘러봤다. 마쓰시타가 평소 즐기던 단팥죽을 먹어보고 양갱, 과자, 찹쌀떡, 전병을 왕실에 납품해 유명해진 스루가야駿河屋 본점 공장을 찾았다.

550년 역사를 자랑하는 스루가야 본점은 와카야마 시내 중심지에 있다. 스루가야에서는 한때 파나소닉의 과거 브랜드 '나쇼나루'로 과자를 만들어 팔았다.

일행은 마쓰시타의 경영 이념과 경영 노하우를 되새겨보려는 사람이거나 그가 남긴 숱한 명언을 부처님 말씀처럼 따르는 추종자들이다. 이들은 탄생지에서 마쓰시타와 그의 가족이 입술을 깨물며 고향 집 대문을 나서는 마음을 상상해보았을 것이다.

마쓰시타 아버지는 지방의원 선거에서 두 번 연속 당선됐고 현지 주민 행정을 맡은 책임자 자리까지 올랐다. 부잣집 막내로 아무 걱정 없이 안락한 인생을 보낼 것 같던 고노스케는 아버지의 투기로 인해 수렁으로 추락했다.

아버지는 짐수레 2대에 가재도구를 싣고 그중 1대는 직접 끌었다. 아내와 아들딸은 수레를 밀었다. 이사하던 도중 이웃 동네에서는 죽과 야채 절임을 얻어먹었다. 지방 귀족이 한 끼를 얻어먹어야 하는 처지로 돌변했다. 패가망신도 그런 패가망신이 없었다.

마쓰시타는 고향 땅을 떠나던 날의 기억을 평생 잊지 못했다. 온 가족이 말없이 짐수레를 끌고 가던 장면, 죽을 얻어먹던 장면이 머릿속에 또렷이 새겨진 뒤 죽는 날까지 지워지지 않았다. 그가 가문이 몰락한 바로 그 땅을 사후 안식처로 삼은 이유를 짐작할 만하다.

방문객들은 이곳에서 참담한 몰락과 극적인 부활이 펼쳐진 마쓰시타의 100년을 더듬어볼 수밖에 없다. 100년이 흐르는 동안 마쓰시타는 세계적인 부자가 됐고 파나소닉은 글로벌 기업으로 부상했다.

같은 시기 일본은 세계 2~3위 경제 대국이 됐다. 수천 년 일본 역사에서 국가 위상이 지구상에서 이렇게 높았던 적은 없었다. 나라가 융성하던 시대 마쓰시타는 종횡무진 활약했다. 마쓰시타는 일본의 최고 전성기를 만든 공헌자 가운데 한 사람이다.

이날 단체 방문객들은 와카야마대학을 방문했지만, 다른 해에는 방문객들이 묘지 참배가 끝나면 마쓰시타가 와카야마성 근처에 기증한 전통 다실을 구경한다.

와카야마성 부설 공원은 가을 단풍이 서서히 오르고 있었다. 오랜 역사가 배어 있어 고궁 분위기를 듬뿍 풍기는 경관이다. 와카야마성은 일본식 정원을 구경하고 싶은 관광객이라면 단풍철에 한번쯤 돌아봐야 하는 멋진 정원이다.

마쓰시타는 초등학교 시절 이 유서 깊은 공원 부근에서 뛰어놀았다. 그 인연으로 마쓰시타는 훗날 이 공원에 일본 전통 다실을 복원해 기증했다. 일본 전통 다도茶道에 심취했던 그는 와카야마성을 포함해 최소한 15곳에 일본 전통 다실을 기증했다.

와카야마 답사 팀이 마쓰시타가 다녔던 초등학교를 들른 다음 빠지지 않고 들르는 코스가 있다. 마쓰시타가 상인의 길을 걷기 위해 세상으로 첫발을 내딛던 길이다.

일본 초등학교는 당시 4년제였다. 졸업을 넉 달쯤 앞두고 그는 오사카 화로점의 점원으로 취직해 집을 떠났다. 고작 아홉 살 코흘리개였다. 엄마와 같은 이불에서 잠을 자며 어리광을 떼지 못했다.

첫 직장인 화로점은 난방용 화로를 판매하는 점포다. 매일 주인집 아이를 돌보며 화로를 닦고, 청소와 잔심부름을 맡았다. 숙식을 해결하는 대신 푼돈을 받았다.

방문객 일행은 와카야마시역에서 강을 건너 기노가와紀の川역까지 걸어갔다. 4km 남짓을 앞서거니 뒤서거니 걷는다. 마쓰시타가

아르바이트생으로 취직해 눈물로 어머니와 이별하던 날 걸었던 바로 그 길이고 그 다리다.

마쓰시타가 기노가와역에서 대도시로 처음 출발하는 길에서 설레는 마음이 없지는 않았을 것이다.

그 시절 오사카에는 심부름꾼으로 일하며 밑바닥에서 사업의 기초 훈련을 받는 아이들이 적지 않았다. 잔심부름(丁稚, 뎃치) 10년, 수습사원(手代, 테다이) 10년을 거쳐야 장사에 나설 수 있다는 말이 있을 정도였다.

마쓰시타의 아버지는 곤궁한 처지에서 벗어나려고 먼저 오사카에 나갔다. 곧이어 "점원 자리가 하나 나왔으니 막내 고노스케를 보내라."는 편지가 도착했다.

마쓰시타는 아버지 결정에 따라야 했다. 가녀린 등에 옷 한 벌 달랑 담은 봇짐을 메고 기노가와 기차역에서 어머니와 헤어져야 했다.

훗날 그는 이날의 이별을 "눈물범벅이었다."고 회고했다. 큰물에서 장사를 배워 출세하겠다는 당찬 각오가 있었다는 말은 일체 없었다. 그저 어머니와 헤어지는 막내둥이의 슬픔이 그를 지배했던 것 같다.

25명의 방문객은 마쓰시타가 어머니와 함께 터벅터벅 걸었던 이별의 길을 따라 114년 세월을 거슬러 올라갔다.

고노스케는 석탄을 때서 달리던 열차를 타고 오사카 번화가로 나갔다. 오사카 센바는 산업혁명의 초기 열풍에 휩싸여 들끓는 상업과 공업의 중심지였다. 신흥 부자들이 불쑥불쑥 솟아나고 있었다.

거기서 그는 농업에서 참패한 아버지와는 완전히 다른 공업에 몸을 던졌다. 산업혁명의 태풍을 완전히 자기 것으로 만들며 최고의 탑을 쌓았다.

이 때문에 산업혁명 시대를 호령했던 거인의 출발역이자 종착역에는 방문객 발길이 끊이지 않는다. 숫자는 줄어들었을망정 그 길을 더듬어보려는 열기는 사그라들지 않는다.

전 세계에서 가장 많은 베스트셀러를 낸 기업인

2018년 9월 28일 히로시마 마쓰다 시민구장. 히로시마 도요 카프가 일본 프로야구 센트럴리그에서 최종 우승했다. 3년 연속 우승을 홈구장에서 성취했다. 이로써 오가타 코이치緖方孝市 감독은 일본 야구의 명장 반열에 올랐다.

오가타 감독은 기자들에게 3연속 우승 비결을 털어놨다. 팀을 우승으로 이끄는 데 공헌한 책으로 마쓰시타 고노스케의 『성공의 금언金言 365』(PHP연구소)를 꼽았다.

오가타는 친구가 선물한 이 책을 매일 갖고 다녔다. 팀을 어떻게 운영해 조직의 잠재력이 최고의 파워를 분출하도록 할지 연구했다.

"팀을 지휘하기 시작할 때부터 마쓰시타로부터 큰 영향을 받았어요. 마쓰시타는 비즈니스 세계에서는 신과 같은 특출한 존재지만 야구의 세계에서도 공감할 수 있는 점이 많습니다."

특히 리더가 솔선수범해야 한다는 가르침이 내내 오가타 감독을 사로잡았다.

'경영인은 누구보다 일찍 일어나고 누구보다도 늦게까지 일해야 한다. 경영인 자신이 이 습관을 몸에 담는 것이 최고다.'

오가타 감독은 마쓰시타의 조언대로 가장 먼저 야구장에 나와 녹화된 상대 팀의 동영상을 보고 선수들의 연습 장면을 관찰했다. 고열과 몸살로 출근하지 못하는 날엔 측근 코치진에게도 자기 병을 숨겼다.

오가타가 애독한 책은 마쓰시타의 명언을 정리한 내용을 담고 있다. 하루 한 페이지씩 펼쳐놓고 읽기 쉽도록 편집돼 있다.

일상생활에서 어떻게 처신해야 할지부터 조직의 리더로서 부딪치는 어려움을 극복하는 지혜까지 담았다. 마음을 다스리는 방법, 삶의 지침, 조직 운용 비법을 배울 수 있는 책이다. 오가타는 기독교인이 성경을 모시듯 마쓰시타의 가르침을 따른 셈이다.

마쓰시타는 수많은 베스트셀러를 펴냈다.

『길을 열다道をひらく』라는 저서가 대표적이다. 1968년 처음 발간돼 지난 50년 동안 541만 부(2018년 9월 말 기준) 팔렸다. 이는 제2차 세계대전 이후 일본에서 단행본 신서 부문에서 두 번째로 많이 팔린 베스트셀러다. 가장 많이 팔린 책은 구로야나기 테츠코黑柳徹子의 소설 『창가의 토토』로 900만 부 이상 팔렸다.

『길을 열다』는 『해리포터』는 물론 무라카미 하루키의 어느 소설

마쓰시타 고노스케의 대표적인 저서 『길을 열다』는 1968년 처음 발간되어 일본에서 꾸준히 읽히고 있다.

보다 많이 팔렸다. 지금도 매년 7~8만 권씩 꾸준히 팔려나가는 스테디셀러다. 이 책은 속편이 나왔을 뿐만 아니라 인기 만화 캐릭터 헬로키티 그림이 들어간 단행본까지 추가로 나왔다.

마쓰시타는 그룹 경영을 지휘하면서 수많은 책을 냈다. 단독으로 집필한 저서가 59권에 달한다. 여기에 대담집 10권, 연설집 19권, 공저 20권, 편저 45권, 발언집 45권까지 합하면 모두 198종에 달한다. 명연설을 모은 오디오 작품도 있고, 그의 명언을 담은 달력과 수첩도 있다.

저서 가운데 20권이 31만 부 이상 판매됐다. 마쓰시타처럼 많은 책을 저술하고 많은 베스트셀러를 낸 기업인은 전 세계를 통틀어 아무도 없다. 영문 번역서가 33권에 달하고, 한국어와 중국어는 물

마쓰시타의 저서들. 대표 저서인 『길을 열다』는 무라카미 하루키의 어떤 소설보다도 많이 팔린 베스트셀러다.

론 아랍어, 스페인어, 마케도니아어로 변역됐다.

그래서 마쓰시타 팬들은 "노벨문학상이라면 무라카미 하루키보다 고노스케가 먼저 받아야 한다."고 농담한다.

책의 내용은 인생이든 회사 일이든 낙관적으로 생각하고 적극적으로 대처하라는 메시지를 담고 있다.

그는 불황에 회사가 위기에 빠졌을 때도 돌파구를 찾을 수 있다고 용기를 준다. 승진에서 탈락한 사원에게는 상사나 회사를 탓하지 말고 일에 심취하지 못했던 자신을 냉철하게 되돌아보라고 조언한다.

불운이나 실패를 한탄하기보다 '나는 좋은 운을 타고났다.'고 생각하라고 권했다. 미국에서 번진 긍정적 사고Positive Thinking나 새로운 생각New Thought의 일본판 전도사라고 보면 틀리지 않는다.

'비가 오면 우산을 쓴다. 자연의 법칙을 따르면 경영은 반드시 잘 굴러간다.'

'자신의 행복은 스스로 만들어라. 누구나 성공의 모양새는 다르다.'

'길은 무한대로 있다. 마음을 비우고 덤벼들면 막히는 법이 없다.'

그가 남긴 명언은 일본인들에게 쉽게 전달된다. 아무리 학력이 낮고 책을 읽지 않은 사람에게도 알아듣기 힘든 표현이 없다. 가장 쉬운 단어를 골라 가장 단순한 문장을 만들었다.

덕분에 해마다 초가을 찬바람이 불기 시작하면 인기 저서의 개정판이 발매된다. 새해를 앞두고 연말 선물로 사용할 수 있도록 내놓는다. 비닐 커버를 씌운 휴대용이 인기다.

그의 책이 사후 30년이 되도록 팔리는 것은 추종 세력이 그만큼 독자층을 두텁게 형성하고 있다는 증거다. 열혈 지지 세력은 그가 한 세대 전에 사망했다는 사실을 부정하고 있는 셈이다.

본인의 저서만 팔리는 게 아니다. 마쓰시타의 생애와 경영을 분석하고 평가하는 작품과 다큐멘터리 소설이 끊이지 않고 발간되고 있다.

애플 창업자 스티브 잡스가 스타 경영인으로 부상하자 잡스와 마쓰시타를 비교하는 책이 나왔다. 소프트뱅크 손정의의 경영이 성공하자 이번엔 손정의와 마쓰시타를 견주는 책이 인기를 끌었다.

여기에 하버드 경영대학원 존 코터John P. Cotter 명예교수까지 가세했다. 리더십 연구의 권위자인 코터 교수는 『마쓰시타 리더십』(한국어 번역본은 『운명』)을 펴냈다. 그는 하버드 MBA스쿨 강의실에서 마쓰시타의 사례를 자주 거론하는 인물로 유명하다.

마쓰시타와 함께 일했던 파나소닉의 많은 경영인들은 마쓰시타와의 인연을 책으로 냈다. 부인과 사위도 책을 썼다. 그룹 내 2인자부터 경리 책임을 맡았거나 기술 개발 책임자, 비서들은 너도나도 경험담을 책으로 남겼다. 인연을 맺은 사람은 누구든 그를 들먹이면서 그를 추모하며 그의 인기에 편승하고 싶어 했다.

마쓰시타에 관한 서적은 살아 있을 때보다는 사후에 압도적으로 많이 발간됐다. 해마다 적게는 5~6권에서 많게는 10권까지 발간되고 있다. 지금까지 발간된 251권 가운데 75%가량이 마쓰시타 사망 후에 나온 작품이다.

마쓰시타에 관한 책은 한국, 중국 전자업체에 밀리는 파나소닉그룹과 현 경영진에게 압력을 넣는 내용이 많다.

마쓰시타가 남긴 정신을 잊고 경영을 하고 있으니 패배할 수밖에 없다고 지적한다. 이제라도 파나소닉이 창업자 정신을 되찾아야 한다는 결론을 내리는 식이다. 마쓰시타의 경영 철학을 제대로 실천하지 않아 한국, 중국 경쟁자에 밀리고 있는 게 아니냐는 논리다.

마쓰시타는 여전히 살아 움직이는 인물이다. 그 증거는 수많은 풀뿌리 모임에서 확인된다.

일본 전국에는 적어도 190개가 넘는 동우회 모임이 활동하고 있다. 이들은 회비 500엔이나 1000엔씩 내며 독서회를 갖거나 사회봉사 활동을 벌인다.

최근 몇 년 사이에는 여성들만의 동우회가 늘고 있다. 도쿄, 오사카, 교토, 요코하마, 센다이에서 여성 전용 모임이 발족했다. 10명 안팎의 소규모지만 그때마다 마쓰시타의 책을 놓고 의견을 주고받는다.

이들 모임 때마다 『길을 열다』가 여성들에게 가장 인기 있는 작품이다. 자녀 교육에 필요한 지혜를 얻으려는 엄마가 많다고 한다.

생전에 '경영의 신'으로 불렸지만 사후에도 평가가 높아지며 불사조 신화를 남기고 있다. 그의 경영과 인생을 지표로 삼아 오늘을 살아가려는 사람이 그만큼 많다는 얘기다.

번영을 통한 평화와 행복

교토역에서 5분 정도 걸어가면 마쓰시타가 1946년 설립한 PHP 연구소 빌딩이 보인다.

'PHP'는 'Peace and Happiness through Prosperity(번영을 통한 평화와 행복)'의 약자다. 웬만한 일본인이라면 정확한 뜻은 몰라도 PHP라는 단어에 익숙하다.

연구소라는 간판을 달고 있지만 베스트셀러를 발간하면서 〈역사가도〉, 〈보이스〉, 〈중지衆知〉 같은 잡지를 발행하는 대형 출판사다.

가벼운 읽을거리를 담은 월간지 〈PHP〉는 한때 매월 130만 부를 판매했다. 최고 인기 만화 잡지나 여성 월간지와 맞먹는 판매 부수를 과시했다. PHP가 워낙 유명해진 덕분에 연구소 빌딩에는 그냥 'PHP'라는 간판이 걸렸다.

이 연구소는 일본 부흥 계획, 금융 산업 발전 방안 등 여러 국가적 정책을 제안하고 있다. 잡지와 단행본을 발간하는 외에 사원 교육 사업을 하고 있다. 신입 사원부터 과장, 부장, 임원 교육을 맡아 주고 있고, 하루나 이틀짜리 단기 연수 프로그램을 자주 열고 있다.

연구소 본업은 출판업이지만 마쓰시타의 경영 이념을 시대 흐름과 변화에 맞춰 재해석하고 전파하는 일에 열중한다. 말하자면 마쓰시타 경영 철학을 세일즈하는 총사령부 역할을 맡고 있다.

PHP 빌딩 3층에는 마쓰시타 라이브러리(자료관)가 들어서 있다. 서가에는 마쓰시타와 관련된 각종 자료와 책, 잡지가 마련돼 있다. 시중에서 구할 수 없는 비매품 자료를 열람할 수 있어 마쓰시타 연구가들이 즐겨 찾는 곳이다.

여기에는 마쓰시타의 강연 영상과 녹음 기록, 그의 일생과 경영 철학을 영상으로 설명하는 소극장까지 들어서 있다.

이곳에도 관람객이 몰린다. 담당 직원은 연간 8000여 명이 방문한다고 했다. 그중 30%는 외국인이고 50%가 일반인이다. 나머지 20%가량은 파나소닉 신입 사원이거나 연수생들이다.

이 연구소가 최근 공을 들이는 사업은 마쓰시타 경영숙經營塾이다. 즉 마쓰시타의 경영 비결을 가르치는 '마쓰시타 경영스쿨'이다.

이곳 수강생들은 1년에 6번, 주말에 1박 2일 합숙하며 강연을 듣고 세미나와 토론회를 연다.

입학생은 매번 15명만 받는다. 입학 자격은 기업을 경영하고 있는 현직 경영인이나 기업 후계자가 되려는 3세, 4세로 한정돼 있다. 아무리 바빠도 반드시 본인이 참석해야 하고 대리 출석은 금지돼 있다.

강사는 마쓰시타의 경영 철학과 성공 비법을 오랜 기간 연구한 연구소 내 전문가들이 맡는다. 경영 이론을 연구한 대학교수는 강사진에 1명도 없다. 현재 기업 경영을 성공적으로 하고 있는 현직 경영인과 마쓰시타 고노스케와 함께 파나소닉을 경영했던 전직 원로 경영인들이 나와 특강을 맡는다.

수강생 전원이 경영을 직접 하고 있거나 곧 경영 전선에 뛰어들 후계자들이어서 생생한 현장 얘기가 튀어나올 수밖에 없다. 현실적인 장애물이나 고민이 제기되면 함께 해결책을 토론하는 광경이 종종 벌어진다.

이론보다는 현장의 당면한 문제를 토론하는 실속 있는 수업이 되고 있는 셈이다. 이 때문에 수강료가 1000만 원이 넘는데도 신청자가 밀린다.

마쓰시타 스쿨의 학장(塾長)은 마쓰시타의 큰손자 마쓰시타 마사유키松下正幸다. 창업자의 외손자지만 일본 간사이 지방 풍습으로는 적통 손자에 해당한다.

간사이 지역에서는 부자나 권력자가 똘똘한 사위를 얻으면 성을 바꾼 뒤 자기 가문에 입적시켰다. 마쓰시타처럼 외동딸을 둔 부자나 권력자는 대부분 사위를 자기 집안 식구로 들였다.

이런 관습을 배경으로 심지어 9대 이상 줄곧 사위로 후계자를 이어온 회사가 있다. 회사의 영속성을 위해 세대가 바뀔 때마다 똑똑한 사위를 골라 최고경영인 자리를 물려준다는 말이다.

마사유키는 마쓰시타의 외동딸이 낳은 손자다. 덕분에 그는 마쓰시타의 정통성 있는 후계자 자격으로 매번 마쓰시타 경영스쿨에서 입학식, 졸업식을 주재하고 있다. 마사유키는 직접 강의실에 들어서기도 한다.

"제가 할아버지로부터 배운 교훈은 3가지입니다. 첫째, 경영의 비결은 스스로 터득해야 한다는 것. 둘째, 다른 사람의 얘기를 경청하라는 것. 셋째, 마음을 비우고 순수한 마음으로 경영해야 한다는 것입니다."

마쓰시타 큰손자는 파나소닉 경영에서는 배제됐으나 PHP연구소 관련 사업을 지배하는 총수다.

그가 열정을 쏟고 있는 업무는 할아버지의 이념과 철학을 후세에 널리 전파하는 일이다. PHP연구소가 펴내는 잡지 〈중지衆知〉에 고정 출연, 다른 경영인과 대담하며 창업자 정신을 되새김질하고 있다.

마쓰시타가 45년여 전 유럽 출장을 갔을 때 파나소닉 유럽 지사들은 고전을 거듭하고 있었다. 제품이 변변치 않았고, 판매망이 허약해 필립스나 다른 유럽 전자회사들에게 밀리고 있었다.

마쓰시타가 현지에서 판매 담당자 13명과 간담회를 가졌다. 현지 사원들은 일제히 사장에게 "경쟁사 제품에 비해 성능이나 가격이나 경쟁할 수 없는 지경"이라고 보고했다. 성능 좋은 신제품을 내놓아야 할 것이라고 재촉했다.

마쓰시타도 현지 시장을 돌아본 터라 파나소닉 상품이 열세라는 것을 인정하지 않을 수 없었다. 궁지에 몰린 마쓰시타는 "귀국하면 어떻게든 경쟁에서 이길 수 있는 신제품을 3년 내로 내놓겠다."고 약속했다.

현지 사원들이 "팔 물건이 없는데 앞으로 3년 동안 뭘 팔라는 것이냐."고 물었다.

그러자 마쓰시타 사장은 천연덕스럽게 대답했다.

"그동안 파나소닉의 경영 이념을 팔고 있으면 된다."

모두가 어리둥절하며 서로를 쳐다봤다.

뜬구름 같은 경영 철학을 팔며 3년을 버티라는 것인가. 쓴웃음을 짓지 않을 수 없었다.

하지만 그동안 불황을 겪을 때마다, 회사가 위기에 처할 때마다 마쓰시타의 이념과 철학은 불사조처럼 되살아났다. 파나소닉 역대 사장들은 물론 다른 기업 사장들까지 "마쓰시타라면 어떻게 이 고비를 넘겼을까?"라고 되물으며 돌파구를 찾았다.

창업자 경영 이념을 소중하게 여기며 이 시대에 팔고 있는 곳이 바로 PHP연구소다. 큰손자에게 남겨진 최고 유산은 할아버지 철학을 파는 연구소인 셈이다.

파나소닉의 위상은 경영진이 바뀌고 시장 상황이 변할 때마다 오르락내리락 부침을 거듭하고 있다. 디지털혁명의 회오리 속에서 아날로그 시대의 스타 기업이 뒷걸음질 치고 있는 게 현실이다.

그럼에도 마쓰시타가 물려준 무형의 유산은 생명력을 잃지 않고 있다. 마쓰시타 경영 철학은 수천 년 생명력을 과시하는 종교 경전과 같은 대접을 받고 있다.

"나는 죽어도 나의 마음은 살아남을 것이다. 살아 있는 동안의 생각과 행동, 실적은 이 세상에 영원히 남는다. 그러니 살아 있을 때 제대로 살지 않으면 안 된다."

그는 "태어난 아이에게 축복을 내리듯 죽은 사람에게도 또한 축배를 올리라."고 했다. 가장 소중한 유산을 넘겨받은 손자는 매일 할아버지 영전에 술잔을 올리고 있는 것일까.

2

경영의 기초를 닦다

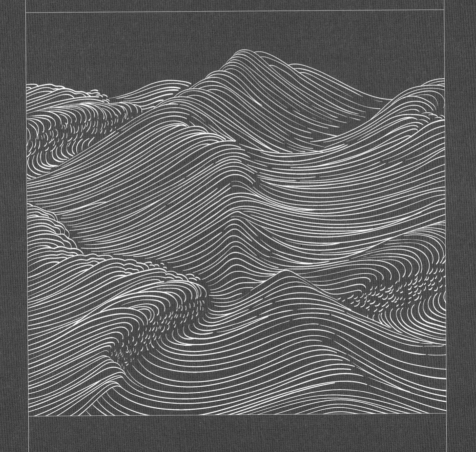

마쓰시타는 센바 시대에서 기업인으로서 하지 말아야 할 행동거지와 바람직한 처신을 배웠고, 기업의 사회적 사명을 알았다. 시장 밑바닥에서 혹독한 훈련을 받았던 것이 정보화시대에도 명성을 유지하는 비결이 됐다.

인내, 겸손, 신용이 센바 상인의 정신

오사카 센바船場에는 1인당 10만 엔 하는 최고급 요정이 있는가 하면 600엔짜리 라면집도 있다. 센바의 기업은 3층짜리 작은 빌딩에 본사를 두고 있는 대형 제약회사부터 빌딩 정면에 순금으로 회사 로고를 장식한 주택금융회사, 여태 100년 넘은 목조건물을 보수하며 사용하는 회사까지 다양하다.

센바의 기업들을 여러 번 취재해봤지만 겉모습으로는 기업 파워를 좀체 측정하기 어렵다. 체념하는 게 편하다.

센바는 오사카성 서쪽의 번화가를 지칭한다. 운하 4개로 둘러싸인 동서 1km, 남북 2km 공간에 도로가 바둑판처럼 질서 있게 뚫려 있다. 외국인 관광객이 넘치는 도톤보리 바로 북쪽이 센바다.

배가 강과 운하를 따라 올라와 닿고 떠나던 지역이라서 센바船場

라는 이름이 붙었다. 도요토미 히데요시가 지배하던 시절 모래밭을 매립해 만든 일본 상업과 교역의 최고 중심지가 센바였다.

철도가 개설되면서 오사카 경제의 중심축은 센바 북쪽 우메다梅田로 이동했다. 센바에서 큰돈을 번 부자들은 고베 쪽 롯코산六甲山 기슭에 저택을 마련해 번잡한 센바를 탈출했다.

그렇다고 센바 상권의 명성이 흔적 없이 사라진 것은 아니다.

"센바에서 장사를 배웠습니다."

마쓰시타가 장사를 배운 센바 거리. 옛 상점의 모습이 아직도 남아 있다.

일본 기업인이 자기를 이렇게 소개하면 상대방은 "아, 그렇습니까." 하고 고개를 몇 번 숙인다. 센바에서 사업을 시작했다면 장사꾼으로서 내공이 단단할 것이라고 인정한다.

센바는 오사카의 중심이자 일본 경제의 축소판이다. 은행과 증권회사 지점이 즐비하고 번듯한 빌딩이 몰려 있다.

센바는 운하 덕분에 역사적으로 교통 요지였다. 야채, 생선, 쌀, 과일부터 수입 한방약까지 공급해온 덕에 '일본의 부엌'이라는 별

센바의 고려교 표석. 이 일대는 한반도와 인적, 물적 교류가 활발한 장소였다.

명을 갖고 있었다. 이후 산업혁명을 주도하는 공장 본사가 많아지자 '일본의 공장'이라는 평가를 들었다.

센바는 거리마다 특색이 있다. 화장품과 장신구를 전문적으로 판매하는 거리부터 한약, 양약을 전문적으로 제조하는 거리, 옷이나 인형을 취급하는 거리까지 다양한 상점과 회사가 들어서 있다.

센바에는 고려교高麗橋. 고라이바시라는 이름의 거리와 다리가 남아 있다. 그곳에 조선에서 건너간 통신사나 사신들이 묵던 숙박 시설이 있었다. 역사학자들은 고려교 일대가 한반도와 무역 거래, 인적 교류가 활발했던 장소였다고 보고 있다.

센바 상인들은 자기들만의 독특한 대화 방식이 있다.

명함을 교환할 때 "어디서 오셨습니까?" "어느 집 출신인가요?"라고 물으면 대답을 잘해야 한다.

"도쿄에서 왔습니다."라거나 "고향은 홋카이도입니다."라고 대답하면 곤란하다. 친아버지 직업이나 조상의 가업을 말하는 것도 초점이 어긋난 답변이다.

질문 요지는 어느 상점에서 일하고 있느냐, 어느 회사 출신이냐를 묻는 것이다. 여기서 말하는 '오야지(아버지)'는 친아버지가 아니라 직장의 오너를 지칭하는 경우가 태반이다. 센바 상인들은 어느 상점에서 일을 배웠느냐를 물으며 상대방 인맥과 사업 분야를 파악한다.

센바에서는 한솥밥을 먹은 인연이 무엇보다 중요하다. 그것이 신뢰의 사슬, 인적 네트워크를 확장하며 사업의 기반이 된다.

센바의 결속력은 시대가 바뀌면서 흐트러졌지만 업종별 모임이 아직 강한 힘을 발휘하고 있다.

지금도 큰 상점의 4세, 5세 후계자들끼리 모이는 비공식 만남이 활발하다. 밑바닥 점원에서 시작해 자립한 기업인끼리의 모임은 더욱 견고하다.

"상인에게 정해진 연봉은 없다. 쉬지 않고 돈을 벌어야 한다."

"장사꾼은 화살 바로 밑을 뚫고 걸어가야 한다."

센바 상인이 자주 하는 말이다. 항상 리스크를 감내하고 폭리를 경계하라고 했다.

이곳 상인들은 9~10% 이문을 남기는 것을 원칙으로 여겼다. 사무라이 세력이 지배하던 시대에 폭리를 취하면 어느 칼, 어느 화살에 당할지 알 수 없었다.

180여 년 전에는 빈민층의 봉기가 발발했다. 어느 유학자와 그 제자들이 부패한 관료와 부자들을 상대로 대규모 난동을 일으켰다.

며칠 사이 오사카 20%가 불바다로 변했다. 센바에서 돈을 번 대상인들이 여럿 혼쭐났다.

난동은 토벌됐으나 오사카 서민들 마음에는 지금껏 그들이 의적義賊으로 남아 있다. 난동의 주동자를 추모하는 모임이 여태 이어지고 있는 것이 그 증거다.

사무라이 독재와 빈민층 반란이 센바 상인들에게 가르친 교훈은 오늘날 오사카 기업 경영에 스며들어 있다. 사회의 평판을 의식하는 오사카 기업인의 마음가짐이 남다르다는 말이다.

센바 상인들은 자기 전문 업종에 충실하다. 외도를 경계하는 성향이 강하다. 또 적은 이익을 조금씩 쌓아가며 꾸준히 내실을 다진다.

'상인이 평생 지켜야 할 몸가짐은 겸손할 겸謙, 한 글자다.'

'장사의 성공 여부는 참을 인忍과 믿을 신信에 달려 있다.'

사업가는 언제나 겸손한 자세를 유지해야 하고, 성공의 길이 보이면 끝까지 참고 견디며 전진하라는 가르침이다. 안 된다고 지레 포기하면 실패하는 반면, 인내하며 한 우물을 파고들면 반드시 성공한다는 센바 상인의 정신이다.

센바 상인들은 단골들과 신용거래를 중시한다. 조상의 위폐를 모시는 절에 단골 거래처 명단을 함께 맡기는 사례가 많다. 절에 가서도 단골 고객 명부에 먼저 기도를 올리는 일이 잦다. 신뢰가 사업의 가장 튼튼한 기초 자산이라는 진리를 오랜 경험으로 터득했다.

이런 풍토에서 사업의 기초를 배우기 때문에 센바 출신이라고 하면 사업가로서 한가락 할 것이라는 평가를 받는다.

성공할 때까지 멈추지 않는 것이 성공의 비결

마쓰시타 고노스케는 "사업의 기본은 센바대학에서 다 배웠다."고 했다. 때로는 센바학교라거나 센바도장道場이라는 말을 썼다.

센바학교가 따로 있는 것은 아니다. 센바 밑바닥에서 말단 점원으로 일하며 사업의 기본 이치를 배웠다는 뜻이다.

센바 상인들은 수백 년 내려온 도제 교육 방식을 고집했다. 이론을 거부하고 현장에서 사장 또는 선배가 직접 사원 또는 후배를 가르치는 즉석 교육법이다. 말하자면 현장 실습을 통한 일대일 교육(OJT)이다.

선배들은 꾸짖고 매질까지 했다. 위계질서가 엄격해 신출내기의 식사나 잠자리는 출입문 근처 구석이었다. 초짜들은 이른 아침부터 한밤중까지 먼지와 땀으로 뒤범벅이 됐다. 겨우 끼니와 잠자리를 해결하는 것으로 만족해야 했다.

점원이 가게에 들어오면 처음 가르치는 일은 허드렛일이다. 신발 정리부터 시작해 걸레질, 빗질, 청소와 담배 구입 같은 심부름이다. 상품 진열을 반듯하게 해야 했고, 더운 여름에는 가게 앞 도로에 수시로 물을 뿌렸다. 대부분 단순노동이었다.

인플레로 동전이 자주 바뀌던 시대에는 동전을 구별하는 방법을 가르치는 게 유일한 경제학 강의였다. 가짜 동전을 가려내는 법도 가르쳤다. 화폐 강의는 단 몇 분 만에 끝났을 것이다.

경제 강의보다는 예의범절이 훨씬 중요한 과목이었다. 손님이 들어오면 너도나도 "어서 오십시오!"를 외치며 반가워하는 분위기를 만들어야 했다. 손님이 보지 않아도 허리를 깊이 숙이라고 했다. 고객 집에 심부름을 가서도 신발이 어지럽게 흩어져 있으면 정리해 놓고 와야 했다. 점원들은 고객을 공경하는 존댓말과 자신을 낮추는 겸양어를 입에 박히도록 익혔다.

마쓰시타는 억만장자가 된 뒤에도 상대방의 말을 중간에 가로채지 않았다. 다 들은 뒤 묻고 싶은 것을 묻고 자기가 하고 싶은 말을 했다. 정중하게 인사하는 법, 공손하게 말하는 법, 상품을 소중하게 들고 가는 법을 센바 점원 생활에서 배웠다.

은퇴 후 어느 날이었다. 한번은 고급 음식점에서 스테이크를 먹다가 돌연 셰프를 호출했다. 함께 식사하던 사람들은 요리가 잘못된 것을 지적하려는가 보다고 추측했다.

셰프가 오자 마쓰시타는 사과부터 했다.

"미안하네. 내가 나이가 들어 이 맛있는 스테이크를 다 먹지 못했네. 맛이 없어서가 아니라 나이가 들고 보니 식사량이 줄어들어 어쩔 수 없이 남겼으니 오해하지 마시게."

음식을 남겨도 따지거나 나무랄 사람은 없었다. 하지만 마쓰시타는 셰프를 불러 다독였다. 이런 언행은 센바 시절 몸에 익힌 습관이다.

센바 상인들은 점원의 기초 예절 교육이 다 끝나서야 손님을 직접 응대하고 매상을 장부에 기재하는 교육에 돌입한다. 이 때문에 센바의 큰 상점에서 점원, 수습사원을 거쳐 어엿한 정사원(番頭, 반토)으로 승진하기까지는 짧게는 13년, 길게는 20년이 걸렸다는 연구가 있다.

주인의 허락을 받아 독립하려면 거기서 다시 10년 안팎 신뢰를 받으며 묵묵히 헌신해야 했다.

센바 상인은 말단 점원에게만 기초 교육을 강요하지 않았다. 후계자가 될 만한 아들에게는 3세 무렵부터 7세까지 예의범절을 가르쳤다. 가난한 하급 사무라이의 부인을 유모로 채용, 엄격한 예절을 배우도록 하는 상인이 많았다.

후계자가 될 아들에게는 고용된 점원들과 똑같은 위치에 두고 걸레질, 빗질과 신발 정리를 시켰고, 손님과 대화하는 법을 가르쳤다. 후계자에게는 15~16세까지 장사치로서 밑바닥 고통을 직접 체험하도록 했던 것이다.

일본은 19세기 말 청일전쟁을 치르더니 20세기에는 러시아, 중국, 미국과 잇달아 전쟁을 벌였다. 젊은이들은 강제 징발될 수밖에 없었다. 산업혁명의 열풍 속에서 값싼 노동력을 대량으로 필요로 하는 제조업 공장이 곳곳에 급증했다. 센바의 점원들을 유혹하는 일자리가 많아진 것이다.

이로 인해 센바 상점에서 낮은 임금에 고된 훈련을 묵묵히 받으려는 젊은이들이 크게 줄어들었다. 센바의 독특한 경영 훈련 코스가 지난 100여 년 사이에 거의 사라진 것은 이런 시대 변화의 결과다.

다만 마쓰시타는 어린 나이에 센바의 전통적인 상인 교육을 온몸에 익혔고, 그것을 현실 경영에서 실천했다.

산토리 위스키를 창업한 도리이 신지로鳥井信治郎(1879~1962)도 마쓰시타와 같은 시기에 센바에서 말단 점원 생활을 했다.

도리이는 월반으로 단기간 내 초등학교를 마치고 오사카상업학교를 졸업한 엘리트 학생이었다. 아버지는 환전상으로 돈을 벌었다. 본인의 실력이나 집안 형편으로 보면 어느 대학이든 진학할 수 있었다.

도리이는 대학을 거부하고 7년간 센바에서 뒹굴었다. 그가 말단 점원으로 입사한 곳은 브랜디, 쉐리를 수입해 판매하고 양주를 제조하는 주류 도매상이었다. 거기서 고객 응대 방식부터 제품 개발, 가격 결정, 판매 루트 개발 같은 현장 비법을 보고 배웠다.

"학교를 더 다녀봤자 머릿속에 지식은 더 많이 들어올지 모른다. 하지만 실제 장사하는 방법은 학교에서 결코 배울 수 없다. 성공하려면 학력을 쌓는 대신 얼굴을 팔아야 한다. 얼굴을 팔아 단골을 확보하는 방법을 가르치는 학교로는 센바가 최고다."

도리이는 마쓰시타처럼 졸업장 없는 센바학교 출신이라는 데 긍지가 강했다. 일단 저질러보자는 산토리의 도전 정신은 센바에서 배웠다. 그래서 위험을 각오하고 부닥치는 기업가 정신이 번뜩였다.

도리이는 20세 나이에 포도주를 생산하기 시작하더니 각종 히비키響 브랜드 위스키에 이어 야마자키山崎라는 최고급 위스키 개발에 성공했다. 야마자키 브랜드는 세계 위스키 콘테스트에서 여러 차례 최상급 등급을 받았고, 이제는 1병에 수억 원짜리까지 등장했다.

도리이의 옹고집 정신은 성공할 때까지 해봐야 한다는 승부 근성에서 빛이 났다. 마쓰시타도 도리이처럼 센바의 가르침을 간부들에게 쉬지 않고 강조했다.

"하다가 포기하면 실패하는 거야. 성공의 비결은 간단해. 성공할 때까지 멈추지 않는 거야. 가다가 멈추면 절대 안 되는 거야."

끈질긴 근성을 발휘하라는 잔소리였다.

두 사람은 포기하지 않고 도전이 끝내 성공을 이끌어낸다고 믿었다. 사업 성공에는 학벌이나 이론보다 현장 체험과 말단 인턴 생활이 훨씬 중요하다고 보았다.

동지의식을 공유한 인연으로 도리이는 마쓰시타가 제2차 세계대전 후 전쟁범죄 기업으로 몰렸을 때 마쓰시타에게 생활비를 지원해주었다.

마쓰시타와 도리이는 센바의 가르침에 따라 회사를 글로벌 플레이어로 성장시켰다. 센바학교의 교과과정이 시대와 국경을 초월해 효력이 있다는 것을 입증했다.

약점을 장점으로 바꾸는 치열한 도전 정신

마쓰시타의 아버지는 아들에게 세 가지 마이너스 유산을 남겼다. 가난, 저학력, 허약 체질이다.

사실 억만장자가 모두 부잣집 출신에 쟁쟁한 학력과 튼튼한 건강을 갖추고 태어난 것은 아니다. 미국에서도 19세기 산업혁명 시대에 마쓰시타와 같은 약점을 극복하고 자수성가한 대재벌이 줄줄이 탄생했다.

1000여 건의 발명 특허를 등록한 에디슨은 가난한 시골 제재소 막내아들로 태어나 철도역 주변에서 신문, 과자를 팔아야 했다. 산만한 아이라는 담임선생의 차가운 평가에 초등학교를 제대로 다니지 못했다.

철강왕 카네기는 가난한 이민자 집안 출신으로 초등학교를 겨우 졸업했다. 영국에서 손으로 옷감을 짜던 카네기의 아버지는 대량생산이 가능한 섬유기계가 나오자 졸지에 실업자 신세로 전락, 미국 이민선에 올랐다. 한국에서도 정주영은 초등학교를 겨우 졸업했으나 가난이 싫어 네 번이나 가출했다.

배우지 못하고 가난한 병치레 인간이 산업혁명의 물결을 타고 대형 재벌을 일궈낸 성공 스토리는 어느 나라에서나 탄생했다.

그렇지만 일본인들은 마쓰시타만큼은 독특한 존재로 평가한다. 그 이유로는 몇 가지를 꼽을 수 있다.

우선 미쓰비시, 미쓰이, 스미토모 같은 큰 재벌들은 수백 년 또는 몇 대에 걸쳐 그룹을 키웠다. 그들은 권력과 밀접한 연결 고리를 맺고 승승장구했다. 반면 마쓰시타는 당대에 혼자 힘으로 글로벌 기업의 지위를 성취했다. 권력과 거리를 두면서 전기전자 분야 사업에 골몰했다.

그는 또한 1인 1업一人一業의 정신을 고수했다. 부동산과 주식 가격이 폭등해도 부동산과 주식 투기를 하지 않았고, 다른 분야에 문어발 확장을 하지 않았다. 폭리와는 담을 쌓았고, 너도나도 덤비는 물 좋은 사업에 욕심내지 않았다. 그저 묵묵히 제조업 외길을 걸었다.

이 때문에, 부자에 대한 반감은 어느 시대 어느 나라에서나 억누르기 힘들지만 마쓰시타의 성공에는 대중의 시기와 질투가 작동하기 어려웠다. 마쓰시타를 질투하기보다는 도리어 존경하는 여론이 조성됐다.

무엇보다 마쓰시타가 훌륭했던 점은 치명적인 약점을 자신에게 유리하게 활용했다는 것이다.

그는 저학력, 병약, 가난을 거꾸로 자신을 성장시키는 기초 자산으로 역이용했다. 불행의 씨앗을 행복의 나무를 키우는 자양분으로 썼다. 아버지로부터 물려받은 밑천이 없었기에 고객과 신뢰 구축에 더 열성을 보였고, 무슨 일이든 치열하게 도전했다.

'장사는 한마디로 진검 승부야. 상대방을 죽이지 못하면 내가 죽는 거야.'

그는 철저한 승부의식으로 경쟁자와 싸웠다.

또 학력이 형편없었기에 언제나 다른 사람에게 묻고 배우는 자세로 사업 영역을 넓혔다.

마쓰시타는 "모든 사람이 나보다 훌륭해 보였다."고 했다. 고비 때마다 자신을 낮추고 여러 사람의 의견을 들어 결정한 덕분에 리스크를 크게 낮출 수 있었다.

"성공의 90%는 다른 분들이 도와준 덕분이었어요."

훗날 그는 그렇게 자신의 사업가 인생을 평가했다.

마쓰시타는 19세부터 폐첨카타르肺尖Katarrh라는 폐병 초기 증상을 앓았다. 가래에 수시로 피가 섞여 나왔다. 당시 폐병은 요즘의 암처럼 치사율이 무척 높았다. 그의 여러 형제가 폐병으로 사망했다.

불면증도 그를 괴롭혔다. 창업 후부터 하루 3시간 반 정도밖에 자지 못했고 50세 이후엔 수면제를 먹어도 겨우 4시간을 잤다. 신경이 날카로울 수밖에 없었다. 그는 회사에 출근하지 못하는 날이 많았다.

그래서 자신은 건강 유지에 힘쓰며 부하들에게 권한을 위임한 뒤 책임 경영을 하도록 했다. 듀폰 같은 미국 대기업들이 사업부제를 도입하던 것과 같은 시기에 일본에서 사업부제를 처음 실행했다. 그랬더니 간부 사원들 사기가 오히려 올라가 사업이 더 번창했다.

배포 있게 일을 저지르는 기질

따지고 보면 마쓰시타가 골치 아픈 짐만 유산으로 상속받은 것은 아니었다.

마쓰시타를 사업가의 길로 이끈 장본인은 아버지였다. 20세기 초 오사카 센바는 공업화 파도 속에서 뉴 비즈니스가 하루가 다르게 번창하고 있었다. 메이지유신을 계기로 개방된 오사카와 고베 항구에는 서양의 새 문물이 속속 들어왔다.

철도, 광산, 진주 제품 등으로 벼락부자가 된 사람들이 잇따라 센바에 저택을 짓고 있었다. 누구에게나 벼락출세의 기회가 열리고 있던 20세기 초 일본의 실리콘밸리가 바로 센바였다.

그런 기회의 땅에 아버지는 고노스케를 불러냈고, 게다가 사업으로 성공하라고 강권했다.

자전거상회 말단 점원으로 일하던 시절이다. 마쓰시타는 가게 건너편 집의 또래 아이가 아침마다 교복을 입고 중학교에 등교하는 모습이 너무 부러웠다.

'나도 학교에 다닐 수 있으면 좋겠다.'

때마침 누이 한 명이 우체국에 취직했다. 집안에 어느 정도 수입이 확보되자 어머니가 고노스케를 야간 중학교에 보내려고 했다. 이를 적극 막고 나선 사람은 아버지였다.

"초등학교를 중퇴한 것이 아쉽다고 이제 와서 학교를 더 다닐 필요는 없다. 편지 한 장 제대로 쓰지 못해도 점원으로 장사를 배워 엄청나게 출세한 사람이 여럿이다. 네가 출세하면 이름 있는 학교를 졸업한 훌륭한 사람을 데려다 쓸 수 있다. 반드시 센바에서 장사를 배워 출세하거라."

아버지의 단호한 반대에 진학을 단념했다. 마쓰시타는 훗날 이렇게 말했다.

"만약 그때 내가 중학교에 진학해 학력을 더 쌓았다면 대기업에서 과장쯤 하고 있지 않겠나 싶어요."

학벌이나 지식보다는 현장 체험을 중시한 아버지 덕분에 억만장자에 오를 수 있었다는 말이다.

와타나베 쇼이치渡部昇一 교수는 마쓰시타가 자신의 일대기를 써 달라고 지명한 평론가다. 와타나베는 아버지가 고노스케에게 물려준 유산 중에서 큰 것이 배포 있게 일을 저지르는 기질이라고 했다. 일본어로는 야마기山氣, 산기라고 한다.

모험을 두려워하지 않는 야성미를 아버지로부터 물려받았다는 해석이다. 패가망신한 뒤 오사카맹아원에서 월급쟁이로 일하던 시절에도 쌀 선물 투자를 멈추지 않던 아버지였다. 수십만 원 안팎 푼돈이 생기면 다시 투기판에 가는 바람에 부부 싸움이 그치지 않았다.

이런 배짱을 물려받은 고노스케였기에 대성할 수 있었다는 것이 와타나베의 분석이다.

아버지가 마쓰시타에게 남겨준 가장 실속 있는 유산은 취직자리였다. 아버지는 센바라는 신천지에 아들을 보낸 데 그치지 않고 자전거라는 첨단 상품을 판매하는 가게에서 일하도록 알선했다. 그 자전거상회가 거물 기업인을 키워낸 인큐베이터 역할을 담당한 셈이다.

마쓰시타의 첫 직장은 화로점이었다. 가스, 석탄 같은 새로운 에너지자원이 보급되면서 화로점은 사양길에 접어들었다. 석 달 만에 화로점은 문을 닫았다.

다음 취직자리가 자전거 판매점이었다. 자전거상회는 그 시절 첨단 상품을 파는 신형 비즈니스였다.

그는 일생에서 가장 인상에 남는 인물을 꼽아달라는 언론사의 요청에 서슴지 않고 고다이五代자전거상회 주인을 꼽았다.

"고다이가게에서 6년간(실제는 5년 4개월) 배운 것은 인생의 기본뿐만 아니라 구체적으로 장사를 추진하는 방법까지 모두 헤아릴 수 없고, 말로 다 할 수 없다. 그 가게에서 어르신과 사모님께 실로 따뜻하면서도 엄격한 지도를 받으면서 나도 모르게 상인의 길이란 무엇인가를 체득했다. 그 덕이 크다."

자전거점 점원 자리는 아버지가 챙겨준 두 번째 일터였다.

고다이상점은 점원 네댓 명을 거느리고 있었다. 그 시절 자전거의 위상은 지금과 전혀 달랐다. 오사카 시내에 자동차는 거의 없었다. 수입 자전거 1대 값이 150만 엔(1500만 원 상당)에 달했다. 집 한 채 값을 지불해야 살 수 있는 부잣집 전용 운송 수단이 자전거였다. 고다이상점은 영국제와 미국제 자전거를 판매하고 있었다.

고다이자전거상회는 요즘 업종으로 비유하면 벤츠 같은 고급 수입 자동차 대리점에 해당한다.

막내아들을 위한 아버지의 선택은 진취적이었다. 농사나 음식점에 아들을 보내지 않았다. 산업혁명의 거센 열기를 느낀 듯 사양 업종을 피했다. 첨단 상품을 다루는 곳에 아들을 보내 새로운 땅에서 도전하도록 기회를 주었다.

아버지 덕분에 마쓰시타는 청소, 심부름을 하면서도 하루 종일 첨단 상품을 매만지며 다가오는 미래에 일찍 눈을 떴다.

돈을 쫓는 장사꾼, 단골 고객을 잡는 장사꾼

고다이자전거 상점이 있었던 곳은 센바의 우치규호지마치內久宝寺町다. 오사카성 남쪽으로 상점은 드물고 아파트가 많다. 일방통행 도로는 다소 한적한 느낌을 준다.

고다이자전거점이 있었던 자리에서는 일본의 전통 인형을 파는 유명 인형회사의 지점이 영업 중이었다. 센바에서 자전거 비즈니스의 흔적은 오래전에 지워졌다. 자전거는 마쓰시타 시대 이미 생활 필수품이 되었다.

마쓰시타는 고다이자전거점에서 경영의 핵심 비법을 터득했다. 그에게는 어떤 MBA스쿨보다 많은 것을 가르친 현장의 교실이 고다이상회였다.

고다이 MBA스쿨에 특별한 교재가 있을 턱이 없었다. 매일 아침 5~6시부터 밤 9~10시까지 청소, 정리 정돈, 심부름, 고객 응대 같은 현장 실습이 있을 뿐이었다.

"따뜻하면서도 엄격한 지도를 받았다."는 술회는 조금도 과장되지 않았다. 주인 부부는 일상생활에서는 가족처럼 온화했던 반면 판매, 제품 관리 등 일과 관련해서는 매우 엄격했다.

자전거상회 근무를 전후로 마쓰시타의 아버지와 두 형, 누이들이 연달아 사망했다. 그는 집안의 유일한 남자로서 어쩔 수 없이 소년 가장이 됐다. 가게 주인 부부를 부모처럼 의지하고 살아야 했다.

한번은 주인 부부와 점원들이 단체 사진을 찍었다. 마침 심부름 길에 나섰던 마쓰시타는 단체 사진에서 빠졌다. 자기가 도착하기 전에 사진 촬영이 끝난 것을 알게 된 어린 고노스케는 서러움에 울었다.

딱하게 여긴 사모님이 고노스케를 사진관으로 끌고 가 둘이서 따로 사진을 찍었다. 사모님과 둘이 찍은 사진은 마쓰시타의 가장 오래된 사진으로 평생 그에게 보물이 됐다.

마쓰시타는 사업가로 독립한 뒤에도 고다이 주인 부부를 종종 찾아갔다. 고다이상점도 자전거 사업이 번창했지만 마쓰시타는 더 큰 돈을 벌었다.

고다이상회 주인과는 고야산 사이젠인西禪院이라는 절에 같이 다녔다. 주인의 고희古稀(70세) 잔치에 참석했고, 마쓰시타가 고베에 지은 저택의 벽에는 고다이상점 주인의 사진을 걸었다. 말단 점원 시절 맺은 스승과 제자 간 인연은 죽는 날까지 지속됐다.

그는 오너가 사원을 가족처럼 아끼면 충성심이 높아진다는 것을 고다이상회에서 깨달았다.

마쓰시타는 파나소닉을 이끌며 사원이 입원하면 문병하거나 과일 바구니를 보내 위로했다. 사원 집안의 경조사를 챙기는 일에 무척 신경을 썼다. 마쓰시타의 가족주의 경영은 고다이학교에서 일찍 싹텄다고 볼 수 있다.

고다이 주인은 반면에 사업에서는 엄격한 원칙을 지켰다. 마쓰시타는 주인으로부터 세 번 뺨을 맞았다. 잘못이 있으면 즉결 처벌을 받았다. 그때마다 생각을 고쳐먹고 행동을 바르게 잡아야 했다.

주인은 "단골 고객 집을 향해서는 함부로 발을 뻗고 자서는 안 된다."고 매번 잔소리를 했다. 고객에게 감사하는 마음을 가슴에 품고 살라는 뜻이었다. 주인이 단골 고객 명단을 얼마나 애지중지하는지 몰랐다.

"돈을 남기려는 장사꾼은 하급이야. 가게를 남기려는 장사꾼은

마쓰시타 고노스케가 생애 처음으로 찍은
사진. 우측의 여성은 고다이자전거상회 사장
의 부인이다. ⓒ 파나소닉

센다에서 마쓰시타에게 사업의 기본을 가르
친 고다이자전거상회의 사장. 마쓰시타는 스
승의 초상화를 집에 걸어놓고 장사꾼의 초
심을 되새겼다. ⓒ 파나소닉

중급이지. 단골 고객을 남기려는 장사꾼이야말로 진짜 상급이야."

파나소닉의 고객 우선 경영은 고다이상점에서 출발했다. 마쓰시타는 대리점 사장들에게 언제나 이렇게 강조했다.

"상품을 사든 사지 않든, 점포에 들렀다가 나가는 고객을 향해 저절로 허리를 깊이 굽힐 줄 알아야 한다. 감사하는 마음이 자발적으로 우러나와야 진짜 상인이다."

고다이상회 주인은 판매 가격을 유지하는 원칙에 고집스러웠다.

선배 사원이 없을 때였다. 근처에서 자전거를 보여달라는 연락을 받았다. 허드렛일만 하던 마쓰시타에게 드디어 매상을 올릴 기회가 온 것이다.

마쓰시타는 자전거를 끌고 가 제품의 장점부터 애프터서비스 혜택까지 배운 대로 열심히 설명했다. 세일즈맨 능력을 한껏 발휘했다. 손님은 흔쾌히 사겠다고 하더니 "10%를 깎아주면 계약하겠다."고 조건을 달았다.

주인의 사전 허락을 받지 않았지만 상점에서 10% 할인 가격에 판매하는 사례를 곁에서 종종 지켜보았다.

마쓰시타는 10% 깎아주겠다고 약속하고 돌아와 주인에게 보고했다. 하지만 주인은 "아무에게나 함부로 할인을 해주면 안 된다."고 펄쩍 뛰며 야단을 쳤다. 할인해주면 그보다 비싼 가격에 구입한 고객이 불평하고 결국 평판을 잃게 된다는 것이었다.

고객과 약속을 지키지 못하게 된 마쓰시타는 울면서 주인의 허락이 떨어지기를 기다렸다.

아무리 기다려도 마쓰시타가 자전거를 갖고 오지 않자 고객이 가게로 찾아왔다. 고객은 자기와 약속을 지키려고 울고 있는 마쓰시타를 보았다.

고다이 주인은 10% 할인은 안 되고 5% 할인이라면 자전거를 팔겠다고 타협안을 냈다. 고객은 5% 할인 가격에 사겠다고 대답했다. 그러고선 "고노스케가 근무하는 한 앞으로 자전거는 반드시 이 가게에서만 사겠다."고 언약했다. 약속을 지키려고 우는 마쓰시타의 모습이 고객의 마음을 움직인 것이다.

마쓰시타는 파나소닉 대리점들에게 지정 가격을 지킬 것을 강조했다. 대리점들이 제멋대로 할인해주면 시장 질서가 무너지기 때문이었다.

마쓰시타는 고다이 사장이 브랜드의 가치를 어떻게 높이는지, 자전거 부품을 자체 개발해 공급하면 어떤 수익을 올리는지도 옆에서 지켜보았다.

고다이자전거는 미국, 영국에서 킹KING, 라인LINE, 에트나ETNA라는 브랜드로 자전거를 수입 판매했다. 일본에서 인기를 끌던 영화의 제목을 고다이 브랜드로 만들어 주문자상표 부착생산OEM을 의뢰했던 것이다.

고다이는 독자 브랜드를 쓰며 판매 가격을 올렸고, 타이완에 1000대 수출했다. 이 경험은 고노스케가 '나쇼나루'라는 회사 브랜드를 만든 출발점이 되었다.

자전거상회에서 배운 기업의 사회공헌 의무

마쓰시타가 고다이에서 배운 무형의 경영 자산은 무궁무진했다. 경영인이 어떤 자세로 돈을 벌어야 하는지는 담배 심부름 갈등에서 피부로 느꼈다.

자전거점 손님들은 여윳돈이 있는 계층이었다. 말단 마쓰시타에게 담배를 사 오라는 심부름을 자주 보냈다. 그때마다 담배 가게로 급하게 달려가야 했다.

궁리 끝에 자기 돈으로 담배를 미리 사두었다가 고객이 담배를 주문하면 서랍에서 금방 꺼내주었다. 마쓰시타의 담배 서비스는 신속한 서비스라는 측면에서 고객을 만족시켰다. 고객으로부터 칭찬이 자자했다. 자신은 심부름을 갈 때마다 길거리에서 허비했던 시간과 체력이 절약됐다.

게다가 20갑, 두 보루를 한꺼번에 사면 담배 가게에서 덤으로 한 갑을 더 주었다. 두 보루씩 사두었던 것을 손님에게 팔면 5% 이윤이 생겼다. 담배 서비스는 고노스케에게나 고객에게나 모두 만족스러운 것이었다.

동료들이 마쓰시타의 독점 담배 서비스를 몇 달 지켜보더니 참지 못하고 주인에게 이의를 제기했다.

주인은 고노스케를 불러 담배 서비스를 중단하라고 엄명을 내렸다. 질투에서 비롯된 조직 내부의 알력을 수습하는 방법은 그 길밖에 없었다.

담배 서비스를 중단하면서 그가 무슨 생각을 했을지는 충분히 짐작할 수 있다.

우선 이익을 홀로 독점하면 안 된다는 점이다. 담배 판매로 얻은 이익을 동료들에게 조금씩 나눠주었으면 반발이 나오지 않았을 것이다.

동시에 누가 나를 지켜보고 있는지 자신을 둘러싼 주변의 분위기를 살펴야 한다는 점도 깨달았다.

그는 담배 서비스로 이득을 얻지 못한 대신 기업인으로서 갖추어야 할 기본자세를 터득했다. 자신을 바라보는 세간의 공기, 주변의 눈총을 끊임없이 점검해야 한다는 교훈이다.

그는 "세간은 항상 옳다."는 말을 자주 했다. 세상의 잘못된 평가조차 옳다고 믿으라고 했다.

사업이란 회사와 고객, 두 당사자만 만족해서는 안 된다. 회사가 몸담고 있는 사회로부터 좋은 평판을 얻어야 한다. 나와 고객 그리고 사회 등 3자가 모두 만족하는 상품을 내놓고 서비스를 해야 한다. 그런 각오를 마쓰시타는 점원 때부터 다졌다.

고다이스쿨에서 얻은 또 다른 커다란 배움은 사회공헌 활동이다.

고다이 주인의 친형은 오사카맹아원 원장이었다. 그는 지압, 마사지 서비스를 하면서 부동산 중개로 큰돈을 벌어 시각장애인들을 돌보고 있었다. 교토에도 최초로 맹아원을 세우고 자선 활동을 했다.

마쓰시타의 아버지는 그 맹아원에서 원장 비서 겸 총무, 회계 담당으로 일했다. 마쓰시타는 맹아원에 빈번하게 들락거릴 수밖에 없었다.

맹아원은 원장 개인이 쾌척한 돈만으로 돌아가지 못했다. 운영비 마련을 위해 관공서와 대형 상점을 상대로 기부금을 거두는 일이 잦았다. 마쓰시타는 가까이서 그런 광경을 지켜봤다.

큰돈을 벌면 사회를 위해 기부하겠다는 자선의식이 그 시절부터 성장했다고 볼 수 있다. 지금의 용어로 기업인의 사회공헌 의무CSR를 일찍 자각한 것이다.

센바대학의 고다이 MBA코스는 마쓰시타의 머리와 몸에 기업인으로서 기본 자질을 가르쳐주었다. 기업가 정신, 기업인의 사회적 사명을 불어넣었다. 소년 시절 말랑말랑한 뼛속에 꼼꼼히 새겨진 기업가 정신은 평생 지울 수 없었을 것이다.

한국 재벌의 후계자들에게 필요한 경영학 수업은 미국 유학이 아니라 마쓰시타식 조기교육이 아닐까.

우리나라 재벌 총수의 3세, 4세들은 미국 대학에서 MBA를 마치자마자 간부로 입사, 한두 해 만에 임원이 되고 곧 후계자로 지명된다. 그러니 밑바닥 현장에서 어떤 일이 일어나고 있는지 알 턱이 없다. 사회의 눈총은 도무지 의식하지 않고 기분 내키는 대로 폭행과 폭언을 일삼는다.

사회인으로서 갖추어야 할 기본 에티켓을 배우지 못한 채 후계자로 등극하는 데서 빚어지는 갑질의 파편들이 국민들 가슴을 치고 있지 않은가.

샐러리맨의 한계를 깨닫고 결심한 창업

센바에서 북쪽 다리를 건너면 나카노시마中之島, 중지도가 나온다. 여의도 같은 섬에 일본은행 오사카 지점과 오사카 시청을 비롯 대형 오피스 빌딩이 들어서 있다.

간사이전력 본사도 그곳에 있다. 간사이전력은 오사카, 교토, 나라, 와카야마에 전력을 독점 공급하는 대기업이다. 간사이전력은 오사카전등이라는 회사를 흡수 합병한 기업이다.

화로점, 자전거상회에서 점원으로 일했던 마쓰시타는 잠시 시멘트회사에서 일용직 잡역부로 일하다 오사카전등 수습사원으로 입사했다. 네 번째 직장의 인턴사원이었다. 비록 인턴 자리였으나 15세에 번듯한 대기업에 취직한 것이다.

마쓰시타에게 오사카전등의 월급쟁이 생활은 중요한 의미를 갖는다. 그곳에서 부자들의 으리으리한 저택을 직접 들여다보며 큰 꿈을 키웠다. 더불어 월급쟁이의 한계를 절감하고 창업을 결심한 직장이다. 7년간의 직장 생활을 통해 대기업 경영을 어떻게 지휘하고 부하 직원을 어떻게 대해야 할지를 체득했다.

마쓰시타가 전직한 계기는 널리 알려져 있다.

때마침 오사카에는 전차 노선이 개설되고 전기라는 새로운 에너지가 보급되고 있었다. 호롱불, 촛불 대신 전등을 켜는 주택이 6년 만에 7배 속도로 늘고 있었다.

"전차 노선이 늘어나면 자전거는 팔리지 않을 것이다. 장래를 낙

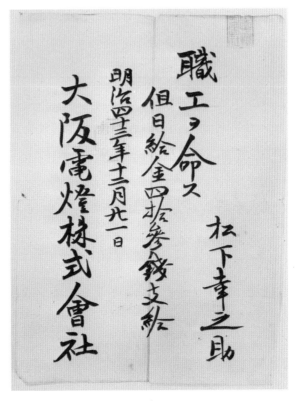

職工ヲ命ス
但日給金四拾参銭支給
明治四十三年十二月廿一日
大阪電燈株式會社

松下幸之助

마쓰시타 고노스케가 오사카전등 주식회사에 입사했을 때의 사령장. 일당은 43전(현재 기준 약 6만 원)이었다. ⓒ 파나소닉

관할 수 없다. 반면 전기사업의 장래를 생각하니 마음에 동요가 일어났다."

마쓰시타는 전차, 전등의 보급을 보며 전기의 시대가 왔다고 직감했다.

막 선보인 전기는 자칫 부상자를 낳는 위험한 신문물이었으나 오사카전등만은 매력 있는 취직자리였다. 월급이 자전거점 점원 시절보다 10배나 많았다. 전등을 가설하는 단순 기술자도 요즘의 반도체나 휴대폰 엔지니어처럼 인기 있는 신랑감이었다.

그가 오사카전등에서 처음 맡은 일은 주택에서 고급 기술자의 전선 가설 작업을 옆에서 보조하는 역할이었다. 기계를 만지기를 좋아했던 그는 인턴으로서 에너지 분야의 신기술을 익히는 데 열중했다.

전등 수요가 급증하면서 회사 조직이 팽창했다. 인턴 3개월 만에 직접 전선을 깔고 전등을 달아주는 준사원급 엔지니어가 됐다.

작업하는 날만 임금을 받는 일용 근로자 신분이었으나 안정된 직장에서 수입이 보장됐다. 덕분에 하숙 생활을 끝내고 쓰루하시鶴橋 전셋집에서 신혼살림을 꾸릴 수 있었다.

인턴, 준사원으로 일하는 동안 그의 눈은 쉬지 않고 시장 바닥과 부잣집의 뒷무대를 관찰했다. 호기심을 키우며 세상을 살피자 시야는 단번에 넓어졌다.

자전거상회에 이어 오사카전등은 마쓰시타에게 또 한 번의 경영학 교실이 되어주었다. 자전거상회가 기초 과정을 제공했다면 오사카전등은 심층 교육과정이었다.

센바는 신흥 부자들이 쉴 새 없이 솟아나는 샘물이었다. 현장의 전기기술자로서 무엇보다 신흥 부자들이 탄생하는 현장을 자기 눈으로 목격할 수 있었다. 부자의 꿈, 대기업의 꿈을 키우는 기회였다.

그는 스미토모그룹의 고위 임원 저택, 신흥 부자들의 신축 주택,

고급 요정에서 전기 가설공사를 맡았다. 그들이 저택 안에 손님용 욕실까지 따로 짓고 골동품을 사들여 별채 빌딩에 전시하는 것을 보았다.

'누구든 큰 부자가 될 수 있는 세상이 왔구나.'

비단 장사로 벼락부자가 된 상인의 저택에서는 1년간 전기 가설공사를 했다. 전세방에 살고 있던 그는 공사를 하는 동안 침실부터 현관, 정원까지 꼼꼼히 들여다보았다. 현장에서 함께 일하는 사람들을 통해 집주인의 성장 과정은 물론 평판까지 들을 수 있었다. 전기기술자라는 신분이 그를 점점 부자의 세계로 끌어가는 징검다리 역할을 하고 있었다.

오사카전등에서는 꿈만 성장하지 않았다. PR과 홍보가 어떤 파워를 과시하는지 지켜보았다.

그는 대형 신문사가 발주한 해수욕장의 대형 전광판 공사, 대형 극장의 전기공사를 도맡아 마무리했다. 이를 계기로 언론을 활용하면 전광판이나 연극이 얼마나 흥행에 성공하는지를 목격했다. 대중소비 시대에는 미디어를 통한 홍보와 선전이 정말 중요하다는 사실에 일찌감치 눈을 뜬 셈이다.

이때의 경험 덕분에 마쓰시타는 창업한 지 고작 9년 만에 신문에 신상품 광고를 개시했다. 영세기업 시절인데도 미디어의 광고효과를 적극 활용했다. 첫 번째 광고 카피는 3일 밤을 지새우며 스스로 고안했다.

마쓰시타는 억만장자가 된 후 매스컴 친화적인 자세를 버리지 않았다. 라디오, TV라는 미디어 기기를 대량 보급한 주인공다운 처신이었다. 평생 언론과 친하게 지내며 언론 인터뷰에 응했고, 광고와 홍보를 중시했다. 파나소닉은 일본에서 산토리 위스키, 시세이도 화장품과 함께 인기 있는 광고 카피를 가장 많이 만들어낸 3대 회사로 꼽혔다.

그의 인생에서 가장 극적인 도약은 오사카전등에서 일어났다. 샐러리맨으로서 성장의 한계를 절감하고 창업을 결심한 것이다.

마쓰시타는 전등을 달아주며 전기 제품에 대한 시장의 수요가 얼마나 강한지를 알았다. 예를 들어 값싸고 튼튼한 소켓을 기대하는 고객 욕구가 강력하다는 것을 파악했다. 여러 종류의 소켓을 기대한다는 점도 피부로 느꼈다.

그는 독자적으로 부품을 모아 새로운 소켓을 만들어보았다. 첫 발명품이 훌륭하다고 판단해 특허를 출원했다.

어느 날 직속상관에게 발명품을 보여주며 열심히 설명했다. 그러고선 회사 공인 제품으로 선택해달라고 요청했다. 회사 공인 제품이 되면 큰돈을 벌 수 있다고 믿었다.

그러나 시제품을 들여다본 상관의 반응은 매정했다.

"이건 글렀네. 더 말할 필요가 없어. 이 정도 수준의 시제품을 갖고는 윗사람에게 보고할 수 없네."

마쓰시타는 머리를 한 방 '꽝' 얻어맞은 기분이었다.

"영 글러먹었나요?"

되묻지 않을 수 없었다.

마쓰시타가 처음으로 개발한 소켓. ⓒ 파나소닉

"틀림없이 글러먹었네. 더 연구하게."

상사는 확언했다.

그 순간 눈가가 젖어드는 것을 숨길 수 없었다고 마쓰시타는 훗날 실토했다.

'회사는 나 같은 인간의 의견은 아예 들어주지 않는구나.'

오사카전등은 오사카 곳곳에 지점을 늘리며 대기업으로 성장하고 있었다. 거대 조직의 말단에서 그는 하찮은 단순 근로자에 불과했다. 자신의 발명품이 대리, 과장, 부장을 거쳐 임원, 사장까지 올라가 회사 공인을 받으려면 수많은 장벽을 뛰어넘어야 했다.

'그렇다면 좋다. 회사를 그만두고 내가 직접 한번 팔아보겠다.'

점원으로 출발해 벼락부자가 된 사람들의 성공 스토리가 여럿 떠돌던 시절이었다. 아버지 권유로 상인의 꿈을 갖게 된 것이 엊그제 아닌가.

대기업이란 학벌, 지연, 혈연이 출세를 좌우하고 사내 정치가 횡행하는 조직이다. 그렇지 않아도 그는 회사 내에서 학력의 벽을 절감하고 있었다.

마쓰시타는 기술자로서 일에 열성을 보인 결과 고속 승진을 거듭했다. 매번 나이 많은 사원을 부하로 부리고 있었다. 하급 사원에서 검사원으로 최연소 승진했고, 곧이어 6개월 만에 검사원에서 사무직원이 됐다. 입사 6년 만에 블루칼라에서 화이트칼라로 신분이 바뀐 것이다.

"초등학교를 제대로 나오지 않은 내가 사무직이 된 것은 대단히 명예스러운 일이었다. 너무 기뻐 상관에게 즉각 '잘 부탁드립니다.'라고 대답했다."

사무직으로 승진했다는 통보를 듣는 순간을 자서전에 정리한 대목이다.

그러나 며칠 후 그는 검사원으로 강등해줄 것을 상사에게 요청했다. '지렁이 같은 글씨'를 상사로부터 지적받았기 때문이었다.

"자네는 글씨 연습을 더 해야겠네."

결재 서류를 보던 상사가 따끔하게 말했다. 그 말을 듣자마자 "얼굴에서 불이 날 것처럼 창피했다."고 마쓰시타는 회고했다. 늦깎이로 학교에 다니기보다 장사로 출세하라던 아버지의 유언이 떠오를 수밖에 없었다.

게다가 오사카전등은 승진시험 제도를 도입했다. 시험에 합격하지 못하면 과장, 차장, 부장으로 올라갈 수 없게 됐다. 샐러리맨 인생에 학력이라는 부담스러운 벽이 가설된 셈이었다.

오사카전등에서 절감한 좌절감은 커다란 전환점이 됐다. 그는 학력을 중시하는 조직, 부하의 아이디어와 의욕을 꺾는 조직을 훌훌 떨쳐버리겠다는 결심을 굳혔다.

그는 이미 창업자들의 숱한 성공 사례를 들었다. 맨손으로 시작해 큰 부자가 된 기업인들의 다양한 스토리를 자기 눈과 귀로 생생하게 느꼈다. MBA스쿨에서 가르치는 케이스 스터디를 오사카전등 시절 현장에서 마스터했다고 볼 수 있다.

마쓰시타는 그 시절 센바에 건설 중이던 스미토모그룹 총수의 호화 저택 앞길을 자주 오갔다고 한다. 부자의 꿈을 다지는 과정이었다. 30여 년 뒤 마쓰시타 부부는 바로 그 저택의 만찬 자리에 초대를 받았다. 그사이 파나소닉이 스미토모와 어깨를 나란히 하는 재벌로 떠오른 것이다.

마쓰시타의 센바 시대는 사업가로서 성공하겠다는 뜻을 굳히고 다채로운 현장 교육을 받은 시기다. 기업인으로서 하지 말아야 할 행동거지와 바람직한 처신을 배웠고, 기업의 사회적 사명을 알았다. 말단 사원의 아이디어가 큰 조직에서 어떻게 말살되는지 온몸으로 체험했다.

시장 밑바닥에서 차갑고 혹독한 훈련을 받았기에 억만장자가 된

후의 행동은 재벌그룹 상속자들과는 딴판으로 달랐다. 세상의 칭찬을 경계하고 세상의 비판에 무척 민감했다. 부자에 대한 세상 사람들의 원초적인 반감을 간파했다.

한 손으로 큰돈을 벌면 다른 손으로는 아낌없이 뿌려야 한다는 진리를 터득했다. 아무리 돈이 많아도 자신을 낮추고 살아야 한다는 처세술을 배웠다. 이것이 공업화 시대의 영웅이 정보화 시대에 명성을 유지하는 비결이 됐다.

3

기업의 존재 이유를 찾다

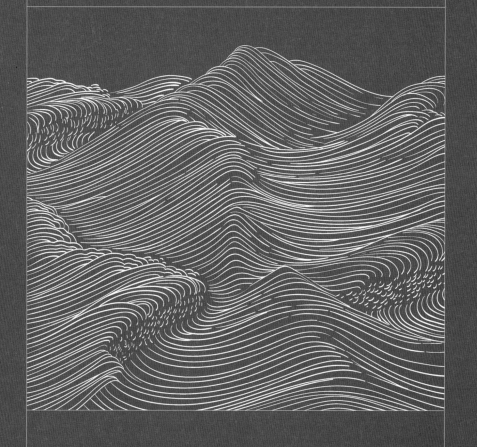

기업인으로서 최종 목표는 가난 극복과 낙토 건설이었다. 기업은 필수적인 상품을 값싸게 공급해야 한다고 했다. 여기서 탄생한 경영 이념이 유명한 수돗물 철학이다.

창업의 땅 오히라키의 마쓰시타 이벤트

오사카 노다한신野田阪神 전철역은 오사카 최고 번화가인 우메다역에서 두 정거장밖에 되지 않는다. 도시 개발의 중심축으로 부상할 만한 자격을 갖춘 지역이다.

입지가 좋건만 역 주변은 의외로 한산했다. 도시 변두리에 도착한 듯한 기분이 들었다. 전철역 바로 건너편 오히라키쵸大開町 상점가로 들어서자 한적한 풍경이 전개됐다. 높은 빌딩은 거의 없고 지붕이 낮고 출입문이 좁은 가게와 오래된 주택이 줄지어 있다. 드물게는 판자로 외벽을 막은 옛날 집까지 보였다.

'셔터길'은 문을 닫아 셔터가 내려진 가게가 이어지는 거리를 말한다. 20여 년 전부터 인구가 감소하는 일본 중소 도시에 셔터길이 많이 등장했다.

오히라키 상점가엔 셔터가 내려진 가게가 많다. 오후 3시 무렵이지만 3분의 1쯤이 셔터를 내리고 있다. 상권이 생기를 잃어가고 있다는 불길한 냄새가 진하게 번져 나온다.

계산기가 모든 일본인의 휴대폰에 깔린 시대다. 하지만 오히라키 골목에는 주산학원의 낡은 간판이 지금껏 걸려 있다.

어쩌다 마주친 동네 할머니는 귀가 잘 들리지 않는 모양이다. 몇 번을 되물은 끝에야 겨우 대답을 들었다.

"그 단팥죽 가게는 문을 닫고 미장원이 됐을 거야. 손님이 줄어 장사가 안 된다고 들었어."

마쓰시타가 즐겨 먹던 단팥죽을 파는 가게를 물었더니 아쉽게 됐다.

다행히 마쓰시타 가족이 다녔던 것이 확실하다는 동네 목욕탕(八坂溫泉)이 영업을 계속하고 있었다. 오후 2시부터 새벽 1시까지 문을 연다는 안내판이 보인다. 이 목욕탕은 마쓰시타를 주인공으로 쓴 소설에 등장한다.

목욕탕 건물에는 '10미터 더 가면 마쓰시타의 창업의 땅 제1차 본점과 공장 터'라는 안내판과 파나소닉 창업과 관련된 터를 지목한 부근 안내 지도가 붙어 있다.

오히라키라는 동네는 파나소닉이 공식적으로 인정하는 창업의 땅이다. 창업 시절 살았던 전셋집, 1차 본사와 공장 터, 2차 본사와 공장 터가 이곳에 있다. 전셋집 터에는 와카야마 탄생지처럼 생가가 복원되지 않았다. 그 대신 파나소닉박물관에 오히라키 전셋집의

창업 초기 파나소닉의 공장과 본점이 있던 곳임을 알리는 안내판.

모형이 설치돼 있다.

상가를 따라 '나니와 출세가도'라는 작은 플래카드가 줄지어 걸려 있다. '나니와難波'는 오사카의 옛 지명이다. 거친 파도가 밀려오는 곳이라는 뜻이다.

일본 왕실은 1400여 년 전 나니와에 왕궁을 지었다. 그 부스러기 유적은 지금 오사카성 역사박물관에 전시돼 있다. 한국인이 서울을 한양이라고 말하듯 오사카 사람들은 나니와라는 이름을 즐겨 쓴다.

도요토미 히데요시가 일본을 평정한 뒤 건설한 오사카성. © 일본정부관광국(JNTO)

오히라키 주민들은 마쓰시타가 파나소닉을 창업한 이곳을 출세가도의 출발점이라고 자부하고 있다. 일본 최고의 억만장자를 배출한 명당이라는 긍지가 담겨 있다.

마쓰시타는 '살아 있는 도요토미 히데요시豊臣秀吉'로 불렸다. 도요토미는 일본 천하를 평정한 뒤 거대한 오사카성을 건설했다. 마쓰시타는 세계적인 전자왕국을 세웠다. 오히라키 주민들 가슴에는 천하를 거머쥐었던 두 영웅이 공존하고 있다.

오히라키 주민들은 마쓰시타를 마을 홍보 브랜드로 한껏 활용하고 있다. 경기를 살려보려는 마음에서 마쓰시타 기념사업을 본격 전개하고 있다.

주민들은 2004년 옛 공장 터에 '창업의 땅' 기념비를 세웠다. 기념비 글씨는 마쓰시타의 외동딸이 썼다. 탄생 110주년 기념사업이었다.

주민들은 마쓰시타의 친필 붓글씨 '도道(길)'를 새긴 비석을 공원에 모셨다. 비석 뒷면에는 마쓰시타가 남긴 명언이 새겨져 있다.

자신에게는
자신에게 주어진 길이 있다.
넓을 때도 있고
좁을 때도 있다.
오르막이 있는가 하면
내리막도 있다.

아무리 궁리해도 길이 보이지 않을 때가 있으리라.

하지만 마음을 곧게 다지고

희망을 갖고 걷는다면

반드시 길이 열리리라.

깊은 기쁨도 거기서 움트리라.

오사카 오히라키 창업의 터에 세워진 기념비.

주민들은 마쓰시타 브랜드를 상가 활성화의 1급 불쏘시개로 여기고 있다. 기념비 건립 모금에는 주민을 비롯해 파나소닉 OB 외 직원들, 마쓰시타 팬 9000여 명이 전국에서 참여했다. 거국적 이벤트가 되었던 셈이다.

주민들은 달랑 창업 기념비만 세우고 끝내지 않았다. 고인을 추모하는 상설 조직 마쓰시타연구회를 발족했다. 회원들은 매달 세 번째 토요일에 모여 마쓰시타에 관한 강연을 듣거나 토론회를 갖는다. 창업의 땅을 찾는 방문객을 위한 가이드도 주민들이 도맡는다. 마쓰시타 정경숙 학생들은 매년 5월 이곳을 찾고 있다. PHP 동우회 멤버들도 종종 단체로 온다.

마쓰시타는 오히라키 몇백 미터 거리 이내에서 공장을 네 번 옮겼다. 전부 확장 이전이었다. '마쓰시타 전기기구 제작소'라는 간판을 처음 달았던 주소지와 본사, 공장이 있었던 터에는 주민들이 일일이 안내 팻말을 붙였다.

마쓰시타는 오히라키 인연을 소중하게 여겼다. 사망하는 날까지 호적(본적 등록지)을 오히라키에 두었다. 호적지 주소지에는 현재 마쓰시타와 어울렸던 이웃 주민의 손자가 살고 있다.

마쓰시타가 본적지를 와카야마 탄생지나 오랜 기간 거주했던 고베에 두지 않았던 이유를 설명한 적은 없다. "오히라키에 특별한 애정을 갖고 있었기 때문이 아니겠어요?"라고 오히라키 주민들은 해석하고 있다.

주민들은 해마다 11월이 오면 단팥죽 축제를 연다. 2018년에도 어김없이 마쓰시타가 고향 땅을 떠나 오사카로 입성하던 11월 23일에 맞춰 단팥죽 축제가 열렸다.

단팥죽은 마쓰시타의 고향 땅 와카야마에서 생산된 고급 찹쌀을 재료로 사용한다. 단팥죽 축제가 입소문으로 알려지면서 이제는 축제가 시작되기 전부터 손님이 줄을 선다.

마쓰시타는 단팥죽을 워낙 좋아해 한때는 단팥죽 장사를 하려 했다. 하지만 부인이 "물장사는 절대로 안 된다."고 맹반대하는 바람에 포기했다. 주민들은 "마쓰시타가 만약 여기서 단팥죽 장사에 발을 들여놓았더라면 파나소닉 신화가 탄생했겠느냐."고 농담했다.

오히라키의 등나무 꽃은 일본에서 유명하다. 도요토미 히데요시가 좋아했던 꽃이 오히라키 등나무 꽃이다.

등꽃이 활짝 피는 4월에는 파나소닉 창업 기념비가 있는 마을 공원에서 등나무 축제가 열린다. 지역 명물을 마쓰시타와 연결시켜 흥행을 일으켜보려는 이벤트다.

재벌의 창업 터전을 지키려는 주민들 활동은 한국서는 거의 볼 수 없는 광경이다. 정주영이나 이병철의 군것질 음식을 소재로 마을 축제를 연다는 얘기도 들어보지 못했다.

큰돈을 번 부자에 대한 두 나라의 평가는 그만큼 다르다. 한쪽은 부자를 인정하며 그가 성공했던 길을 배우고 싶어 하는 반면, 다른 쪽은 부자가 되기까지 얻은 여러 정치적 특혜를 따지며 성공을 인정하지 않는다.

부자를 질투하는 심리가 한국인에게 강한 것은 사실이다. 그렇다고 한국 기업인들이 섭섭해할 일만은 아니다. 정주영 축제, 이병철 페스티벌이 열리지 않는 것을 섭섭해하기 전에 오히라키에서 마쓰시타 추모 이벤트가 끊이지 않는 배경부터 살펴봐야 한다.

마쓰시타는 창업 시절 오히라키의 쌀집, 생선 가게, 식당 주인 등 이웃 10명과 친목회를 결성했다. 동네 유지들은 매달 모임을 갖고 주변 관광지에서 결속을 다지곤 했다. 100년 전 결성된 친목회는 이름을 바꿔가며 후손들 모임으로 이어지고 있다.

친목회 회원들은 마쓰시타가 일본 제1의 부자가 된 후에도 만났다. 마쓰시타는 오히라키 주민의 경조사에 직접 방문하지 못하면 반드시 부의금, 축의금을 보냈다. 최고 부자의 부의금, 축의금 봉투는 지금도 상당수 주민들이 보관하고 있다.

그는 우리나라 재벌 총수들과는 달리 이웃 주민과 허물없이 어울려 지냈다. 글로벌 스타 기업인으로 오른 후에도 한번 맺은 인연을 끊지 않았다. 마쓰시타 후손들은 오히라키 주민들이 창업 기념 비석을 세울 때 헌금을 마다하지 않았다.

첫 번째 실패와 성공 그리고 백제마을

사실 오히라키는 원래 파나소닉 창업의 땅은 아니다. 마쓰시타가 오사카전등을 퇴직하고 처음 제품을 생산했던 곳은 쓰루하시鶴橋 근처다. 사천왕사四天王寺에서 멀지 않고 코리아타운에서 걸어서 10

분 이내 거리다.

오사카 코리아타운에 가려면 쓰루하시역에서 내려야 한다. 시영 지하철 쓰루하시역 출구에서 코리아타운을 물었더니 역무원이 손바닥만 한 지도를 재빠르게 건넸다. 출구를 나가 곧바로 왼쪽으로 돌아 첫 신호등에서 우회전한 뒤 세 번째 신호등에서 좌회전하라는 안내 지도였다.

"한류 붐이 일어나면서 코리아타운을 찾는 아줌마, 소녀 팬들이 늘었답니다. 걸어서 10분 정도 걸립니다."

역무원은 지도를 주며 묻지 않은 질문에 친절하게 설명했다.

쓰루하시 주변은 한국인에게 낯설지 않은 인상을 준다. 재일교포 밀집도가 가장 높은 곳이다.

역 주변에는 '호르몬구이(곱창구이)', '비빔밥' 간판이 여럿 있고 오래된 냉면 식당도 보인다. 김치를 비롯 한국 식료품을 전문으로 파는 가게가 많다. 한류 스타들의 사진이나 기념품을 취급하는 상점도 나타난다.

쓰루하시 동쪽 지역의 과거 이름은 이카이노猪飼野였다. 그대로 번역하면 돼지를 기르는 들판이다. 향토 사학자들은 한반도 출신, 특히 백제 유민들이 일본에 돼지 기르는 법을 전파한 장소라고 해석하고 있다.

오사카, 나라에는 백제마을로 불리던 지역이 많다. '백제' 접두어를 가진 지역과 건축물은 대부분 사라졌으나 백제신사, 백제역은 아직 존재하고 있다. 백제교도 예전에는 여러 군데 있었다.

마쓰시타가 전기제품 제조를 처음 시작한 오사카 코리아타운. 백제문이
라는 간판이 있다.

쓰루하시 근처도 오래전부터 백제마을로 통했다. 일본에서 가장
오래된 백제교는 쓰루하시에 있었다.

백제교는 하천에 학이 많이 날아온다는 이유로 100여 년 전 다
리 이름이 쓰루하시로 바뀌었다. 일본이 한국을 강제 합병한 직후
였다.

코리아타운 입구에는 백제와 인연을 끊지 않겠다는 듯 지금도 '백제문' 간판이 높이 걸려 있다. 와서 보고 사라는 뜻의 할인 세일 플래카드 '오이소, 보이소, 사이소'를 일본 글자로 써 붙이고 있다.

이카이노 백제마을에는 삼국시대부터 한국인 조상들이 모여들었다. 1922년 오사카와 제주 간 정기 연락선이 개설된 후에는 제주도 출신이 대거 이곳에 이주해 왔다. 특히 서귀포 법환리 출신들은 이곳에서 따로 친목회를 구성해 대를 이어 모임을 지속할 만큼 다수였다.

마쓰시타와 쓰루하시의 인연은 꽤 오래됐다. 오사카전등에 근무할 때부터 쓰루하시 근처를 맴돌았다. 하숙집이나 직장 사무실이 도보로 10분 이내의 거리에 있다. 신형 소켓을 처음 개발해 상표권을 등록하면서 기록한 집 주소도 근처에 있다. 생활비가 없어 단골로 이용했던 전당포 위치도 쓰루하시역 근처다. 그가 다녔던 것이 틀림없다는 도조온천東上溫泉이라는 동네 목욕탕은 100년이 넘은 오늘도 영업 중이다.

그는 결혼 후 두 칸짜리 신혼 보금자리를 쓰루하시역에서 도보로 10분 거리에 얻었다. 파나소닉의 첫 공장 터는 히가시나리구東成區의 오래된 주택가 한가운데 있었다.

지하철역에서 10여 분 거리의 골목 안 절 문 앞에 '이 부근이 마쓰시타 고노스케 기업起業의 땅'이라는 비석이 외롭게 서 있었다.

그가 창업할 무렵, 돼지를 기르던 이카이노 들판에는 주택과 중소 공장이 드문드문 들어서고 있었다. 신흥 개발 지역이어서 전세

오사카 백제마을에 자리 잡은 파나소닉의 첫 기업 터. 이 당시 파나소닉은 무등록 상태로 전기 소켓을 만들었다.

가격이 낮아 단순 기술자의 월급으로 살기에 적합했을 것이다.

히가시나리라는 동네는 지금도 안경테, 비누, 모자, 과자를 비롯 기계를 담금질하고 만드는 중소 공장이 많이 들어서 있다. 영화 〈ET〉에 나오는 자전거도 여기서 생산된 제품이라는 보도가 있었다. 오사카 중소 제조업의 메카로 볼 수 있다.

1917년 마쓰시타는 백제마을에서 22세 나이에 겁 없이 홀로서

기를 시도했다.

회사 간판은 없었다. 부인과 처남, 직장 동료 2명과 함께 5명이 소켓 제조에 뛰어들었다. 의욕은 넘쳤으나 보잘것없는 영세 가내수공업이었다.

믿는 것이라고는 오로지 월급쟁이 시절 개발한 소켓 하나였다. 우쭐한 기분에 실용신안 특허를 등록해놓은 상태였다.

실로 무모한 창업이었다. 밑천은 퇴직금을 포함한 자기 자금 95엔, 빌린 돈 100엔을 합해 고작 200엔이었다. 요즘 원화 가치로는 2800만 원 안팎이었다.

그는 실리콘밸리의 벤처기업가처럼 독보적인 첨단 기술을 갖고 있지 않았다. 학벌이 쟁쟁해 자금, 기술, 판매 측면에서 약점을 보완해줄 인맥이 확보된 상태는 더더욱 아니었다.

그가 특허로 등록했던 소켓은 결점투성이였다. 오사카전등에서 단번에 퇴짜 맞은 결격품이었다.

아니나 다를까 첫 작품을 만들었으나 소켓은 몇십 개밖에 팔리지 않았다. 결함이 많아 팔릴 리 없었다.

창업 자금은 순식간에 바닥났다. 창업 동지인 직장 동료 2명은 곧바로 떠났다.

마쓰시타는 동네 목욕탕에 갈 푼돈조차 없었다. 아내의 기모노와 결혼반지를 전당포에 맡기고 급전을 빌려 써야 했다. 자금, 기술, 인맥, 판매 루트 등 어느 것 하나 준비하지 못한 빈손 출발이었다. 방한복 한 벌 없이 맨몸으로 히말라야 등정에 나선 꼴이었다.

그러나 그에게는 센바 자전거점과 오사카전등에서 13년 동안 온몸으로 체득한 상인 정신이 있었다.

'결코 중도에 포기해선 안 된다.'

'성공할 때까지 밀고 가면 길은 반드시 열린다.'

하루에 몇 번이고 다짐했다.

낙망하고 있던 그에게 어느 날 선풍기 부품을 급하게 만들어달라는 발주가 들어왔다. 대기업 하청회사에서 재하청을 받은 일감이었다. 소켓을 만드는 기술을 활용해 선풍기 부품을 제조해달라는 주문이었다.

정성을 들여 납기 안에 납품했더니 발주처가 대만족이었다. 첫 납품이 끝나자마자 추가 주문이 이어졌다. 부부와 처남 등 3명이 밤을 새우며 납기를 맞춘 것이 적중했다.

몇 달 만에 예상치 못한 큰돈이 들어왔다. 사업가로서 처음 성취감을 맛보았다. 사원을 늘리고 신제품 개발에 투자할 여력이 생겼다. 회사 간판을 달고 공장을 열 수 있겠다는 희망을 쓰루하시 백제마을에서 갖게 됐다.

백제마을은 마쓰시타에게 사업 초기 자금을 만들어준 곳이자 기업가로서 첫 성공을 선물한 장소다. 참담한 실패 속에서 기대하지 않았던 성취의 맛을 처음 만끽했다. 이런 측면에서 쓰루하시는 파나소닉에게 의미 있는 지역이 아닐 수 없다.

그럼에도 불구하고 마쓰시타는 웬일인지 회고록이나 강연에서 이카이노라는 지역과의 인연을 그다지 거론하지 않았다. 소켓의 실패와 선풍기 부품의 성공을 자랑하면서도 백제마을 이웃에는 별다른 관심을 표시하지 않았다. 쓰루하시 부근에 살고 있는 백제의 후손들과 어떤 인연을 맺었던 적이 있는지 밝힌 기록도 찾기 힘들다.

'마쓰시타 고노스케 기업起業의 땅'이라는 기념비는 2004년 탄생 110주년에 세워진 것이다. 기념비에는 이렇게 쓰여 있다.

'히가시나리-이쿠노(과거에는 이카이노)는 고대로부터 선진적인 기술자가 모여드는 토지였다. 이 땅의 제조업 문화는 현대에 이르기까지 수많은 독창적 기업들을 낳아 오사카 경제 발전에 큰 역할을 해왔다. 고노스케 씨가 여기서 사업을 일으킨 것도 히가시나리-이쿠노의 땅에 새로운 산업을 수용할 수 있도록 조상들이 가꿔온 풍요로운 토양이 있었던 덕분이라고밖에 말할 수 없다.'

이카이노가 제조업을 일으키는 토양을 갖추고 있었기에 마쓰시타가 사업을 일으킬 수 있었다는 주민들의 자부심이 담겨 있을 뿐이다.

같은 시기 오히라키에 세워진 기념비에는 주민들이 마쓰시타 가문에 감사하는 표현을 담았으나 이곳의 기념비에는 그런 표현이 일체 없다. 오히라키 기념비 제막 10주년 파티에는 큰손자가 참석해 축사를 했던 반면 백제마을 비석 제막식에 마쓰시타 후손이 참석했다는 기록은 없다. 회사나 가족이 쓰루하시 쪽을 외면하는 이유는 알 수 없다.

마쓰시타는 쓰루하시 전셋집에서 아내, 처남과 셋이 살았다. 방은 둘이었다. 1평 남짓한 좁은 방은 침실이었고 2평 남짓한 큰 방을 주문받은 물품을 제조하고 다듬고 포장하는 공장으로 썼다. 가내수공업이었지만 파나소닉 첫 번째 공장이었다.

하지만 파나소닉박물관에 쓰루하시의 전셋집 모형은 없다. 박물관에는 오히라키의 전셋집을 복원해놓았다.

파나소닉 창립일은 1918년 3월 7일이다. 회사의 공식 기록은 그날부터 정리됐다. 공식 역사가 이카이노 백제마을이 아니라 오히라키에서 시작됐다고 선언한 셈이다.

백제마을 스토리는 창고, 주차장에서 꿈을 키운 미국 벤처기업가들의 창업 장소에 견줄 만한 억만장자 일대기의 좋은 소재다. 돼지를 사육하던 들판이 글로벌 기업을 키워낸 인큐베이터 역할을 했다는 것은 드라마 소재가 될 만하다. 마쓰시타의 첫 실패와 첫 성공은 회사 간판을 세우기 전 선사시대의 일이지만 지울 수 없는 역사다.

아쉽게도 마쓰시타는 이카이노 시대의 증언을 그다지 남기지 않았다. 본사를 쓰루하시에서 6~7km나 떨어진 오히라키로 이전한 이유도 설명한 적이 없다.

"이런 태도는 한국과의 불편한 인연 때문에 생겨난 것은 아닐까요."

쓰루하시에 사는 재일 동포는 그런 해석을 내놓았으나 확실치 않다.

파나소닉은 일제시대 서울에 전구 공장, 건전지 공장, 무전기 공장을 갖고 있었다. 군수품을 납품하고 시중에도 팔았다. 이 공장들은 제2차 세계대전에서 일본이 패배한 뒤 모두 몰수됐다. 일본 파나소닉 공장에 강제 동원된 한국인 근로자가 근무했다는 증언도 남아 있다.

이 때문에 강제징용 문제를 연구해온 국내 학자들은 파나소닉을 현존하는 299개 전범 기업 중 하나로 지목하고 있다.

클수록 분명해야 할 기업의 존재 가치

파나소닉이 쓰루하시 역사를 가볍게 다루는 배경에는 오히라키가 훨씬 의미 있는 장소라는 판단 때문인지 모른다.

마쓰시타에게 오히라키는 행운을 불러오고 성공의 길을 활짝 열어준 땅이었다. 여기서 신종 소켓부터 개량된 플러그, 신형 자전거 램프를 개발해 모두 성공했다. 많은 제품이 히트 상품 대열에 속속 올랐다.

이곳에 공장을 설립한 뒤 무려 280개 특허를 등록했다. '나쇼나루'라는 국민 브랜드를 이곳에서 출시했다. 히트 상품이 늘 때마다 공장을 새로 지어 공장 수가 10개로 늘었다.

종업원 숫자는 1100명으로 대기업 반열에 올랐다. 스미토모은행(현재는 미쓰이스미토모 금융그룹)과도 첫 거래를 시작해 평생 주거래은행으로 삼았다.

오히라키 시대 15년은 기업인으로서 밑바닥 기초공사를 마친 기간이었다.

마쓰시타는 가도마門眞로 본사와 공장을 이전한 뒤에도 가도마호 텔에서 오히라키 쪽을 바라보며 이렇게 중얼거렸다.

"음, 저기가 오히라키란 말인가."

그때마다 미련이 남은 듯 흡족한 표정이었다. 생명의 고향은 와 카야마지만 기업인으로서 고향은 오히라키라고 여겼다.

마쓰시타가 오히라키에 애착을 갖게 된 이유는 거기서 큰돈을 벌었기 때문만은 아니다. 축복의 땅이자 기업인의 사명을 깨달은 곳이었다.

기업인으로서 성공의 환희와 실패의 쓰라림뿐만 아니라 이웃과 어울려 사는 즐거움, 뼈를 잘라낸 듯한 아버지의 슬픔을 오히라키 에서 겪었다. 그런 의미에서 오히라키는 마쓰시타가 완성체 인간으 로 성숙해가는 도약대였다.

그는 오히라키에서 아들을 잃었다. 미쓰코시백화점 주최 우량아 선발대회에서 1등에 오른 혈육이었다. 마쓰시타는 9세에 부모 슬 하를 떠나 11세에는 소년 가장이 되었고, 26세엔 부모와 형제를 모 두 잃었다. 친가 핏줄을 다 잃은 뒤 얻은 아들이었기에 외동아들에 게 더 강한 집착을 가졌을 것이다.

불행하게도 아들은 감기에 뇌염이 겹치는 바람에 2주간 혼수상 태에 빠져 있다 허망하게 사망했다. 그는 아들이 사망한 후 "뭐라 이루 다 말할 수 없는 적적함"을 절감했다고 고백했다. 더 이상 사 업하기 싫다는 말이 절로 나왔다.

슬픔이 크면 클수록 자신이 서 있는 자리를 돌아보며 자식 잃은 고통을 달래야 했다. 자신도 폐병 증상에 종종 휴식을 취하지 않으면 안 되는 처지였다. 그는 그럴수록 신제품 개발에 몰두하면서 홀로 사색하는 시간이 늘었다.

그 무렵 자기 내면과의 대화에 깊이 빠져들곤 했다.

'인간은 무엇 때문에 태어났는가.'

'종교는 인간에게 어떤 위안을 주는 것인가.'

'우주의 생성 원리는 무엇인가.'

인생, 종교, 철학을 생각했다.

자기가 하고 있는 사업이 어떤 의미를 갖는 일인지 고민하는 단계에 접어들었다.

'사업은 무엇을 위해 하는 것인가.'

'회사란 무엇인가.'

'회사의 주인은 누구인가.'

돈을 많이 번다고 해서 인생이 행복해지는 것은 아니라는 사실은 명확해졌다. 특허가 늘고 신상품이 잘 팔린다고 종업원들이 신나게 일하는 것도 아니었다.

조직은 팽창하고 제품 숫자는 늘어갔다. 사업 자금을 은행에서 얼마든지 대출받을 수 있을 만큼 단단한 신용을 쌓았다. 오르막과 내리막이 있었지만 파나소닉은 산업혁명의 고속 성장 열차에 승차하는 데 성공했다.

미쓰이, 스미토모 재벌은 회사 수명이 수백 년에 달하고 있었다. 오사카에는 1400년 동족 경영으로 수명을 이어온 회사도 있다.

100년 넘은 기업이 일본에 5만여 개에 이른다. 장수 기업들은 대를 이어 전해져오는 경영 이념, 사업의 기본 원칙을 갖고 있다.

마쓰시타는 자신이 하고 있는 일이 어떤 의미를 갖지 않으면 안 된다고 판단했다. 갈수록 커지는 회사를 보며 기업의 존재 가치, 기업인이 추구해야 할 목표를 분명히 하지 않으면 안 되었다.

기업은 사회의 공공 자산이라는 철학

오히라키 시절 법인세 납세는 자진 신고 형식이었다. 세무서원이 근처에 사무실을 차려놓고 기다리면 마쓰시타가 찾아가 매출액과 이익을 신고하고 세금을 납부하는 순서를 밟았다.

그러던 어느 해 세무 공무원이 다른 해와는 다르게 나왔다. 세무 사찰을 하겠다고 통보했다. 돈을 의외로 많이 벌고 있다며 자진 납부받던 것을 현장 조사로 전환한 것이다.

현장 입회 조사가 시작되자 마쓰시타는 걱정이 돼 잠이 오지 않았다. 이틀 밤을 꼬박 새우며 고민 끝에 그가 도달한 결론은 단순했다.

'지금 내가 고민하는 이유는 회사가 올린 이익이 내가 일해서 번 돈이라는 욕심 때문이다. 공장 땅은 물론 종업원, 기계, 자금 등 모든 것은 원래 공공의 소유다. 편의상 잠시 개인 것으로 인정해주고 있는 데 불과하다. 이익이 내 것이라고 여기니 두려운 게 아닌가.

원래의 소유자가 세금을 얼마 거둬 가든 내가 고민할 필요가 없다.'

그는 회사 이익은 자기 소유가 아니라는 결론을 내렸다. 회사는 사회의 공기公器라는 생각을 굳혔다. 그래서 세무서원에게 필요한 금액을 세금으로 떼어 가라고 통보했다. 자포자기의 심정이었을 것이다.

회사 이익을 사회 공유 자산으로 보는 견해는 사실 전근대적인 생각이다. 납세를 국민의 기본 의무로 여기는 발상도 마찬가지다.

영국인, 미국인들은 납세를 선거권을 쟁취하고 개인 인권을 보장받는 등 기본권을 확보하는 수단으로 여겼다. 반면 일본에는 납세가 국민의 기본 의무라는 독일식 사상이 침투했다. 독일과 일본은 후발 국가로서 선진국을 따라잡기 위해 병역과 함께 납세를 국민의 기본 의무로 교육하고 있었다.

당시 일본은 '서양을 따라잡자'는 구호 아래 부국강병이라는 국가적 목표가 온통 지배하고 있었다. 납세가 국민의 의무라고 강압하는 분위기에서 마지못해 기업 공기론公器論이 탄생했을 가능성이 높다.

마쓰시타라고 해서 고액 납세에 저항감이 없었던 것은 아니다. "국가가 우리 회사에 뭘 도와주었다고?"라는 반발의식은 많은 기업인에게 공통적이다.

마쓰시타가 '국민의 심정을 무시한 중과' 세금을 부담스러워했다는 증거는 얼마든지 많다. 그가 일본 최고 부자로 등극한 1964년, PHP연구소는 일본경제신문에 전면 의견광고를 냈다.

"세금의 적정화를 기대한다."라는 주장을 실은 통단 광고였다. 그는 의견광고를 통해 "국가 번영을 위해 세금을 적정화해달라."고 강조했다. 그가 발행하는 잡지도 세금 중과 문제를 종종 거론했다.

세금에 대한 마쓰시타의 원초적인 저항감은 훗날 무세無稅국가론으로 발전했다. 무세국가론이란 국민과 기업으로부터 걷는 세금을 절반으로 줄이고 국가가 기업처럼 스스로 돈을 벌어 쓰라는 주장이다.

마쓰시타가 세금 부담을 줄이려고 불법을 저질렀다는 기록은 거의 없다. 세금을 낮추려고 로비를 펼친 기록도 발견되지 않는다.

어쨌든 기업 공기론은 세무사찰 과정에서 체념하는 심정으로 정리된 생각이었지만, 세월이 가면서 확신이 가득 찬 기업관으로 발전했다.

그가 기업 공기론을 처음 말하고 45년쯤 지났을 때다. 기업인을 상대로 강연하면서 마쓰시타는 이렇게 말했다.

"결국 기업이라는 것은 국가의 것이되 내 개인의 것이 아닙니다. 기업은 내 것이다, 다시 말해 주주의 것처럼 생각하는 데 문제가 있어요. 그러니 기업이라는 것은 국가가 기업인에게 맡겨둔 것이라는 시점에서 모든 것을 생각해보자 이겁니다. 그러면 매우 편안하다 이겁니다."

고액 세금에 불만을 표시하면서도 공공성을 앞세우는 기업관을 평생 유지했다.

'기업은 사회로부터 사랑을 받아야 한다. 그것이 기업인이 가져

야 할 제1의 의무다.'

기업은 사회의 공동 자산이라는 철학은 세간의 평판을 중시했던 것과 맥이 통한다. 기업 이익이란 기업이 좋은 일을 한 대가로 '사회로부터 받은 감사의 사례금'이라는 논리도 그렇게 탄생했다. 회사가 이익을 내지 못하는 것은 사회에 공헌한 게 없다는 뜻이고, 적자는 사회에 죄를 짓는 일이라는 말도 여기서 나왔다.

이에 따라 그는 파나소닉 경영에서 줄곧 공해 방지, 환경 중시는 물론 사회적 책임과 의무를 강조하는 전략을 유지했다. 기부와 협찬에 적극적이었던 이유도 기업이 공공재라는 소신 때문이었다.

돈벌이 공장에서 꿈을 공유하는 공동체로

일본에서 종교 단체 이름을 쓰는 유일한 행정구역이 텐리시天理市다. 텐리는 오사카와 교토의 베드타운을 겸하고 있는 종교 도시다. 텐리교 교단 본부가 여기에 있다.

텐리 전철역에는 다른 곳에서는 볼 수 없는 간판이 있다. 관광객을 반기는 '어서 오세요ようこそ!'라는 간판은 없다. 그 대신 '잘 다녀오셨네요お帰りなさい!'라고 귀가를 환영하는 간판이 높이 서 있다. 포근한 집, 따스한 고향, 엄마 품으로 돌아오길 잘했다고 반기는 내용이다.

일본에는 유명한 라면집이 많지만 텐리는 '스테미나 라면(일명

스테멘)'과 '사이카 라면'이 6만여 시민의 자랑이다. 돼지 뼈, 닭 뼈를 삶아 라면 수프로 쓴다. 한국처럼 다진 마늘과 고춧가루를 넣는다는 점에서 독특한 라면 장르로 받아들여지고 있다.

텐리교 본부는 푸근한 평야 지대에 자리 잡고 있다. 전철역 맞은편 상점가를 10분 안팎 걸으면 텐리교 본당에 도착한다. 상점가에는 텐리교 서적을 파는 서점과 텐리교 의상과 종교적 도구를 취급하는 점포가 여러 개 눈에 띈다.

텐리교의 상징 색깔은 검정이다. 교인은 평상복 위에 검은색 겉옷을 걸쳐 입는다. 학생들 륙색과 운동복도 검정색이다.

본당의 한 지붕 아래 대형 예배당이 동서남북에 4개 있다. 남쪽 예배당은 24시간 오픈돼 있다. 아무나 언제든 와서 기도하라는 말이다.

예배당과 마당은 정갈하다. 낙엽이 떨어지는 가을이건만 낙엽 한 장 허투루 굴러다니지 않는다. 교인들이 마당과 예배당을 쉴 새 없이 쓸고 있다.

교단 건물은 마룻바닥과 기둥, 복도가 대부분 나무를 조합한 목제 건축물이다. 교인들로부터 반듯한 나무를 헌납받아 수십 년에 걸쳐 지었다고 한다. 나무가 선물하는 푸근함이 전철역의 귀향 환영 간판과 일치한다는 느낌을 받는다.

마쓰시타가 사업가로서 초기 기반을 다지고 있을 때 거래처 지인이 텐리교를 소개했다. 그는 마쓰시타에게 신자가 되기를 바랐다. 여러 번의 권유를 매번 거절하지 못해 마쓰시타는 구경 삼아 텐리시를 방문했다.

그가 안내를 받은 곳은 교단의 본당과 교주전, 초대 교주의 묘지, 교단 산하 학교였다. 그들은 신앙촌을 건설하고 있었다.

이곳을 시찰하면서 들은 설명이 그의 감수성을 자극했다. "건물을 짓는 데 쓰이는 나무는 모두 교인들로부터 헌납받은 것입니다. 제재소에서 일하는 목수들은 전원 무료 봉사하는 분들입니다."

본당과 교주전은 청결했다. 제재소에서 나무를 손질하는 신도들은 말없이 일에 몰두하고 있었다. 땀을 흘리면서도 힘들어하는 기색을 찾기 어려웠다. 오히려 편안하고 행복한 인상을 주었다.

'종교의 힘이 바로 저것이구나!'

종교 공동체를 건설하기 위해 아낌없이 헌납하는 신도들이 그곳에 있었다. 이들은 월급이나 다른 보상을 바라지 않고 노동을 무상 제공하지 않는가. 그러면서도 평안하고 행복한 기분을 만끽하고 있지 않는가.

마쓰시타는 텐리교 공동체 건설 현장을 시찰하고 돌아가는 기차 안에서 종교와 사업을 비교했다.

종교는 무엇을 위해 탄생했는가. 기업은 무엇을 위해 만들어졌는가. 무엇이 신도들을 그토록 행복하게 만드는 것일까. 파나소닉 근로자들은 텐리교 신도처럼 행복감을 느끼며 일할 수는 없는 것일까. 기업과 기업인, 근로자의 역할을 고민하고 또 고민했다.

부모, 형제에 이어 유일한 아들까지 잃었다. 기업가인 자신을 되돌아보지 않을 수 없었다.

'창업 이후 15년 동안 그저 돈벌이에 푹 빠져 있었던 것은 아닐까.'

'돈, 돈, 돈' 하며 오로지 제품 개발과 판매에 집착했던 자신이 거기에 있었다.

'석가모니는 3년 3개월 동안 어머니 배 속에서 있었다던데, 지난 15년간 내 사업은 사업가로서 어머니 배 속에 있었던 것과 다름없는 기간이지 않은가.'

돈벌이에 집착하는 사업은 더 이상 무의미하다는 결론에 도달했다. 2개월여 사색 끝에 마쓰시타는 사업도 종교처럼 신성한 일이라고 결론지었다.

'나약한 인간에게 종교가 정신적인 행복을 가져다준다면 사업은 가난한 세상에 물질적 행복을 선물할 수 있다.'

사업도 종교처럼 얼마든지 성스러운 역할을 할 수 있다고 생각했다. 텐리교 견학을 계기로 사업가로서 사명, 기업의 사명을 깨달은 것이다.

와타나베 쇼이치는 이 깨달음의 순간을 '마쓰시타교敎의 탄생'이라고 명명했다. 신학과 철학의 중간쯤에 있는 유사종교의 하나로 마쓰시타교가 만들어졌다는 말이다. 이를 '마쓰시타 경영신학神學'이라고 부르는 평론가도 있다.

텐리교의 감동은 파나소닉 경영을 완전히 바꾸는 계기가 됐다. 회사는 돈벌이 공장에서 꿈을 공유하는 공동체로 변하기 시작했다. 마쓰시타는 점점 교주처럼 추앙받기에 이르렀다.

마쓰시타가 창업 이념을 터득한 텐리교 본당 전경.

역사소설가 시바 료타로司馬遼太郞는 파나소닉을 이렇게 평했다.

"이 회사는 마치 종교 집단처럼 열광적으로, 포드자동차 공장처럼 효율적으로, 그리고 정예 군대처럼 규율에 따라 행동한다."

제2의 창업 선언과 수돗물 철학

오사카역에서 센바로 가는 도로에는 고층 빌딩과 호텔이 즐비하다. 그런 빌딩 사이에 이탈리아에서 흔히 보는 다갈색 타일로 장식된 노후 건물이 골목 안에 앉아 있다.

겉모습은 꾀죄죄하다. 빌딩 안에 들어서 보니 천장은 무척 낮고 1층 바닥은 대리석이 깔렸으나 닳고 닳았다.

'이렇게 낡은 건물이 여태 살아남았다니.'

이 건물은 105년 넘는 역사를 자랑하는 중앙전기구락부 빌딩이다. 일본 전자전기 업종을 세계 수준으로 키운 산실이다. 이곳에서 전기전자 업체 대표들이 모임을 갖고 성장 전략을 협의했다.

일본 정부는 지상 5층짜리 이 건물을 근대화 산업 유산으로 지정했다. 겉모습과는 달리 건물 안은 다양한 콘텐츠가 가득 차 있다.

크고 작은 회의실이 각 층에 있고, 당구장과 골프 연습장 외에 바둑, 장기, 마작, 사교댄스를 즐길 수 있는 공간이 마련돼 있다. 1층 로비 근처에서는 원로 회원들이 출근해 신문, 잡지를 읽는 광경을 볼 수 있다.

구락부 식당의 스키야키 요리는 맛으로 소문나 있다. 식당은 전기 관련 회사와 인물들이 모인 장소답게 모든 요리를 전기로 만든다.

사교 클럽에서는 지금도 변함없이 세미나와 강연회, 사교 모임이 계속되고 있다. 이곳을 찾아간 날도 파나소닉의 지역 마케팅 팀이 회합을 갖는다는 안내판이 걸려 있었다.

중앙전기구락부는 마쓰시타와의 각별한 인연을 홍보하고 있다. 2층 특별회의실에는 마쓰시타가 쓰던 임원용 책상이 있다.

1층 현관에서 만난 원로 회원이 이 건물 5층을 안내할 때는 목소리가 올라갔다.

"이곳이 바로 마쓰시타 고노스케 선생이 그 유명한 수돗물 철학을 발표한 장소입니다. 일본에서 회사를 경영하는 사람치고 수돗물 경영 철학을 모르는 사람은 없습니다."

파나소닉 출신인 듯 자신감이 묻어나는 설명이었다.

중앙전기구락부 홈페이지도 이 건물에서 거행됐던 수많은 행사 가운데 유독 마쓰시타의 경영 이념이 공개된 곳이라는 점을 강조하고 있다.

1932년 5월 5일 오전 10시였다. 마쓰시타는 사원 168명을 중앙전기구락부 5층 강당에 소집했다. 그는 먼저 텐리교 본부를 둘러본 후 2개월 동안 밤낮으로 고민한 결과를 피력했다.

"상업인의 사명은 빈곤의 극복입니다. 그러려면 수돗물처럼 양이 풍부하고 값싼 제품을 무진장 공급해야 합니다. 값싼 제품 생산을 늘리는 것이 부를 증대시킬 수 있는 길입니다. 거의 공짜나 다름

없는 가격에 공급함으로써 인생에 행복을 안겨주고 이 세상을 낙토樂土로 건설하는 일이 파나소닉의 진짜 사명입니다."

기업인으로서 최종 목표는 가난 극복과 낙토 건설이었다. 그런 파라다이스를 만들어가려면 기업이 인간에게 필수적인 상품을 값싸게 공급해야 한다고 했다. 저가격 생필품의 대량생산, 대량 소비 시대가 올 것이라고 내다본 발언이다.

그는 가난을 참고 견디며 자부심을 갖는 사무라이식의 청빈淸貧 철학을 부정했다. 빈곤은 자연의 이치에 반하는 죄악이라고 보았다. 인간은 누구든 부자가 될 수 있고, 번영을 누릴 능력을 갖고 있다고 생각했다.

여기서 탄생한 경영 이념이 유명한 수돗물 철학이다. 수돗물이 싼 가격에 콸콸 공급되는 것처럼 기업 경영도 그래야 한다고 믿었다.

"오사카 시내 공원에서 보니 지나가는 거렁뱅이도 수도꼭지에 입을 대고 물을 마시는 거야. 마구 마셔도 아무도 잡아가지 않아. 돈을 내라는 사람도 없어."

그는 수돗물 한 모금에 갈증을 해결한 사람은 행복을 느낀다는 것을 알았다. 이처럼 인간 사회에 필요한 제품을 싼 가격에 공급하면 많은 사람이 행복을 누릴 것이라고 믿었다.

그는 파나소닉의 1차 목표는 사회의 빈곤과 궁핍을 극복하는 일이라고 천명했다. 이익은 어디까지나 2차적인 목표라는 얘기다.

마쓰시타는 중앙전기구락부 선언을 계기로 이날을 창립 기념일로 지정했다. 회사 간판은 14년 전 3월 처음 달았지만 사업 목표와

의미를 천명한 이날을 진짜 창업일이라고 했다.

마쓰시타는 왕이 등극할 때 새로운 연호年號를 발표하듯 그해를 파나소닉의 '명지命知 원년'이라고 명명했다. 명지란 기업의 사명을 깨달았다는 뜻이다. 중앙전기구락부 행사는 한마디로 제2의 창업 선언이었다. 마쓰시타는 이날 행사를 사장의 훈화로 끝내지 않았다. 사원, 간부들에게 발언 기회를 주었다.

그러자 놀라운 일이 벌어졌다. 168명의 참석자들이 교대로 나와 사장의 발언을 놓고 각자 개인 소신을 밝혔다. 참석자들의 소신 발언이 교대로 이어지자 1인당 발언 시간을 3분으로 줄였다. 다시 1분 이내로 해달라는 재촉이 이어졌다. 마쓰시타의 경영 이념에 찬동하는 발언 기회는 전원에게 돌아갔다.

오전 10시 시작한 이벤트는 오후 6시에야 끝났다. "천황 폐하 만세!" "일본 만세!"를 세 번씩 외치고 사가를 불렀다. 좋은 뜻을 담은 집단 히스테리 증상이었지만 참석자들은 환호했다.

그때는 파나소닉이 지방 중소기업에 불과하던 시절이었다. 초등학교나 중학교를 졸업한 사원이 대다수였다. 대학을 졸업한 엘리트 사원은 거의 없었다.

공장 일은 땀과 먼지, 기름이 뒤범벅인 단순 노동이 많았다. 마쓰시타는 사원들에게 미천해 보이는 공장 노동이 사회를 풍요롭게 만드는 성스러운 작업이라고 큰 의미를 부여했다.

당시 일본에는 서양에서 민주주의와 산업혁명의 열풍이 불어닥쳤다. 사무라이가 지배하던 시대가 끝나고 전통 사회의 신분제도를 무너뜨리고 있었다. 관료, 군인, 정치인은 물론 기업인이 신흥 직업군으로 등장하고 있었다. 마쓰시타도 밑바닥 신분이던 상인에서 기업인으로 명찰을 바꿔 달고 있었다.

동시에 민주주의 도입 이후 제조업 노동자 계층이 점점 정치적 발언권을 높이고 있었다. 막노동꾼 취급을 받던 근로자 계층도 기술을 습득한 직업인으로 지위와 발언권을 확보하기 시작했다. 새로운 신분 탄생에 걸맞은 직업의식이 필요한 시대였다.

그런 사회 분위기에서 마쓰시타는 사원들에게 기업의 존재 이유와 노동의 새로운 의미를 설명했다. 제조업 노동에 자부심을 갖도록 하겠다는 의식화 교육으로 해석할 수 있다.

참석자 전원이 8시간 동안 발언한 배경에는 농업 국가에서 공업 국가로 전환하는 엄청난 변화가 있었다. 파나소닉 창업자는 그 변화에 적합한 경영 이념을 제시했다. 새로운 근로자 계층이 자부심을 가질 명분을 공급했다.

그로부터 76년이 흐른 2008년 8월 20일 같은 장소 중앙전기구락부에 파나소닉 판매 담당 사원 200명이 모였다. 선배들이 회사 창업 이념을 각자의 마음속에 새긴 자리를 일부러 골랐다.

후배들은 백색가전 브랜드를 파나소닉 하나로 통일하기에 앞서 결의대회를 열고 창업자가 애착을 갖던 공간에서 파나소닉을 진정한 글로벌 브랜드로 만들자고 다짐했다. 후배 사원들이 창업 이념을 소중한 유언으로 떠받들고 있다는 것을 보여준 행사였다.

마쓰시타가 약속한 250년 장수 기업

오사카 중심지에 있는 대형 사찰 사천왕사四天王寺는 일본에 불교를 전파한 백제의 증거 유물이다.

이 절을 지을 때 일본 왕실의 왕세자가 백제에서 3명의 건축 엔지니어를 영입했다. 외국인 인재 유치였다.

3명 중 한 사람이 유중광柳重光이다. 경북 안동에 집성촌이 있는 전주 류씨의 선조다.

유중광은 사천왕사 건설을 마친 후 오사카에 남았다. 그가 서기 578년 설립한 회사 곤고구미金剛組는 사천왕사 근처에 있었다. 5층짜리 아담한 빌딩 앞에는 고급 승용차는 보이지 않고 경승용차가 여러 대 주차해 있다.

이 회사는 일본에서 사찰, 신사 전문 건설 업체로 유명하다. 사천왕사부터 호류지法隆寺, 오사카성 등 유명 사찰과 신사 건설에 참여했다.

경영권이 현지 건설회사 계열로 넘어가기 전까지는 전주 류씨후손이 39대 동안 대를 이어 회사를 경영해왔다. 578년에 설립했다는 사실은 국제적으로 공인돼 1400년 이상 영업해온 세계 최고의 장수 기업이 됐다.

1400년이 넘는 역사에서 곤고구미의 후계자가 장남이나 적통 핏줄로만 이어진 것은 아니다. 때로는 부인이나 사위, 양자로 경영권이 계승됐다.

다만 대대로 전해진 경영 철학은 뚜렷했다.

첫째, 사장은 언제나 현장에서 살아야 한다. 둘째, 능력 이상의 일 감을 받지 말라. 셋째, 문을 활짝 열어놓지 말라. 문을 열지 말라는 당부는 곁눈질이나 무리한 사업 확장을 하지 말라는 경고였다.

입찰할 때는 낮은 가격에 정직한 견적서를 내라고 당부했고, 사장은 술에 취하거나 상처를 주는 말을 하지 말라고 했다.

곤고구미는 못을 쓰지 않고 정교한 이음새를 활용해 목조건물을 짓는 기술로 명성을 떨쳤다. 무엇보다 잦은 지진에 무너지지 않아야 한다. 이 때문에 이 회사가 가장 중시하는 원칙 가운데 하나는 '보이지 않는 곳에 충실하라'는 것이다.

사찰 건축물의 지붕 밑이나 대웅전 지하는 사람들 눈에 보이지 않는다. 이음새 부분도 감춰진 곳이 많다. 이런 곳일수록 더 좋은 자재를 쓰고, 더 세심한 기술로 다듬어야 한다는 원칙을 지켜왔다. 이를 위해 톱으로 나무를 싹둑 잘라내기보다는 가급적 대패질로 목재를 다듬어 쓰고 있다.

일본에는 곤고구미처럼 오래된 회사가 많다. 100년 넘는 기업은 5만 개가 넘고, 3000여 기업은 200년 이상의 역사를 자랑한다. 이들은 저마다 전통 계승을 중시하며 시대 흐름에 맞춰 경영 혁신을 추진해왔다.

일본의 장수 기업들은 제각각 나름의 경영 철학을 유지하고 있다. 경영 이념은 시대에 따라 표현이 달라지지만 골격은 변하지 않는다. 장수 기업의 기본 특성은 창업 철학의 큰 줄기를 지킨다는 점이다.

마쓰시타는 장수 기업들을 본받아 제2의 창업을 천명하면서 장기 비전을 제시했다. 파나소닉을 250년 존속하는 장수 기업으로 이끌어가겠다고 선언했다. 사원들에게 안정된 직장을 약속함으로써 행복감을 극대화했다고 볼 수 있다.

텐리교 본부의 깨달음은 마쓰시타 경영을 평생 지배했다. 수돗물을 공급하듯 값싼 생필품을 제조해 번영을 이룩하겠다는 포부는 라디오, TV, 세탁기, 냉장고로 세상의 일상생활을 완전히 바꾸는 발판이 됐다. 250년 장수 기업 약속은 훗날 경영권 후계 문제가 논란을 빚을 때 세습을 포기하고 기업 생존을 우선시하는 결단을 내리는 주춧돌이 되었다.

그는 창업자이자 총수로서 대주주 이익을 한 번도 앞세우지 않았다. 사원 행복과 국가 번영이 기업이 추구해야 할 기본 사명이라고 믿었다.

기업이 공공 자산이라는 마쓰시타의 기업관은 많은 일본 기업의 본보기가 됐다. 덕분에 일본에서는 기업이 총수 일가의 사유물이라는 착각에 빠져 멋대로 행동하는 총수가 그리 많지 않았다.

4

노동조합은
경영의 동반자

"회사와 조합은 입장의 차이가 나지만 회사의 발전과 생활의 향상이라는 목적은 같습니다. 같은 목적을 향해 서로 협력해야 합니다. 바른 경영과 바른 조합은 반드시 일치한다고 확신합니다."

파나소닉 노조가 결성된 곳, 오사카 공회당

오사카는 원래 물의 도시였다. 모래밭과 습지가 많았다. 그곳에 바둑판 그리듯 운하를 동서남북으로 가설하고 마켓을 확장했다.

배가 사람과 화물을 운반하는 효율적 이동 수단이던 시대에는 운하가 경제를 이끌었다. 오사카 운하는 자동차, 지하철이 새로운 운송 수단으로 등장한 뒤 대부분 도로로 변했다. 지금 남아 있는 오사카 운하 가운데 하나가 외국인들이 자주 찾는 도톤보리다.

다시 찾은 오사카 12월의 밤이 유독 밝았다. 물의 도시가 빛의 도시로 변했다는 느낌을 준다.

해마다 11월 이후에는 메인 스트리트인 미도스지御堂筋 4km가 밤마다 온통 빛의 거리로 변한다. 10여 년 전부터 오사카역에서 난바까지 '빛의 향연' 페스티벌을 개최하고 있다.

미도스지는 오사카 중심 도로다. 이 거리에서는 조각가 로댕의 작품부터 많은 조각품을 구경할 수 있다. 900여 그루의 대형 은행나무를 가로수로 조성해 독특한 거리 풍경을 만들었다.

2018년 연말에도 11월 4일부터 미도스지에서 빛의 축제가 시작됐다. 은행나무에 얽혀 있는 수천 개의 꼬마전구들이 물결치듯 반짝이는 춤이 그치지 않는다. 빌딩마다 제각각 색다른 루미나리에 Luminarie, 일루미네이션가 경쟁하고 있다.

이 거리에서 2018년 겨울 특별한 야간 조명을 장식한 건물이 등장했다. 오사카시 중앙공회당中央公會堂, 중지도공회당이다.

노조 창립 기념식이 열렸던 오사카시 중앙공회당.

이 건물이 마침 오픈 100주년을 맞았다. 100주년 기념 연주회 등 이벤트가 한 해 내내 지속됐지만 연말에는 화려한 빛의 축제를 선보이고 있었다.

중앙공회당은 미도스지 거리에서 돌출된 건물이다. 현대식 빌딩이 늘어선 거리 한가운데 돋보이게 떠 있는 유일한 유럽풍 건물이다.

네오르네상스 양식의 3층짜리 연와조 벽돌 건축물이 마치 이탈리아 어느 곳에서 옮겨다 놓은 전시 작품 같다. 외관부터 내부의 천장화, 벽화까지 일본 건축 역사에서 중요한 가치를 갖고 있다는 평가를 받고 있다. 일본 정부는 오사카 공회당을 국가 중요문화재로 지정했다.

고색창연한 이 건물은 유명한 큰손 투자자가 기증했다. 센바 환전상의 아들이 미국을 시찰하면서 미국 부자들은 박물관, 미술관, 기념관을 지어 쾌척한다는 얘기를 듣고 감동했다. 그는 20대 후반 나이에 주식 투자로 한몫을 잡자 단번에 수백억 원에 달하는 돈을 오사카시에 기부했다. 그러면서 '누구든 이용할 수 있는 건물'을 지어달라고 당부했다.

곧 건설공사가 시작되었으나 그는 제1차 세계대전 후 주식시장에서 또 한 번 주식 투기에 뛰어들었다가 실패했다. 마쓰시타의 아버지가 쌀 선물 투자로 큰돈을 잃은 실패와 다를 게 없는 참변이었다. 주변 친구들은 "기부한 돈 중 일부를 반환받아 재기하는 밑천으로 삼아라. 나중에 더 많은 금액을 기부하면 된다."고 권유했다.

하지만 그는 "한번 기부한 돈을 돌려달라고 하는 것은 센바 상인에게 치욕"이라며 단연코 거부했다. 그러고선 39세의 나이에 권총으로 자살했다. 불꽃놀이 하듯 뜨겁게 살다 스러진 인생이었다.

젊은 풍운아의 혼이 건물을 움직이는 것일까. 오사카 중앙공회당은 지난 100년 동안 주제와 장르를 가리지 않은 채 여러 용도로 활용됐다.

오페라와 클래식 음악 연주회부터 재즈 공연까지 열리고 있다. 아인슈타인과 헬렌 켈러의 특별 강연이 개최됐는가 하면, 정치 집회에도 사용된다. 오사카 사람들에게는 말하자면 만남과 오락, 교양, 예술의 다목적 사랑방 같은 곳이다.

중앙공회당은 파나소닉 노조가 결성된 장소다. 1946년 1월 30일 이곳에서 파나소닉 노조가 결성돼 근로자 1만 500명이 가입했다.

제2차 세계대전이 일본 패배로 끝나자 바야흐로 경제민주화 열풍이 전국을 휩쓸고 있었다. 일본의 새로운 지배자인 미군은 노조 결성을 자유화하는 법안을 허용했다.

인플레가 만연하고 집단 해고가 잇따르는 국가적 위기 국면이었다. 노동자들은 최소한의 생계를 유지하는 해답을 노조운동에서 찾고 있었다. 2년 새 일본 전체 월급 생활자의 절반인 400만 명이 다투어 노조에 가입했다.

사회주의, 공산주의 영향이 최고조에 오르고 있었다. 재벌 타도, 자본가 축출이 노조 결성 운동을 가속화하는 고성능 연료가 되었다. 반기업 정서가 4000여 파나소닉 노동자를 오사카 중앙공회당에 집결시키는 힘으로 작용했다.

중앙공회당에서 열린 노조 결성식에서 노조원들은 주식 투기로 벼락부자가 된 건물 기증자를 비웃듯 '자본가 추방'을 외쳤다. 현장에는 '마쓰시타 고노스케는 파나소닉에서 물러나라' 같은 현수막이 걸렸다.

사회 분위기를 보거나 노조의 구호를 보거나 창업자가 가야 할 자리는 아니었다. 자칫 노조원들의 반발을 더 강하게 자극할 수 있었다. 더구나 공회당 건물은 쌀 투기로 가산을 몽땅 탕진한 아버지를 떠올리게 하는 장소가 아닌가.

그러나 마쓰시타는 기꺼이 초대받지 못한 축하객이 되기로 작정했다.

총수의 노조 결성 축사에 박수 친 조합원들

노조 결성식 자리에 총수가 앉을 귀빈석은 없었다.

'역시 오지 말았어야 했나……'

마쓰시타는 청중석에 근로자들과 뒤섞여 앉았다.

'아니야, 어제까지 한 가족처럼 일해온 사람들이 아닌가. 천하의 대세를 따르는 게 순리야. 초대장이 없어도 축사 한마디쯤 할 수 있을 거야. 종업원은 모두 한 가족이니까.'

노조 임원 선출 안건이 상정되기 직전이었다. 때를 놓치지 않고 노조 결성 추진위원회 간부에게 총수가 인사말을 하고 싶다고 요청했다. 운이 좋았다. 노조 간부 중에 마쓰시타의 기업관, 즉 회사란 사회의 공기라는 견해에 심취한 사람이 있었다. 그가 동료 노조 간부들과 선 채로 협상을 했다.

"사장이 일부러 이곳까지 왔는데, 한마디 인사를 할 기회는 주는 게 예의다."

그러나 노조 집행부 의견은 갈라졌다. 의견이 모아지지 않자 어쩔 수 없이 사회자가 청중석을 향해 의견을 물었다.

"여기에 사주가 왔습니다. 한마디 하고 싶답니다. 모두들 어떻게 생각하시나요."

공개적으로 의견을 물으면 집단 심리는 대개 부정적인 방향으로 달려간다. 사장 찬성파는 어용 세력으로 몰릴 위험이 크기 때문에 목소리를 낮추고, 사장 반대파는 '자본가 축출' 명분을 앞세워 거꾸로 기세를 올리기 일쑤다.

"돌아가라."

"물러나라."

야유가 터졌다.

마쓰시타로서는 얻어맞기로 작정한 화살이었다. 일본 사회의 경제민주화 열풍은 혼자 힘으로 다스릴 수는 없다고 체념하고 있었다.

체념하려던 무렵 기적 같은 일이 벌어졌다. 노조 간부 한 명이 목청을 한껏 높여 "사주의 발언을 한번 들어나 봅시다." 하고 외쳤다.

"일부러 여기까지 찾아와주셨는데 얘기를 한 번은 들어봅시다."

다행히 "그래, 한번 들어보자." 하는 동의와 제청이 쏟아졌다. 야유는 잠잠해졌다.

마쓰시타는 단상에 서서 공회장 안에 걸린 주요 현수막을 하나둘 읽었다.

"여기에 걸려 있는 깃발은 구구절절 옳은 말뿐이네요."

'물러나라, 마쓰시타!' 깃발이 있었다. 노조 결성 의지를 끝까지 밀고 가자고 다짐하는 '초지 관철初志貫徹'도 있었다. 창업자가 도저히 받아들이기 힘든 구호였지만 마쓰시타는 노조 결성을 막을 수 없는 현실을 받아들였다.

"회사와 조합은 입장의 차이가 나지만 회사의 발전과 생활의 향상이라는 목적은 같습니다. 같은 목적을 향해 서로 협력해야 합니다. 조합 결성은 우리 회사의 민주 경영에 박차를 가하리라고 생각합니다. 조합 결성을 계기로 회사와 조합이 똘똘 뭉쳐 진리에 입각한 경영을 해나가고 싶습니다. 바른 경영과 바른 조합은 반드시 일치한다고 확신합니다."

이것은 노조를 경영의 동반자로 받아들인다는 발언이었다. 입장 차이를 인정하는 바탕 위에서 공동 목표를 제시했다. 회사의 성장과 노조원의 생활 향상에 경영자와 노조가 함께 노력하자고 제안한 것이다.

축사는 고작 3분 안팎이었다. 평소 회사에서 하던 훈시와는 비교하지 못할 만큼 짧았으나 내용은 노조원들이 기대했던 것보다 훨씬 훈훈했다.

한국이라면 재벌 총수나 2세가 노조 결성에 반대하며 방해 공작을 폈다는 사례는 많지만 오너가 직접 결성식에 참석해 축사까지 했다는 말은 듣지 못했다. 도리어 '그동안 열심히 벌어 월급을 꼬박꼬박 주며 잘해주었더니…….'라는 식의 배신감을 은연중 드러내는 일이 잦다. 자본가로서 노조에 적개심을 감추지 못한다.

하지만 마쓰시타는 그러지 않았다.

'경영진이 가는 방향과 노조가 가는 방향이 똑같다. 우리 손을 잡고 함께 갑시다.'

이것이 마쓰시타의 노조관이었다.

마쓰시타 축사에 청중석에서 박수가 쏟아졌다. 사장에게 인사말 기회를 주자고 제안했던 노조 간부는 감동적인 장면에 눈물을 흘렸다.

창업자는 노조에 등을 돌리지 않았다. 노조의 존재 의미를 공개적으로 인정했다.

노조 결성이 민주 경영에 박차를 가할 것이라고 평가했다. 총수가 경영의 민주화를 지지하고 나선 셈이다. 노조와 공생 철학을 설파했다고 볼 수 있다. 파나소닉 노조는 훗날 이날 오너의 축사를 "노조와 연대連帶하겠다는 발언이었다."고 해석했다.

노조 결성식에는 가토 간주加藤勘十라는 강성 노동운동가가 축하객으로 참석했다. 파나소닉 입장에서는 노조 결성의 배후 세력으로 지목해 적대시하고 싶은 인물이었다.

창업자 마쓰시타 고노스케(좌)와 노조위원장(우)이 함께 무릎을 꿇고 노사협약 체결식을 하고 있다. ⓒ 파나소닉

　가토는 '불덩어리'라는 별명으로 알려진 투사형 노조 활동가다. 가토는 훗날 노동부 장관을 맡았고, 부부가 일본사회당에서 중의원 의원을 역임한 진보 진영의 거물 정치인이 됐다.

　가토도 중앙공회당 현장에서 마쓰시타의 축사에 감명을 받았다. 결성식이 끝난 후 밤늦게 가토는 마쓰시타의 집으로 찾아갔다.

　"지금까지 노조 결성식에 숱하게 참석해봤지만 사장이 그 자리에 참석한 일은 전대미문이죠. 사장 대리인 격인 다른 간부나 임원이 나와도 뭇매를 맞곤 했어요. 하물며 사장이 직접 참석해 조합원들의 만장일치 박수갈채를 받는 축사를 하다니요. 정말 놀랐습니다."

가토는 마쓰시타에게 감사 인사부터 했다. 노조운동을 이해하고 받아들이는 총수에게 맹렬 노동운동가가 존경하는 마음을 담아 보내는 최상급 답례 인사였다.

나라 경제는 침체하고 회사 경영은 벼랑 끝에 서 있었다. 경영진이나 노조원이나 힘든 시기였다. 마쓰시타는 시대 흐름을 받아들여 경영 민주화와 노조원의 생활 향상을 공개 석상에서 약속했다.

그 후 파나소닉 노조는 파업을 하며 종종 경영진과 갈등을 빚었지만 전면 과격 투쟁으로 번지는 일은 드물었다. 노조는 오너 생일에 선물을 보내곤 했다. 총수가 노조운동에 거부 반응을 보이기는 커녕 한발 먼저 노조를 껴안아버린 덕분이었다.

'종업원은 보물, 사원은 가족'이라는 생각

마쓰시타가 노조 출범식 축사 한 번으로 종업원들의 신뢰를 얻은 것은 아니다. 이날 축사는 실은 종업원들의 믿음을 재확인하는 자리였다.

노조 결성보다 17여 년 전의 일이다. 세계적인 대공황의 여파로 일본 경제가 큰 불황에 빠졌다. 파나소닉 경영도 덩달아 엉망이 됐다. 전기 제품이 팔리지 않아 재고가 매일 쌓이고 있었다.

다른 기업들은 불황을 견디지 못해 집단 해고를 단행하고 있었다. 시간제 아르바이트 자리라도 잡아보려는 실업자 행렬이 매일 언론에 보도되고 있었다.

노동법이 정비되지 않아 경영상 이유로 집단 해고가 자유롭게 허용됐다. 실업자 복지제도란 상상할 수 없는 시대였다. 해고되면 실업수당 같은 보호 장치가 없어 그저 집에서 노는 수밖에 없었다.

마쓰시타는 그즈음 폐결핵 증상으로 자택에서 요양 중이었으나 불면증 증세와 음울한 뉴스가 겹치자 잠을 못 이루는 날이 잦았다. 연말이 가까워지자 2인자로 경영을 책임지고 있던 처남과 다른 임원 1명이 마쓰시타를 찾아왔다.

"판매가 절반 이하로 줄었습니다. 재고가 쌓여 있어 더 이상 생산해서는 안 됩니다. 정말 슬프지만 임금도 삭감하고, 종업원도 절반으로 줄일 수밖에 다른 도리가 없습니다."

판매가 반 토막 나면서 공장 가동률은 50%로 하락했다. 해고의 칼날이 코앞에서 번뜩이는 것을 종업원 모두가 느끼고 있었다.

"무슨 얘기인지 잘 알겠네. 다들 어렵지 않은가. 자네들 말대로 앞으로 공장은 반나절만 돌리게."

생산량 감축은 쉽게 허용했다.

"하지만 종업원은 한 사람도 자르지 말게."

마쓰시타는 집단 해고를 거부했다.

"잘 들어보게. 공장은 절반만 돌려야 하네. 생산을 절반으로 줄인다고 해서 큰 손실은 없을 거네. 다만 해고는 절대로 없네. 임금은 전액 지급해야 하네."

위기 경영 지침을 시달하며 한마디 덧붙였다.

"종업원은 제각각 전생에 무슨 인연이 있었으니까 우리 회사에 채용된 게 아니겠나. 아무리 불황이라고 하더라도 해고하는 건 너무 가혹하지 않나. 일치단결한다면 이런 불황쯤은 헤쳐나갈 수 있을 거야."

마쓰시타는 그 대신 재고 정리는 지시했다.

"오늘부터 다들 나서서 창고에 쌓인 재고를 줄이게."

대불황에 집단 해고와 함께 임금을 삭감하는 회사가 많았으나 마쓰시타는 정반대로 나아갔다.

그것은 전혀 엉뚱한 발상이 아니었다.

경공업과 중공업이 동시에 성장하면서 오사카 경제는 그 무렵 20~30년 동안 노동력 부족에 시달렸다. 농촌 인구가 오사카로 대거 이동했으나 단순 작업을 맡을 노동자를 구하지 못하면 공장을 돌리기 어려웠다. 대량 해고는 경기 침체기에 통상 일어나는 일시적인 증상이었다.

마쓰시타는 그것을 꿰뚫고 있었다.

"경기가 풀리고 회사가 점점 크게 되면 다시 사람을 구하기 힘들게 되네. 잠시 구름이 끼었다고 해서 해고해버리면 누가 회사를 믿겠나. 종업원은 보물이라고 생각하게. 그게 아니야, 종업원은 내 가족이야!"

그는 전생의 인연까지 거론하며 해고를 막고 임금을 전액 지급했다.

'종업원은 보물, 사원은 가족'이라는 생각은 파나소닉 경영을 지탱하는 인사 정책의 기둥이 됐다.

훗날 어느 경영 컨설턴트가 마쓰시타에게 물었다.

"경영자에게 가장 중요한 것을 하나만 집어낸다면 그것은 무엇이라고 생각하시는지요?"

마쓰시타는 "꼭 하나여야 하는가?" 하고 되묻더니 "인간관을 확립하는 것, 우주의 이치를 깨닫는 것일세."라고 대답했다.

그는 자신의 인간관과 우주관을 정리해 『인간을 생각한다』는 책을 낼 정도였다. 인간은 다이아몬드 원석이라는 게 그의 신념이었다. 다듬으면 귀한 보석이 되는 무한한 가능성을 가진 존재가 인간이라는 말이다.

그는 인간 중시의 경영 철학을 창업 초기부터 종업원들에게 행동으로 보여주었다.

해고 없이 임금을 전액 받게 된 종업원들은 "사장 만세!"를 외치는데 그치지 않았다. 종업원 전원이 근무가 끝나면 판매 현장을 돌며 재고 소진에 나섰다.

2개월 후 재고는 깨끗이 사라졌다. 재고 정리와 함께 파나소닉 오너가 종업원을 귀하게 여긴다는 소문이 천리만리로 번졌다.

종업원은 직장과 임금을 지키며 승리했다. 마쓰시타는 재고 정리, 자금난 해소에 보태 종업원 단합과 사회적 평판까지 얻었다. 양측 모두 승리하는 윈윈 이벤트가 됐지만 오너는 더 큰 승리를 거뒀다.

마쓰시타라고 해서 노조운동이 반가울 리 없었을 것이다. 하지만 노조에 반감을 표시하고 싶은 본능을 억제했다. 근로자들 마음속에는 회사가 더 성장해 자신의 생활이 나아지기를 희망하는 욕구가 있다는 것을 그는 알았다.

간혹 오너 퇴진 목소리를 내지만 종업원들의 진심은 보다 나은 삶을 꾸리고 싶은 희망이라고 그는 해석했다. 과격 구호에 깃들어 있는 속마음을 읽어냈다.

집단 해고 거부에 이은 오사카 중앙공회당의 합의는 파나소닉의 안정적인 노사관계를 지탱하는 골격이 됐다. 파나소닉의 노사 협조 노선은 일본 경제계에도 큰 파장을 일으켰다.

제2차 세계대전 후 일본이 세계 2위 경제 대국으로 떠올랐다. 글로벌 기업이 대거 등장해 세계시장에 '메이드 인 재팬'을 내보냈다. 일본 기업의 폭풍 성장 배경을 분석하는 연구가 쏟아졌다.

종신 고용제, 연공서열제, 노사협조 노선이 일본식 경영의 3대 강점으로 거론됐다. 이런 일본식 경영의 모범이 파나소닉이었다.

마쓰시타는 1929년 종신 고용 약속, 1946년 노조 결성 축하 연설을 통해 하나의 큰 줄기를 만들었다. 동시에 종업원 복지 도입에 어느 회사보다 앞장섰다.

마쓰시타는 노조와 관계를 '대립과 조화'라고 정리했다. 갈등과 대립을 거쳐 끝내는 화합을 이루어야 한다는 말이다. 이는 노조와는 마찰과 갈등을 전제로 경영할 수밖에 없다고 받아들인다는 뜻이다. 파나소닉 노조는 이를 '체크 앤 밸런스Check and Balance, 견제와 균형'라고 했다.

길게 보면 오너가 노조를 보는 눈을 먼저 바꾸면 노조운동이 바꿘다는 것을 파나소닉이 증명했다. 노사협조 흐름은 세월이 가면서 일본 전체로 확산돼 50년 이상 지속됐다.

전범 기업에 대한 GHQ의 처벌 조치

생명보험회사인 다이이치第一생명 빌딩은 도쿄 중심지 히비야日比谷공원에 있다. 다이이치생명 빌딩 안에는 맥아더 장군의 집무실이 보존돼 있다. 국제연합군(실은 미군)이 일본을 지배하던 시절 맥아더 장군은 이 빌딩에 주둔하며 정치부터 경제, 사회, 문화의 모든 부문을 통제했다.

점령군 사령부는 일본에서 통칭 GHQ로 통한다. GHQ는 일본을 통치하던 7년간 일본 왕을 압도하는 권력을 행사했다.

GHQ가 점령 정책을 본격 개시하면서 일본의 전통 재벌들은 해체의 길을 걷기 시작했다. 야스다, 스미토모, 미쓰이, 미쓰비시, 후요그룹 같은 재벌들이 해체 대상이었다.

이들은 권력과 결탁해 성장했다. 무엇보다 일본 군부가 제2차 세계대전을 도발하는 과정에서 일본 재벌들이 전쟁에 전폭 협력했다. 재벌들은 무기를 공급하는 대신 에너지자원과 수출 시장을 확보했다. 대부분의 재벌이 군부와 결탁해 한반도와 중국, 동남아, 태평양을 점령, 일본의 식민지화에 공헌했다.

GHQ는 이들을 전쟁범죄 기업으로 규정하고 해체 명령을 내렸다. 점령군에 의한 재벌 공중분해였다. 재벌 기업 임원들에게는 전원 물러나라는 명령을 하달했다. 계열사 간 인사 교류나 사장단 회의도 하지 말라고 했다.

재벌 오너 일가는 혹독한 처벌 대상이었다. 경영 참여가 일체 금지됐다. GHQ는 오너 가족의 생활비까지 통제했다.

파나소닉도 14개 전쟁범죄 기업 중 하나로 꼽혔다. 마쓰시타 가문과 파나소닉은 GHQ가 발동한 7가지 금지 조치를 받았다. 사장 자리에서 물러나라는 명령을 받았고 재계 모임에 갈 수 없었다. 3개월마다 가사 도우미 월급을 포함한 가족 생활비까지 꼬박꼬박 보고해야 했다.

"그때처럼 분하다고 생각해본 적이 평생 없었어요."

마쓰시타의 고백은 단지 분했다는 기분 문제가 아니었다. 회사를 통째로 몰수당했다는 상실감이 컸다. 부모 형제와 아들을 일찍 잃고 이제 다 키워놓은 회사까지 빼앗길 처지에 놓였다.

"아빠는 건강 때문에 그때까지 하지 않던 술을 마시곤 했어요. 독한 위스키까지……."

외동딸의 회고다. 결핵 증세를 알면서도 마쓰시타는 수입 위스키 조니워커 블랙 라벨을 마셨다.

마쓰시타 추종자들은 마쓰시타가 GHQ로부터 억울하게 가혹한 처벌을 받았다고 주장한다. 마쓰시타가 억울하게 당했다는 것은 파나소닉의 위상이 다른 재벌과는 달랐다는 얘기다.

파나소닉은 군부 권력과 장기간 결탁하지 않았던 신흥 기업에 불과했고, 군부의 서슬 퍼런 강제 동원령에 할 수 없이 군수물자를 생산했다는 논리다. 심지어 다른 재벌이 GHQ에 로비해 해체 대상 재벌 명단에서 빠지는 대신 그 자리에 파나소닉과 마쓰시타 일가가 들어갔다는 논리도 펴고 있다.

하지만 파나소닉이 재벌 해체 대상에 포함될 만한 근거는 충분했다. 마쓰시타는 제2차 세계대전 중 돌연 조선소를 설립해 250톤짜리 목조 군함을 56척 제조했다. 목제 폭격기도 3대 제조했다.

해외시장 개척에서 군부 지원을 받았다. 군부가 권력을 장악하고 있던 시기에 조선과 대만, 만주 등 중국 본토, 동남아 12개국에 법인을 설립하고 39곳에서 해외 공장을 돌릴 수 있었다.

게다가 지배 구조마저 혈족 중심이었다. 파나소닉은 일찌감치 주식회사로 전환했지만 일반인이 소유와 경영에 참여할 수 있는 여지가 없었다. 마쓰시타와 그의 처, 처남들이 회사 지분과 경영권을 완전히 장악하고 있던 상태였다.

오너인 마쓰시타가 정점에서 계열사에 모든 권한을 행사하는 독점 지배 체제였다. 파나소닉은 신흥 콘체른Konzern(기업 결합)으로 명성이 자자했다. 마쓰시타 본인도 고베 고급 주택지에 호화 저택을 지어 새로 떠오른 알부자로 각광을 받고 있었다.

마쓰시타가 GHQ의 주목을 받을 만한 일이 한 가지 더 있었다. 외동딸이 출가하면서 일본 왕족 가문과 혼맥을 형성했다. 마쓰시타는 왕족 가문의 명문대학 출신을 사위로 맞아들인 뒤 사위의 성을 마쓰시타松下로 바꾸고 후계자 교육을 시키고 있었다. 왕실과 혼맥

태평양전쟁 당시 마쓰시타전기는 군함을 건조해서 납품하기도 했다. 이 때문에 파나소닉은 전범 기업이 됐다. © 파나소닉으로 얽히고설킨 다른 재벌들과 다를 게 없는 정략결혼이었다.

이 때문에 공중분해 대상이 된 것을 두고 억울하게 처벌받았다는 주장은 설득력이 약하다. 그런 주장에는 마쓰시타의 성공 스토리를 분식하려는 의도가 담겨 있을 수 있다.

마쓰시타를 미화하려는 흔적은 다른 곳에서도 발견된다. 그의 일대기를 읽다 보면 GHQ의 처벌 조치에 마쓰시타가 50여 번 찾아가 항의했다고 표현한 대목이 적지 않다. GHQ의 결정에 마쓰시타가 반발하며 수정을 요구했다는 식이다. 마쓰시타도 훗날 일본 제1의 기업인으로 등극한 후에는 가끔 "GHQ에 항의했다."고 으스댄 적이 있다.

"나는 나의 대에서 혼자 회사를 일구어냈다. 선조 대대로 이어온 회사가 아니다. 이건 명백한 잘못이다. 그러기 때문에 나는 사장직에서 사임하지 않고 이의異議를 제기하는 것이다. 다시 한 번 고려해 주길 바란다."

일본은 원자폭탄 두 발을 맞고 전면 투항, 미국의 실질적 식민지로 전락한 상태였다. 미군이 왕을 왕궁에 가두어둔 채 모든 정책을 결정하고 있었다. 전범들은 속속 처형되고 있었다.

그런 판국에서 어느 기업인이 어마어마한 GHQ 권한에 도전하며 용감하게 항의할 수 있었는지 의문이다.

마쓰시타가 GHQ를 방문한 50여 번은 알고 보면 분위기 파악을 위한 면담이거나 자료를 제출하고 회사 입장을 설명하는 수준에 그쳤을 것이라는 분석이 훨씬 설득력을 갖는다. 파나소닉 해체와 사장직 추방 결정을 재고해달라고 간청했다고 해석하는 것이 합리적이다.

노조가 앞장서 전개한 오너 구명운동

마쓰시타가 GHQ로부터 시달림을 받는 4년여 기간 동안 파나소닉 역사에서 특기할 만한 일이 일어났다.

노조가 오너 구명운동을 벌인 것이다. 노조는 마쓰시타 사장이 경영을 할 수 있도록 해달라는 두터운 탄원서를 GHQ에 제출했다.

탄원서에는 전국에서 93%의 노조원이 서명했다. 구명운동에는 대리점 사장들까지 가세했다.

이 탄원서가 자발적으로 이루어진 것인지 의문을 제기하는 사람이 없지는 않다. 마쓰시타가 해고가 없다는 것, 정기 승급을 앞당겨 실행하겠다는 것 등을 약속한 대가로 노조 집행부의 지지를 받았다는 주장이다.

노조와 경영진 간에 줄다리기가 있었고, 노조의 요구를 수용해 복지 혜택을 늘렸던 것은 사실이다. 다만 노조 집행부로서는 굳이 구명운동까지 가지 않고 사장 추방운동을 하지 않는 선에서 경영진과 적당히 타협할 수 있었다.

그러나 노조는 거기서 머물지 않고 GHQ와 정부 관계 부처를 방문해 자신들의 뜻을 분명하게 밝혔다. 마쓰시타라는 인물이 파나소닉 사장으로 최적이라는 판단을 내렸던 것이다.

"다른 재벌 회사에서는 다들 오너를 쫓아내 달라고 탄원서를 내는데, 사장을 내쫓지 말라고 종업원 9할이 서명한 것은 파나소닉이 처음이다."

탄원서를 받아든 일본 정부의 담당 차관은 눈물을 흘렸다. 어느 장관은 박수를 쳤다. 많은 기업에서 자본가 퇴출을 요구하는 과격 노조운동이 한창 타오르고 있었다.

마쓰시타는 불과 몇 달 전 중앙공회당에서 노조 출범을 축하했다. 노조원의 마음을 자기 가슴으로 껴안은 자리였다. 그 축사가 오너 구명에 앞장서는 탄원서로 연결됐다.

노조가 대주주의 적이 아니라 지원군이자 동맹군이 됐다. 창업자에게 이처럼 큰 선물은 없을 것이다.

"난 노조에 큰 빚이 있어!"

마쓰시타는 노조 대표와 만날 때마다 입버릇처럼 이 말을 반복했다. 노조의 구명운동을 잊지 않고 있다는 확인이었다.

소비자 불매운동을 잠재운 노조

1960대 말 일본에서는 소비자운동이 달아올랐다. 소비자단체가 여럿 탄생하더니 발언권을 높였다. 가전 업계는 소비자운동의 표적이 되었다. 가전제품이 워낙 많이 보급돼 있었기 때문이다.

가전 업계의 고질적인 가격 담합부터 판매 가격 지정까지 모두 문제가 됐다. 가격 담합을 조사하는 공정거래위원회의 활동까지 활발해졌다. 파나소닉은 공정거래위원회의 감시와 처벌을 받아야 했다. 동시에 소비자단체 불매운동의 상징적 표적으로 부상했다.

1946년 미국 GHQ가 마쓰시타에게 추방 명령을 내리자 노조원들이 낸 추방 반대 연명 탄원서. © 파나소닉

"파나소닉은 가격을 속여 소비자들에게 팔았습니다. 파나소닉 제품을 1년 동안 사지 맙시다."

1년 기한을 설정한 불매운동이 전국에서 전개됐다. 소비자를 착취하고 회사만 살찐다는 비난이 쏟아졌다.

마쓰시타와 경영진은 돌파구를 찾지 못해 안절부절못했다. 공정거래위원회와의 싸움은 재판에서 패배로 끝났고, 경영진이 여성 단체를 달래봤지만 원만하게 풀리지 않았다.

이와세 다쓰야의 『혈족의 왕』이라는 책에는 이 부분이 상세하게 정리돼 있다.

"아니 정말이지, 불매운동 때문에 억울해서 사흘 동안 잠을 못 잤어. 내가 고심 끝에 생각해낸 판매 방법이 부당하다잖아. 하물며 파나소닉이랑 거래도, 뭣도 한 적이 없는 생판 남인 아줌마들이 함부로 회사에 들어와서는 내가 열심히 구축해낸 거래 방법을 바꾸라니! 법치국가에서 이런 일이 허용된다고 생각하니 분해서 잘 수가 없어."

마쓰시타가 다카하타 케이치高畑敬一 노조위원장에게 털어놓은 말이다. 눈이 충혈되고 초췌해진 것을 보며 다카하타가 "어디 불편하십니까?" 하고 물었더니 터져나온 대답이었다. 기업가로서 본능적인 감정이 폭발했다.

다카하타 노조위원장은 경영진을 대신해 소비자단체와 접촉했다. 그는 소비자운동가들에게 회사 경영 형편보다는 어디까지나 노조원의 입장을 설명했다.

"불매운동 때문에 타격이 엄청납니다. 하청 업체 공장 라인뿐만 아니라 파나소닉 본사 공장 라인까지 멈춰서 종업원들이 보너스를 받는 건 고사하고 자칫하면 직원들이 해고될 판입니다."

그는 소비자단체의 요구 조건을 전부 들었다. 회사가 받아들일 수 있는 선에서 협상을 마무리하고 이를 마쓰시타에게 직보했다.

마쓰시타는 며칠 후 노조위원장이 들고 온 타협책의 결과대로 회사의 판매 정책을 바꾸겠다고 발표했다. 소비자단체의 요구를 수용한 내용이었다.

1주일 만에 불매운동은 중단됐다. 경영진이 처한 곤궁한 국면을 노조가 나서 해결한 꼴이었다.

마쓰시타의 노조관은 개방적이었다. 시간이 나면 언제든 직접 대화를 나누었다.

"조합원은 사원인 동시에 시민이죠. 반면에 회사 임원은 자동차로만 이동할 뿐, 버스나 지하철을 타지 않으니 지하철 안에서 소비자들이 무슨 얘기를 나누는지 알 방도가 없어요. 신문과 TV로만 세상이 어떻게 돌아가는지는 알기 어렵죠. 나는 역시 생생한 시민의 속마음을 듣고 싶어요."

그는 소비자와 함께 생활하는 노조원들의 의견을 듣고 경영에 반영하고 싶다는 뜻이 강했다.

"노조 조합원은 회사 사원입니다. 따라서 조합원과 종업원의 이해는 결국 하나로 모아집니다. 만약 경영이 잘못된 부분이 있다면 조합원 여러분이 성의를 갖고 잘못된 것을 시정하려고 노력할 것이라고 믿습니다. 회사로서는 노조가 좀체로 구하기 힘든 조언자입니다."

노조를 쓴소리를 전하는 조언자이자 경영에 도움을 주는 동업자라는 인식이었다.

그는 종종 자신을 종업원 중 한 사람이라고 했다. 자신을 "잘살게 된 노동자"라고도 했다.

이는 기업은 사회 공동의 자산이라는 철학에서 나온 것이다. 오너라고 하지만 사회로부터 잠시 위탁 경영을 맡고 있는 대리인, 임시 관리인에 불과하다고 생각했다.

이런 경영인 체제 아래서는 노조가 과격 투쟁을 하거나 총수 퇴진을 외칠 수 없다. 노조가 언제든 발언권을 행사하고 대화를 통해 근로자들의 고민을 해결해갈 수 있기 때문이다.

불매운동을 잠재운 다카하타 위원장은 파나소닉 노조를 20년간 이끌었다. 그는 건전지 계열사 영업 담당 시절 노조 전임이 되었다. 과장으로 승진했지만 과장직을 사양하고 노조 집행부에 들어갔다.

1960년대 초 일본에서는 진보 진영이 사회 분위기를 이끌었다. 공산당 계열의 과격 노조가 파나소닉 노조 집행부를 장악했다. 노조는 창업자를 노동자를 착취하는 자본가로 매도하며 정치투쟁을 전개하곤 했다.

과격 노조원들은 소수였지만 목소리가 컸다. 이대로 두면 노사 갈등으로 회사가 망하거나 적어도 성장이 침체하는 위기가 닥칠 수 있다는 공포심이 회사에 감돌았다.

다카하타는 온건파 동지 규합을 통한 끈질긴 시도 끝에 2년 만에 노조위원장에 당선됐다.

그가 노조위원장에 취임한 뒤 인사차 오너에게 들렀을 때 마쓰시타가 했다는 말이 인상적이다.

"나라가 기울어갈 때 충신이 나타나고 집안이 기울어갈 때 효자가 나타나는 법일세. 파나소닉에도 충신이 있고 효자가 있었어. 나는 정말로 회사가 걱정이 되었지만 젊은 사원들이 이상한 사상 교육을 받아 잘못된 길로 빠지지 않을까 그게 가장 걱정이었다네."

마쓰시타는 신임 조합장 손을 잡고 허리를 굽혀 인사를 했다. 과장 승진을 포기하고 노조위원장이 된 종업원을 회사를 구해낸 영웅으로 대접했다.

그러면서도 경영인으로서 해야 할 말은 다 했다.

"자네에게 은혜를 입었다고 느끼지만 임금 인상에 관한 별다른 답변은 하지 않겠네."

신임 조합장에게 감사 표시를 하면서도 임금 인상, 인사 등 경영전략은 경영진에게 맡겨달라는 당부였다. 대화는 환영하면서 노조의 역할에는 분명한 선을 그었다.

마쓰시타는 장단기 전략 수립, 임직원 인사 등 경영진의 고유 권한에는 노조가 일체 개입하지 못하게 막았다. 그는 노조가 경영의 영역에 간여하려고 들면 그때마다 "이봐, 경영의 신은 나야, 나."라는 농담을 섞어가며 냉정하게 가로막곤 했다. 노조에 휘둘려가며 경영하지는 않겠다는 결의를 분명하게 보이곤 했다.

협조해준 노조에 넉넉한 보은

마쓰시타는 경영에 협조하는 노조에 보답하려고 애썼다.

그는 총수로서 노조 집행부와 매년 정기적인 회합을 가졌다. 크리스마스 이브에는 노무 담당 임원조차 제외하고 노조 집행부와 직접 대화를 가졌다. 노조 임원들은 사업부별로 회사 내부의 문제를 들고 나와 해결해줄 것을 건의했다.

다카하타 위원장이 20년 만에 위원장에서 물러나 업무에 복귀하자 마쓰시타는 그를 임원으로 승진시키라고 압박했다. 다카하타는 고질적인 문제, 임원들의 잘못된 일 처리 등을 오너에게 직접 고자질했다는 이유로 임원들 사이에 눈엣가시 같은 존재였다. 이로 인해 그의 승진을 반대하는 임원이 많았다.

마쓰시타는 회사에 쓴소리를 했다는 이유로 승진시키지 않는 것은 옳지 않다고 경영진을 설득했다. 한술 더 떠 가전제품 판매 본부장 같은 핵심 요직을 맡겨야 한다고 압력을 넣었다. 다카하타는 요직에 취임하지는 못했으나 노조위원장 출신으로 처음 임원으로 승진하는 기록을 세웠다.

마쓰시타가 노조에 보낸 진짜 답례품은 종업원 복지 혜택이었다.

1960년 무렵만 해도 일본은 개발도상국이었다. 전쟁 후 빈곤 상태에서 벗어나 해외시장에 수출품이 나가기 시작했다. 저임금 근로자가 수출 경쟁력 확보에 크게 공헌하고 있었다.

그런 와중에 마쓰시타는 1960년 1월 새해 경영 방침을 설명하는 자리에서 주5일제 도입을 전격 선언해버렸다.

"일본에서 가장 먼저 주5일제를 도입하겠습니다. 주5일제를 하더라도 6일 근무하는 회사와 동등하게 임금을 지급하겠습니다. 주5일제는 5년 후 1965년부터 시행할 것입니다."

이는 저임금과 장시간 노동을 근거로 경영전략을 세웠던 관행을 깨겠다는 것이었다. 임원들은 파나소닉 제품이 시장에서 경쟁력을 잃을 것이라고 반대했다. 심지어 노동조합조차 노동시간을 17%나 단축하고 임금은 그대로 유지하겠다는 구상을 좀체 믿으려 하지 않았다.

임원진과 노조가 회의적인 태도를 보였지만 마쓰시타는 5년 적응 기간을 거치면 충분히 경쟁력을 확보할 것이라고 설득했다.

주5일제 도입은 그 후 기업과 관공서로 번졌다. 동시에 장시간 노동을 당연시 여기던 일본 사회에 일대 파장을 일으켰다. 일본이 노동법을 개정해 주5일제를 공식적으로 전면 도입한 시기는 마쓰시타 선언으로부터 무려 28년이 흐른 1988년이었다. 그가 얼마나 빨리 근로시간 단축 작업을 시작했는지 알 수 있다.

주5일제 도입이 성공하자 마쓰시타는 3년 후 다시 폭탄선언을 내놓았다.

"일본은 지난 20년 동안 엄청나게 발전했습니다. 지금까지 조국을 재건하겠다는 일념으로 달려왔고, 이제 사실상 그 목표를 달성했습니다. 잠시 숨을 돌리고 앞으로의 일을 생각해야 합니다. 지금이야말로 우리의 영혼을 돌아보고 새로 맞이할 삶을 어떻게 맞이

종업원들과 소통을 위해 1927년 발간한 사내보 창간호. © 파나소닉

해야 할지 생각해야 할 때입니다. 여러분은 과연 어떤 삶을, 그리고 어떤 사회를 만들어가고 싶습니까."

그러더니 임금 인상 5개년 계획을 전격 공개했다. 5년 안에 독일과 미국 수준까지 근로자 임금을 올리겠다는 구상이었다.

임원들은 또다시 반대했다. 일본 경제계에서도 격론이 빚어졌다. 인건비를 그렇게 한꺼번에 많이 올리면 일본이 어떻게 미국, 독일과 경쟁할 수 있겠느냐고 불평했다.

그는 과거 미국 출장에서 받은 충격을 설명했다.

"미국에 가서 보니 근로자가 단 이틀 일을 하고 받은 임금으로 신형 라디오 한 대를 사고 있었어요. 일본에서는 한 달 반 이상 일해야 라디오를 겨우 살 수 있었죠."

그는 저임금으로는 근로자들이 인간다운 삶을 영위할 수 없다고 했다. 임금을 인상한 만큼 생산성을 높이면 된다는 논리도 내세웠다.

파나소닉의 임금 인상이 시작되고 4년이 지나자 파나소닉 근로자 임금은 유럽 최고이던 독일 수준까지 올랐다. 다음 해에는 미국의 평균치에 육박했다. 파나소닉의 임금은 동종 업계의 평균치보다 무려 60%나 높았다.

임금 인상은 경영 혁신을 유발하는 자극제가 됐다. 공장자동화가 적극 추진되었다. 부품의 납품 가격을 찔끔찔끔 조정해서는 임금 상승으로 인한 충격을 흡수하지 못했다. 아예 신기술로 신제품을 창조해내는 현장의 기술혁명이 이어졌다.

이때부터 파나소닉 사원은 일본 최고의 신랑감으로 꼽히기 시작했다. 파나소닉은 최고 전성기를 맞이하고 있었다.

'이 땅을 낙토로.'

마쓰시타는 그보다 40년 전 중앙전기구락부에서 일상생활에 필요한 상품을 수돗물처럼 공급하자는 철학을 공개했다. 노조가 결성되던 날엔 오사카 중앙공회당에서 경영진과 노조가 가는 목적지가 똑같다고 역설했다.

그는 노조운동을 적대시하지 않고 노조원들의 마음을 읽었다. 노조원의 진심을 파악해 한마음이 되려고 애썼다.

1952년 5월이었다. 파나소닉 노조가 임금 인상 등을 내걸고 총파업을 단행했다. 총파업이 일상적 행사처럼 만연하던 시대였다. 그해 길거리 투쟁으로 경찰과 충돌, 노조원 1명이 사망하는 사건이 발생했다. 파나소닉도 잇단 파업 후 노사 협상은 타결되었으나 마쓰시타는 지칠 대로 지쳤다.

파업 투쟁이 이어진 결과 노조위원장이 백혈병으로 쓰러졌다. 수술과 장기간 입원을 거쳐 35세 나이에 저세상으로 떠났다.

마쓰시타는 파업을 주도한 노조위원장을 탓하거나 배척하지 않고 문상을 갔다.

"아직 창창한 나이에 정말 안됐어요."

그는 노조원들이 지켜보는 가운데 위로의 말을 건네며 울음을 터뜨렸다. 파업을 미워하기는커녕 위원장의 죽음을 자식을 잃은 슬픔으로 받아들인다는 인상을 주었다.

"노조 간부는 앞으로 건강에 주의하지 않으면 안 된다고요."

노조 간부들에도 건강에 신경 쓰라는 당부를 잊지 않았다.

파나소닉 노조는 한때 과격 투쟁을 전개했다. '마쓰시타의 경영 이념은 가짜 속임수다. 소득 순위 일본 1위라는 사실이야말로 노동자로부터 착취했다는 증거다.'라는 구호를 걸고 공장에서 연좌 농성을 일삼았다. 임원들 출퇴근을 막는 충돌도 있었다.

그러나 마쓰시타는 노조의 과격한 행동이나 거친 발언에 화를 내고 흥분하기보다는 그들 마음속 깊은 곳의 감정선을 진맥했다. 과격 노조원들도 회사가 더 성장하기를 바란다고 믿었다.

그는 노조를 적대시하지 않았다. 투정 부리는 말썽꾸러기 아들을 두 팔로 껴안는 입장을 고수했다. 노조가 요구하기를 기다리기보다는 먼저 약속하고 앞장서서 실행했다. 그는 노조원의 행동과 구호를 보지 않고 그들의 마음을 먼저 짚었다.

마쓰시타는 사장 자리에서 물러나며 노조에 개인 돈 2억 엔을 쾌척했다. 그 돈은 종업원 복지 기금의 종잣돈이 되었다. 사원들이 35세 전후로 내 집 마련의 꿈을 이룰 수 있도록 주택자금 지원제도를 도입했다.

"제가 60년 이상 사업을 하면서 어떤 회사가 흥하고 어떤 회사가 무너지는지 지켜보았어요. 노조가 회사를 망하게 한다고들 하지만 노조가 무슨 요구를 해도 회사가 와르르 무너지는 경우는 별로 보지 못했어요. 노조가 임금을 한꺼번에 2배, 3배 올려달라는 경우는 없어요. 반면에 사장이 뭔가 판단을 한번 삐끗 잘못하면 단번에 수

파나소닉박물관 앞에 세워진 마쓰시타 기념 동상. 파나소닉 노조가 1987년에 기증했다.

백억 엔이 날아갑니다. 사장이나 2인자가 잘못해 회사가 발전하지 못하는 사례가 태반입니다. 회사로서 가장 위험한 것은 노조가 아니라 바로 사장입니다."

마쓰시타 부부는 노조 결성 30주년 기념식에 초청을 받았다. 그 자리에서 그는 중앙공회당 노조 결성식에서 선출된 초대 노조위원장과 반갑게 해후했다. 이날도 "바른 경영과 바른 노조는 반드시 가는 길이 일치한다."고 했던 30년 전 노조 결성 대회의 축사를 되풀이했다.

가도마시 파나소닉박물관을 다시 찾았다. 박물관 앞뜰 마쓰시타 동상 앞에서 방문객들이 사진을 찍고 있었다. 단체 사진에 이어 개인별로 기념사진을 찍는 사람이 많았다.

이 동상은 회삿돈으로 세운 창업자 동상이 아니다. 파나소닉 노조가 1987년 마쓰시타 탄생 92세 생일날 헌정한 작품이다. 명판에는 이렇게 새겨져 있다.

'마쓰시타 고노스케는 제품을 만들기 전에 사람을 만들라는 일관된 신념으로 대립과 조화의 정신에 입각해 건전한 노사관계의 발전에 이바지하셨습니다.'

파나소닉 노조는 마쓰시타 사망 후 창업자에 감사하며 그를 추모하는 책을 펴냈다. 마쓰시타는 자신이 노조에 준 선물보다 훨씬 귀한 선물을 노조에게서 받았다. 오너가 받은 선물은 노조원의 진심을 담은 것이었다.

5

기업은 사람을
키우는 곳이다

마쓰시타는 누군가 파나소닉은 무슨 회사냐고 물으면 이런 식으로 대답하라고 했다.

"우리 회사는 물건을 만들기 전에 사람을 만드는 회사입니다."

우리는 한 가족이라는 공동체의식

와카야마 고야산高野山은 하늘에서 보면 연꽃 모양을 하고 있다. 해발 1000미터 안팎의 산봉우리 8개가 마치 불교의 신성한 상징 꽃처럼 보인다.

고야산은 일본 불교의 성지다. 진언종眞言宗의 총본산이 이곳이다. 마을 안에 사찰이 117개나 있고, 800여 분의 스님이 상주 인구의 절반을 차지하고 있다.

고야산 템플스테이는 세계적으로 유명하다. 52곳의 절에서 숙박과 불교식 식사, 명상 체험 서비스를 제공한다. 서빙은 스님들이 맡는다.

절에서 서비스하는 식사는 곡물, 야채, 해조물이 태반이다. 육류나 생선은 일체 없다. 고야산 절 음식 가운데 최고는 단연코 두부

고야산의 마츠리 풍경. ⓒ 일본정부관광국(JNTO)

다. 고야산 두부는 전국에 팔려나가는 인기 향토 상품이다.

　그중에서 스님들이 즐겨 먹는 고야두부는 물기를 쫙 빼고 저장
해두었다가 먹을 때 간장에 찍거나 국물에 넣어 먹는다. 또 콩을 쓰
지 않고 참깨와 칡가루를 섞어 만든 참깨두부는 고야산에서만 맛
볼 수 있는 별미다.

　미슐랭 관광 가이드는 14년 이상 연속 고야산에 최고 등급인 별
셋을 매기고 있다.

　고야산을 오를 때 마침 단풍이 무르익는 시즌이었다. 케이블카에

서는 일본어, 중국어, 한국어, 영어 안내에 이어 프랑스어 안내가 나온다. 프랑스어 안내가 튀어나오는 공공 관광지는 일본에서 아마 이곳뿐일 것이다.

고야산은 프랑스, 벨기에 사람들이 유독 많이 찾는 유네스코 세계유산이다. 진언종 명상법과 좌선坐禪이 프랑스와 벨기에 가톨릭 신자들에게 쉽게 공명을 일으킨다고 한다.

고야산은 살아 있는 사람들의 정신적 안식처이자 죽은 이들의 천국이다.

이곳에는 20~30만 기에 달하는 묘지가 있다. 수백 년 묵은 아름드리 삼나무杉, 스기가 울창한 숲을 이루었다. 숲속에는 묘지석, 위령탑, 추도 기념비가 워낙 많아 다 헤아리지 못한다.

"고야산엔 아무것도 없다. 공동묘지만 신물 나게 보고 왔다."

건성으로 둘러본 관광객은 이렇게 말하곤 한다. 하지만 찬찬히 살펴보면 삼나무 숲 묘지에는 일본 역사가 고스란히 담겨 있다.

한반도를 침략한 도요토미 히데요시부터 역대 일본 왕과 막강한 사무라이 가문, 부자 가문의 묘소와 공덕비, 공양탑, 위령탑이 즐비하다. 러일전쟁, 중일전쟁, 태평양전쟁, 임진왜란에서 희생된 전사자 위령탑이 이어진다.

시마즈 요시히로島津義弘는 임진왜란에서부터 정유재란 시절 경상남도 사천에 성을 쌓고 주둔했던 가고시마 명문 가문의 사무라이다. 노량해전에서 사망한 이순신 장군을 공격한 부대의 적장이다. 원균도 그의 군대에 사망했다. 시마즈는 일본에서 용감하고 배짱

고야산의 묘지. © 일본정부관광국(JNTO)

두둑한 사무라이로 알려져 있다.

그는 전쟁이 끝난 후 임진왜란, 정유재란에서 희생된 군인들 위령비를 고야산에 세웠다. 왜군은 물론 조선과 명나라의 희생자까지 추모하는 뜻을 담았다.

적군까지 포용한 배포와 아량이 담겼다는 의미에서 시마즈의 위령탑은 지방문화재로 지정돼 있다. 이순신 장군을 생각하면 씁쓸한 기분을 떨칠 수 없지만.

고야산에서 가장 독특한 풍경은 100여 개의 기업묘다. 기업묘는 세계 어디서도 볼 수 없는 일본 유일의 문화다.

일본 기업들은 한솥밥을 먹은 사원들의 영혼을 달래는 위령탑이나 회사의 더 큰 발전을 기원하는 마음을 담은 상징물, 창업자들의 공덕비를 이곳에 세웠다.

기업묘를 설립한 회사는 쟁쟁하다. 전자회사 샤프, 닛산자동차 같은 첨단 제품을 제조하는 글로벌 회사부터 야쿠르트, 기린맥주까지 다양하다.

UCC 같은 회사는 주력 제품 커피를 떠올리는 커피 잔을 묘지석으로 설치했고, 야쿠르트는 야쿠르트 병을 내세웠다. 어느 항공우주 업체는 공양탑으로 미사일 모형을 세웠다.

한국식 봉분을 크게 만든 재일 동포 기업인의 묘, 치마저고리 모양의 묘지석들까지 보고 나면 고야산은 기업묘의 전시장이라는 느낌을 받는다. 도쿄 야스쿠니신사가 전쟁 전사자들의 혼을 달래는 곳이라면 고야산은 산업 전사들의 현충원 역할을 맡고 있는 듯하다.

　기업묘 문화는 일본식 가족주의 경영이 낳은 산물이다. 회사와 개인이 계약관계로 연결된 서양 회사와는 달리, 일본인들은 회사라는 공동체 안에서 종업원들이 함께 먹고산다는 한 지붕 의식이 강하다. 살아 있는 동안 같은 회사에서 일하면서 행복을 누렸던 것처럼 죽어서도 극락정토에 모여 함께 살자는 뜻이리라.

　기업묘의 원조가 다름 아닌 파나소닉이다. 마쓰시타 고노스케가 81년 전 1938년 고야산에 회사묘를 처음 세웠다. 그는 가족 묫자리를 미리 봐두라는 권유를 받고 세상을 떠난 종업원을 먼저 떠올렸다. 교통사고나 공장에서 사망한 종업원들의 혼을 위로하겠다는 마음이었다.

　마쓰시타는 파나소닉 묘지를 세우던 날 발원문發願文을 울면서 읽어 내렸다. 또 희생된 근로자 이름을 한 명 한 명 불렀다.

　그는 이어 회사 고문 역할을 맡고 있던 진언종 스님을 파나소닉의 초대 제사 담당 사원으로 지명했다. 그 후 파나소닉의 기업묘 관리와 제사 담당은 사원 인사이동을 통해 임명됐다. 신분은 그때나 지금이나 파나소닉이 월급을 주는 정식 사원이다.

　아사히신문 보도를 보니 지금의 제사 담당 직원은 5대째를 맞았다. 파나소닉 5대 사제는 담당자로 지명된 뒤 "제사 일을 맡겠습니다.'라는 말이 도무지 나오지 않았다."고 아사히신문 인터뷰에서 고백했다.

　이제 그는 진언종에 입문해 정식 스님이 됐다. 회사의 인사이동

일본 최초의 기업묘가 된 파나소닉의 기업묘. 사망한 사원들을 위해 만든 위령묘다.

으로 신분이 바뀌었다. 사원이자 스님으로서 전국 사업장을 돌며 무사고와 회사 안녕, 발전을 기원하거나 축원 기도를 올리는 공식 의전을 맡고 있다.

미국 회사 중에도 목사, 신부, 스님을 회사에 상주시키는 사례가 없지는 않다. 이들은 주로 사원의 개인적 고민이나 직장 내 상하 간, 동료 간 갈등을 상담하는 역할을 맡는다.

반면 파나소닉은 글로벌 전기전자 업체로서는 이채롭게 정식 사원을 제사 담당으로 지명하고 있다. '우리는 한 가족'이라는 공동체 의식이 전통으로 남아 있다.

은혜를 갚아 강해지는 결속력

파나소닉 전국 100여 개 사업장에서는 요즘도 거르지 않고 신에게 제사를 올린다. 신상품 판매 촉진과 공장 안전을 축원하는 행사다.

한국 기업들도 삶은 돼지머리를 놓고 본사 빌딩 신축이나 신공장 건설에 고사를 지낸다. 고사가 영업 등에서 특별한 효험을 가져오지 않지만 고사를 통해 조직원들의 마음을 다잡고 단결을 호소하는 기회로 삼는다.

파나소닉의 제사 행사는 한국에 비해 빈도수가 훨씬 잦고 의식이 엄숙하다. 종교적 행사가 잦다는 사실은 공동체의식을 그만큼 중시하고 있다는 반증이다.

파나소닉 본사, PHP연구소 건물, 교토 영빈관에는 콘겐노야시로根源社라는 작은 신사가 설치돼 있다. 마쓰시타가 자주 찾아가 기도를 올리거나 명상을 하던 성스러운 장소다. 마음을 정리하고 사업 번창과 무사고를 기원하는 수호신 역할을 해달라는 뜻에서 건립했다.

기업묘나 제사, 사내 신사, 제사 담당 스님이 과연 첨단 시대에 적합한 모습인지를 애써 따질 필요는 없다. 종교 행사가 파나소닉에서 발휘한 효과가 워낙 강력했기 때문이다.

마쓰시타 시대 파나소닉 사원들 사이에는 '우리는 한 가족'이라는 단결력이 어느 회사보다 강했다. 때로는 파나소닉이 '마쓰시타를 교주로 모시는 신앙촌'에 비유됐고, 조직의 결속력은 '바위 한 덩어리'라거나 '판박이 집단'이라는 평을 들었다.

강한 결속력은 월급을 많이 주고 복지 혜택을 후하게 보장한다고 만들어지는 것이 아니다. 종업원 각자가 일하는 보람을 피부로 맛보며 정신적으로 건강한 상태를 유지할 수 있어야 한다.

마쓰시타는 종교를 통해 사원들의 일상적 고민과 갈등을 달래주려고 배려했다. 자신은 공식적으로 특정 종교의 신자라고 공식 선언한 적이 없었지만 불교가 종업원에게 선물할 수 있는 정신적 위안과 행복을 간파하고 있었다.

마쓰시타는 공동체의식을 다지기 위해 회사 내부에 특이한 부서를 설치했다.

이름은 보신부保信部다. 신용, 신뢰를 잘 지키는 부서라는 뜻이다. 은혜를 갚으려고 보살펴준다는 뜻의 은고恩顧 담당이다.

보신부는 1936년 설치했다. 경영 이념을 공식 선포한 지 4년 만이었다. 보신부의 담당 업무는 여러 차례 조정됐으나 한국 대기업의 업무부나 총무부처럼 업무 영역이 애매하면서 광범위하다.

보신부 업무로 종업원 복지 후생은 가장 기본적인 일이다. 회사의 공식 제사를 맡으면서 현역 사원과 퇴직 사원의 경조사를 꼼꼼히 챙

마쓰시타 고노스케가 회사 내의 신사에서 기도를 드리고 있다. ⓒ 파나소닉

긴다. 병원에 입원한 사원들에게 매달 위로 과일을 보내야 한다.

대외적인 일도 떠맡았다. 설날과 한가위 명절에는 거래처와 관공서, 언론사 주요 간부들에게 인사장과 선물을 발송한다.

보신부가 관리하는 대상은 변호사, 회계사 외에 인연을 맺고 있는 탤런트, 평론가에 이르기까지 다양하다. 파나소닉은 이들을 '은혜를 입은 분들'이라고 표현한다.

파나소닉의 공동체는 회사 안에서 머물지 않고 회사 밖으로 넓게 확장돼 있다.

보신부의 활약은 일본 기업에서 최고 모범이었다. 보신부가 명절 선물로 발송한 선물의 포장은 다음 명절에 다른 기업들이 모방했다. 위로 전보나 축하 엽서, 행사 안내장의 문장은 많은 일본인들이 베껴 썼다. 일본에서 통용되는 축의금과 부의금 봉투의 디자인 가운데 파나소닉이 처음 선보인 작품이 적지 않다고 한다.

한 일본 기자는 이렇게 정리했다.

"파나소닉이 일본 기업의 비서학을 세웠다고 보면 됩니다. 퇴직자 관리부터 손님 접대, 외부 기부까지 파나소닉 보신부가 했던 대로 따라서 하면 절차가 대부분 완벽하다고 여겼으니까요. 비서직 사원을 채용하는 검정 시험도 정답은 파나소닉이 갖고 있다는 말까지 나왔어요."

사원의 사기 진작이나 사회적 평판 유지에 보신부의 활동이 중요하다고 마쓰시타는 판단했다.

보신부의 활동이 언제나 사원들에게 일하는 보람을 충족시켜 주는 것은 아니다. 샐러리맨은 조직의 한 사람으로서 회사가 설정한 목표를 성취하고 주변에서 능력과 노력을 인정받아야 한다. 그래야 일하는 보람을 느끼며 조직과 한 몸이 될 수 있다.

마쓰시타는 그런 월급쟁이들의 욕구를 충족시키려고 했다. 말단 점원, 전기기술자로 14년 샐러리맨으로 살아본 덕분에 어느 재벌 총수보다 사원들 마음을 꿰뚫고 있었다.

상품보다 먼저 사람을 만드는 회사

마쓰시타가 신입 사원들에게 항상 당부하는 말이 있었다. 누군가 파나소닉은 무슨 회사냐고 물으면 이런 식으로 대답하라고 했다.

"우리 회사는 사람을 만드는 회사입니다. 더불어 상품도 만드는 회사입니다. 전기전자 제품도 만듭니다."

"물건을 만들기 전에 사람을 만드는 회사입니다."

그는 파나소닉이 사람을 키우는 기업이라는 평판을 듣고 싶어 했다. 여기에는 인간을 하나의 완성체로 육성하겠다는 의지가 담겨 있다. 파나소닉에 보탬이 되는 사원에 머물지 않고 반듯하게 살아가는 모범 시민, 국가 발전에 이바지하는 인재를 육성한다는 말이다.

중요한 것은 상품보다 사람을 먼저 꼽았다는 점이다. 신기술로 첨단 상품을 개발하는 이미지보다 인간 중심의 회사라는 이미지를 더 중시했다.

그로서는 창업 초기에는 신참 기업인으로서 다른 선택이 없었다. 이름 없는 오사카 변두리 회사에 번듯한 고교나 대학을 나온 우수 인재가 들어올 리 없었다. 학력, 기술이 모두 모자란 초보 근로자를 대량 채용해 훈련과 교육을 통해 자체적으로 길러낼 수밖에 없었다.

"중학교를 졸업하고 입사해 1년도 안 된 사원이 대단한 학교를 졸업한 10년 경력의 다른 회사 사원과 대결해 이기는 것이 파나소닉의 모습이다."

그는 그렇게 말하곤 했다. 자신이 센바에서 경험했듯 사내 교육, 현장 훈련을 통해 한몫하는 인재를 키웠다.

그는 공장 부지 안에 야간학교를 설립한 뒤 초등학교, 중학교를 나온 소년 소녀 종업원들에게 상급 학교 과정을 마치도록 했다. 쟁쟁한 도시바나 소니와 경쟁하기 위해 어느 회사보다 사원 연수에 열중했다.

그의 '사람 만들기'는 사내 교육과 훈련에 머물지 않았다. 사원들이 일에 몰두, 삼매경에 빠지기를 바랐다. 잡념을 잊고 일에 푹 빠져야 행복감을 느낀다고 보았다. 그것은 경험에서 우러나온 신념이었다.

마쓰시타는 오사카전등에서 일하던 시절 200여 년 전 지은 절에서 전선 가설 작업을 했다.

한여름이었다. 대웅전 천장 안에 전선을 깔아야 했다. 창문이 있을 턱이 없었다. 밀폐된 곳에서 무더위, 200년 누적된 먼지, 끝없이

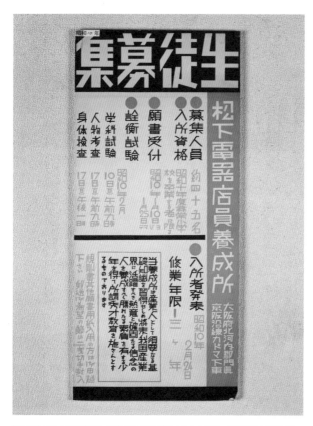

1935년 마쓰시타전기의 사원 겸 학생 모집 광고. 낮에는 공장에서 일을 하고 밤에는 야간학교를 보내 중등학교 과정을 이수시켰다. ⓒ 파나소닉

흘러내리는 땀과 싸우며 숨이 턱턱 막혔다.

1시간 후 작업을 끝내고 밖으로 나왔을 때는 기분이 무척 상쾌하고 홀가분했다. 극단적으로 어려운 상황에서 일을 마무리했다는 충만함이 온몸을 감쌌다. 그때 노동자로서 맛본 행복감을 평생 잊지 못했다. 마쓰시타는 사원들이 회사에서 이렇게 상쾌한 기분을 맛보기를 바랐다.

그렇다고 창업자가 자기 경험을 들려주는 것으로 사원들이 행복감을 느끼라고 할 수는 없다. 일에 몰두하라고 잔소리한다고 해서 되는 일도 아니다. 회사의 제도가 뒷받침되어야 한다고 믿었다.

인간은 누구나 자기실현 욕구를 갖고 있다. 어려운 일을 성취하고 주변의 인정을 받을 때 행복을 느끼지 않는가.

여기서 마쓰시타가 선택한 전략이 사업부제다. 파나소닉이 사업부제를 처음 도입한 것은 1933년이다. 미국에서도 듀폰 같은 쟁쟁한 회사들이 팽창하는 조직을 감당하지 못해 사업부제를 막 도입하던 시기였다.

엇비슷한 시기에 오사카에서 탄생한 지 15년밖에 안 되는 회사가 똑같은 결정을 내렸다. 이때만 해도 일본에는 사업부제라는 개념이 알려지지 않았다.

이 때문에 파나소닉의 사업부제 도입은 미국 경영학자들이 가장 신기해하는 대목이다. 그때까지 미국에 가본 적이 없는 마쓰시타가 어떻게 그런 발상을 할 수 있었느냐는 것이다.

사업부제 도입 배경에 마쓰시타의 건강이 좋지 않았다는 이유가 있었다.

"20대에 폐 질환으로 누워 있는 시간이 많았죠. 부하에게 일을 맡기고 보고를 받으면 된다고 판단했어요. 사업부제를 하면 감독하기가 아주 편하거든요."

마쓰시타 고노스케가 일본 첫 사업부제를 실시하면서 사원들에게 브리핑을 하고 있다. ⓒ 파나
소닉

그가 사업부제를 도입한 배경에 건강 문제만 있었던 것은 아니다.
그는 사업부제 도입으로 세 가지를 노렸다.

"사업부제로 가면 회사 경영이 유리 상자 안에 든 것처럼 다 보입
니다. 종업원들이 매일 다 들여다보게 되는 거죠."

사업을 남에게 맡김으로써 오너가 모든 경영 정보를 독점하지 않고 투명 경영을 하겠다는 뜻이 첫 번째였다. 그는 사업부제를 통한 투명 경영으로 종업원들이 회사 실정을 파악토록 했고, 이는 조직의 일체화를 굳히는 계기로 발전시켰다.

두 번째 목적은 사업부제를 통해 사원들에게 책임 경영의식을 심어주고, 세 번째는 경영인을 양성하려는 목적이었다.

그는 사업부마다 독립된 권한을 갖고 제품을 개발, 판매하고 회계장부를 따로 관리하도록 했다. 이를 위해 사업부 대표로 지명되면 대표 이름으로 은행 통장을 만들어주었다.

각 사업부에는 본사가 대출금을 내주는 방식으로 투자해 최소한 연 1% 이자를 받았다. 주인의식을 갖고 책임 경영을 하라는 메시지였다. 그렇다고 완전히 맡겨놓지는 않았다. 적자가 지속되면 현장 지도에 나섰다.

한번은 적자가 지속되는 사업부의 사장을 호출했다.

"매출이 없어 인건비 때문에 적자가 났다면 어쩌겠나. 그런데 자네는 1000억 엔 매출을 올리면서 90억 엔 적자를 냈다니 말이 되는가. 자네와 자네 부하들에게 책임이 있네. 200억 엔을 빌려준 본사에도 책임이 있네. 그래서 본사가 빌려준 200억 엔을 내일 당장 회수하겠네."

사장은 닷새 후가 월급날이고 월말에는 원자재 부품값을 정산해야 한다고 설명했다. 그러니 추가 자금을 지원해달라고 호소하며 본사의 대출금 회수는 더더욱 안 된다고 통사정했다.

"자네가 그런 식으로 경영을 하니까 적자가 나는 걸세. 한 푼도 빌려줄 수 없네."

사장은 그러면 사업부가 파산할 것이라고 반박했다. 하지만 마쓰시타는 매정했다.

"자네 사업부에는 우수한 인재가 400명이나 있네. 그들과 잘 협의해서 경영 정상화 계획을 수립하도록 하게. 제대로 된 정상화 계획이 나오면 본사가 은행에 추천서를 써주겠네. 공장 부지와 건물을 담보로 은행에서 200억 엔을 빌려 쓰게."

이런 식으로 매섭게 다그치며 책임의식을 불어넣었다. 그래야 성공했을 때의 행복감이 커진다고 보았다.

한번은 제품에 불량 문제가 발생해 출시된 상품을 모두 회수해야 하는 일이 벌어졌다. 마쓰시타가 개발 책임자를 불렀다.

"자네 입사한 지 얼마나 됐나."

"꼭 20년이 됐습니다."

"그런가. 그럼 내일부터는 회사 나오지 말게. 모가지야."

즉석 해고 통보였다. 이 간부는 놀라며 어리둥절한 표정을 지었다. 표정을 살피던 마쓰시타가 물었다.

"그래, 당장 회사를 그만두면 곤란한가."

"네, 어린아이가 있어 곤란합니다."

"그럼 내가 돈을 빌려줄 테니 장사를 해보시게나. 무슨 장사를 할 건가."

"제가 소바를 좋아해 소바집이라도 해볼까 합니다만."

"그런가. 그러면 소바집을 하겠다면 처음에는 뭘 할 건가."

"유명한 소바집을 찾아다니며 인기가 있는 이유를 조사하고 맛이 좋은 비결을 알아보겠습니다. 메밀을 어느 지방 것을 갖다 쓰고 있는지, 반죽은 어떻게 하는지도 조사하겠습니다. 그걸 알아내려면 유명한 소바집에서 밑바닥 인턴 생활을 하면서 배우려고 합니다."

마쓰시타의 질문은 집요하게 이어졌다. 해고 통보를 받은 간부의 소바집 구상은 점포 개설 지역부터 가격, 고객 응대 방식까지 점점 세부적으로 다듬어졌다. 간부는 소바집을 개업할 작정인 듯 필사적으로 설명했다.

그러자 마쓰시타가 막판에 표정을 바꾸었다.

"그걸로 됐어. 지금 자네가 소바집을 하려고 했던 세밀한 구상 그대로 우리 회사 일을 하게. 모가지 통보는 없었던 거야. 내일부터 다시 일하게."

소바집을 창업하는 것처럼 주인의식을 갖고 일하면 된다는 말이었다. 이런 식으로 사람을 키우는 마쓰시타의 현장 지도 비법은 여러 권의 책으로 나와 있다.

부하를 따르도록 하는 '혼내는 법'

마쓰시타가 부하를 꾸중하는 방식은 지독했다.
'꾸중하려면 따끔하게 제대로 꾸중해야 한다.'

혼쭐내려고 한번 마음먹으면 상대방을 기절시키곤 했다.

마쓰시타한테 혼쭐난 부하들의 사례는 적지 않게 기록으로 남아 있다. 그중 하나를 보자.

마쓰시타가 어느 추운 겨울날 부하 직원을 난로 앞에 호출했다. 조개탄이나 땔감을 뒤집는 데 쓰는 부젓가락을 손에 들고 있었다.

"가격을 왜 멋대로 깎아주었나. 사장과 상의 한 번 없이!"

자기 허락을 받지 않고 제품 가격을 할인해주었다고 부하를 호통치기 시작했다. 부젓가락으로 난로와 마룻바닥을 탁탁 내리쳤다. 꾸중 내용은 똑같았다.

"네 멋대로?"

부하의 과잉 행동을 두고 난로와 마루를 쉬지 않고 때렸다.

부젓가락으로 난로를 때릴 때마다 부하는 자기 몸에 회초리를 맞는 기분이었다. 그때마다 부젓가락은 조금씩 휘어졌다. 부하는 평소 가라데로 체력을 다진 몸이었지만 부젓가락이 난로를 때릴 때마다 통증을 느낀 끝에 그만 졸도하고 말았다. 마쓰시타의 퍼붓기에 무너져버렸다.

잠시 후 깨어나니 마쓰시타가 불현듯 구부러진 부젓가락을 그에게 건넸다.

"이제 됐어! 그런데 너한테 화를 내느라 부젓가락이 휘어졌어. 이걸 똑바로 펴놓고 돌아가."

그래서 폈다. 그랬더니 마쓰시타는 "오오, 넌 역시 손재주가 야무지구나. 똑바로 펴졌네."라고 칭찬했다.

"그거 하나로 기분이 확 바뀌더라고요. 사람 마음이라는 게."

부하는 무섭게 꾸중을 들은 섭섭함이 부젓가락 펴기로 오히려 풀리더라고 회고했다. 원한이 남을 수 없었다. 오히려 손재주 칭찬을 받고 뿌듯한 기분이었다.

국회의원 에구치 가츠히코江口克彥는 마쓰시타 비서로 PHP연구소에서 23년간 일했다. 바로 옆에서 마쓰시타를 지켜보며 배운 것을 책으로 여러 권 남겼다. 그런 책 가운데 하나가 『부하를 따르도록 하는 '혼내는 법'-마쓰시타로부터 배운다』이다.

에구치도 창업자로부터 여러 번 꾸중을 들었다. 무려 3시간 동안 혼을 난 적도 있었다.

마쓰시타가 부하를 혼내는 데는 어떤 법칙이 있었다. 화풀이하기 위해 무작정 고함치거나 큰소리를 내지르는 일은 없었다.

"도대체 너는 글러먹었어."

"너한테 큰일 맡겼다간 회사가 쫄딱 망하겠어."

마쓰시타는 인격적으로 자존심을 건드는 지적은 절대로 하지 않았다.

"고객에게 그런 말을 하면 회사가 망하는 거야."

"몇 년 동안 적자를 보면 어떻게 되는 거야. 적자란 회사가 피를 흘리는 거야. 피를 흘리면 사람도 죽고 회사도 죽는 거야."

꾸중하는 이유를 구체적으로 내놓았다. 상대방이 무엇 때문에 혼나는지 수긍하도록 했다.

마쓰시타의 꾸중 비결은 꾸중 후 언행에서 찾을 수 있다. 꾸중한 뒤에 그대로 내버려두지 않고 사후 관리가 뛰어났다.

기절한 부하의 경우 그가 방을 나서자마자 비서를 불러 "집까지 바래다주라."고 지시했다. 부인에게는 "오늘 사장에게 혼이 났으니 잘 보살펴달라."고 부탁하도록 했다.

마쓰시타는 때론 꾸중한 부하의 부인에게 전화를 걸었다.

"제가 오늘 남편분께 화를 냈습니다. 저녁에 술이라도 한 잔 올리고 위로해주시면 고맙겠습니다."

화를 냈으나 감정적 악의가 없다는 점을 분명하게 알려주었다. 공식 업무로 화를 냈으니 오해를 말아달라는 메시지였다.

거기서 끝나지 않았다. 다음 날이나 며칠 후에는 당사자에게 전화를 걸곤 했다.

"기분은 어떤가? 다 풀렸는가?"

이렇게 직접 위로 전화를 건네는 일이 잦았다.

아니면 곧바로 새로운 업무를 지시했다.

"자네, 이번에는 이걸 한번 해봐."

그러면서 "자네 같으면 잘 해낼 거야."라고 덧붙이곤 했다.

격려와 함께 새 업무를 지시받은 부하의 심정은 어떻겠는가. 오너가 여전히 나를 신뢰하고 있다는 긍지가 생기지 않을 수 없다. 후속 조치가 이어지면 기절할 만큼 혼쭐난 기억은 금방 증발하고 만다.

마쓰시타의 측근일수록 꾸중을 듣는 횟수가 더 잦았다는 증언이 많다.

이 때문에 파나소닉에서는 마쓰시타로부터 꾸중을 듣고 싶어 하는 분위기가 강했다고 에구치는 밝혔다. 꾸중을 들으면 오히려 창업자의 눈길을 끌며 또 한 번 기회를 잡을 수 있었기 때문이다.

마쓰시타가 파나소닉이 사람을 만드는 곳이라고 했던 이유가 여기에 있다. 그는 평사원이 인재로 성장하는 과정에서 칭찬뿐 아니라 지적과 꾸중, 질책이 필수 훈련 코스라고 보았다.

"윗사람이 화를 내지 않는 것은 나에게 애정이 없다는 증거야."

마쓰시타는 종종 분노가 치밀면 불같이 화를 내곤 했다. 다만 그는 칭찬과 꾸중을 적절하게 조절했다.

"칭찬을 5~6회 하면 꾸중을 한 번쯤 하는 것으로 안배하는 게 좋아요. 너무 자주 꾸짖으면 피곤하고 짜증만 나죠. 부하가 정말 곤경에 처했을 때는 오히려 꾸중하지 않는 편이 나아요. 커다란 실패는 장래 회사의 발전을 위한 자산으로 삼아야죠."

그래서 사소한 실책을 나무라는 일이 잦았다.

"작은 실패는 대개 본인의 사소한 부주의에서 발생합니다. 정신줄을 놓고 있다가 실수를 하는 거죠. 조그만 실수가 이어지면 나중에 엄청난 사고를 초래할 수 있거든요."

포스코가 한창 성장할 때 엇비슷한 일화가 많았다. 창업 공신인 박태준 회장으로부터 꾸중을 자주 들을수록 빨리 승진한다는 말이 나돌았다. 박태준은 걸핏하면 "일을 그따위로 하려면 동해 바다에 빠져 죽으라."고 부하를 다그쳤다.

21세기 들어 꾸중이 잦은 상사는 갑질로 처벌을 받을 수 있는 세태가 형성됐다. 수사기관이 나서기 전에 상사의 갑질 영상이 소셜

미디어에 폭로돼 사이버 재판정에서 단 몇 시간 만에 사형 판결이나 무기징역 처벌을 받는다. 칭찬으로 성장한 세대가 사회 전면에 진출하면서 부하 꾸중, 후배 질책은 직장의 금기 사항이 됐다.

마쓰시타는 꾸중 금지 흐름에 해법을 제시하고 있다. 사후 관리, 후속 조치가 뒤따르는 질책은 오히려 사원의 기를 살릴 수 있지 않을까.

사원을 뽑는 기준은 운과 애교

마쓰시타 정경숙을 열고 첫 입학생을 뽑을 때다. 마지막 면접관이던 마쓰시타가 한 지원자에게 물어보고 싶은 말이 있으면 질문해보라고 기회를 주었다.

모처럼의 질문 기회에 응시자가 당돌하게 물었다.

"합격자를 선정하는 기준이 뭡니까."

필기시험과 면접을 통과한 인물이었다. 마지막 절차인 설립자 면접은 어떤 원칙을 갖고 결정하는지 궁금하지 않을 수 없었다.

마쓰시타는 망설이지 않고 대답했다.

"음, 그건 운과 애교야."

그러면서 한마디 덧붙였다.

"자네는 운이 좋아 보이는구먼."

그는 합격증을 받았다.

마쓰시타가 인재를 발탁하는 기준은 운과 애교였다. 비과학적이고 감성적인 기준이지만 자기 나름의 논리가 있었다.

먼저 애교라는 기준을 보자. 애교란 인상이 좋은 것을 말한다. 통상 여성의 귀여움을 애교라고 하지만 남자에게 사용할 경우에는 매력 있는 호남형이라는 뜻을 갖고 있다. 뭔가 끌리는 힘을 뿜어내는 사람이다.

"애교 있는 사람에게는 주변에서 사람들이 줄줄이 따르죠. 애교 있는 사람이 정확한 정보와 살아갈 지혜를 모을 수 있고요. 윗자리에 오를 사람은 반드시 애교가 있어야 해요."

마쓰시타는 "애교 있는 사람은 반드시 성공한다."고 했다. 그래서 그는 몸 전체에서 풍기는 인간미를 살펴본다고 했다.

운에 대한 생각도 뚜렷했다.

"운이 좋은 사람은 생각이 긍정적이고 감사할 줄도 압니다."

마쓰시타는 자신부터 운이 좋다고 생각했다. 그걸 주변 사람들에게 자주 말했다.

점원 시절 자전거에 물건을 싣고 달리다 자동차에 부닥친 적이 있었다. 어린 육체가 공중에 붕 뜨며 몇 미터 튀어 나가고 물건은 흩어졌다. 자전거는 망가졌다. 때마침 사고 지점에는 전차가 달려오고 있었다. 자칫 목숨을 잃을 수 있는 사고였지만 그는 무사했다. 큰 상처도 없었다.

자전거상회를 그만두고 시멘트회사에서 임시 잡역부로 일하면서 또 한 번 죽을 고비와 마주쳤다. 뱃머리에 앉아 있다가 다른 사람이 발을 헛디뎌 바다에 추락하면서 그를 끌고 들어갔다. 순식간에 벌어진 사고였으나 그는 익사하지 않았다.

"지나가던 배가 구출하지 않았으면 어떻게 창업했겠나. 만약 겨울에 빠졌으면 얼어 죽었을 것이네."

그는 불운을 항상 긍정적으로 해석했다. 운이 나빠 재앙이 발생한다고 비관하지 않고 불운을 딛고 살아남은 것을 뿌듯하게 생각했다. 온 가족이 일찍 사망한 것을 비관하기보다는 자기 홀로 살아남았다는 것을 행운으로 받아들였다.

그는 자신의 운을 시험한 적도 있었다.

고야산 오쿠노인奧の院 파나소닉 회사묘에서 더 깊숙이 들어가면 미륵돌彌勒石이 나온다. 이 돌은 1200년 전 고야산을 불교 성지로 조성한 홍법弘法대사가 당나라에서 귀국할 때 갖고 온 것이라는 설화가 전해지고 있다.

'미륵돌은 착한 사람에게는 가볍고 나쁜 사람에게는 무겁다.'

안내판에는 이렇게 적혀 있다.

미륵돌을 넣어놓은 작은 신사 앞에는 관광객들이 줄을 선다. 착한 사람이라는 것을 인정받으려는 듯 순서대로 조그만 구멍 안으로 손을 넣어 돌을 들어보려고 모두가 애를 쓴다. 하지만 너무 크고 무거워 한 손으로는 도저히 들어 올릴 수 없다. 실패한 참배객들은 바로 옆 기도처에 헌금을 더 내놓으며 자기 죄를 조금이나마 덜어보려고 한다.

마쓰시타는 창업 초기 이곳을 찾았다. 신제품으로 자전거용 램프를 개발해놓고 있었다. 함께 고야산을 찾은 도매점 사장과 지배인, 마쓰시타 셋이 미륵돌을 들어보며 운을 시험해보자고 했다.

당시에는 미륵돌을 들어 올리는 사람은 큰돈을 번다는 소문이 퍼져 있었다. 재물 운을 테스트하는 돌로 여겼다.

미륵돌은 무거운 데다가 모양이 둥글어서 손에 쉽게 잡히는 돌이 아니다. 도매점 사장과 지배인은 두 손을 썼지만 결국 들어 올리지 못했다.

반면 마쓰시타는 두 손으로 번쩍 들어 올렸다. 화로점, 자전거상회에서 무거운 물건을 자주 들어본 경험이 작용했는지 모를 일이

들어 올리면 부자가 된다는 속설이 있는 고야산의 미륵돌. 마쓰시타는 이 돌을 들어 올린 후 자전거 램프의 성공을 예감했다.

었으나 동행인들은 감탄했다.

미륵돌 들기에 성공한 뒤 새로 개발한 램프 판매가 순조롭게 풀리더니 예상을 뛰어넘는 히트 상품이 됐다. 마쓰시타는 타고난 운이 강하다고 믿기 시작했다.

"일이 잘 풀리면 운이 좋은 덕분이라고 주변에 감사하는 마음을 가져야 합니다. 일이 잘 풀리지 않으면 내가 잘못한 탓이라고 반성하며 자신을 채찍질해야 해요."

그의 강운론強運論은 자신을 과대 포장하려는 주술적인 성격을 갖고 있지 않았다. 운이 좋아 사업이 잘 굴러간다고 생각해야 겸손해질 수 있다고 믿었다. 자기 경영 실력이 뛰어나 사업이 성공했다고 뻐기기 시작하면 오만해질 것이라고 스스로를 경계했다.

쓴소리와 튀는 행동도 포용한 마쓰시타

마쓰시타는 제2차 세계대전 직후 번영을 통해 평화와 행복을 추구PHP하자는 캠페인을 전개하기 시작했다.

사원들 눈에는 사장의 캠페인이 뜬구름 같은 발상이었다. 당장 하루 세 끼 먹을 음식을 구하지 못하는데 평화, 행복, 번영을 외치는 목소리는 외계인의 말처럼 들렸다.

나고야 영업소장이 정면에서 마쓰시타에게 반박했다.

"세계 인류의 평화를 위한다든가, 6000만 일본인의 행복을 위한다든가 그런 말을 하기 전에 우선 파나소닉 사원 6000명의 밥을 생각해보는 게 어떠십니까."

사원들 불만을 대변해 솔직하게 내뱉은 쓴소리였다. 한국 대기업에서 이런 발언이 나왔다면 당사자가 어떻게 됐을지는 뻔하다.

나고야 영업소장의 반대에 마쓰시타는 화를 냈다.

"무슨 말이야. 나는 PHP의 참뜻을 아는 사람이 1000만 명 될 때까지 할 거야. 자네는 절대 이해하지 못할 거지만."

그는 자기 소신을 전파하려고 청중 숫자를 가리지 않고 이곳저곳에서 강연회를 가졌다. 팸플릿과 전단지를 만들어 기차역 앞에서 돌렸다.

사장이 앞장서서 뛰는 상황에서 영업소장은 전단지를 들고 길거리에 나가 뿌려야 마땅했다. 하지만 나고야 영업소장은 반대 입장을 바꾸지 않았다.

"당장 오늘 점심이 문제고, 저녁밥이 걱정인데 사장은 무슨 헛소리란 말인가."

이렇게 중얼거리며 캠페인에 소극적이었다.

마쓰시타는 PHP 캠페인을 확산시키려고 전 사원에게 비둘기 모양의 배지를 나눠주었으나 나고야 영업소장에게는 주지 않았다. 쓴소리까지 해대는 바람에 기분이 틀어진 것이다.

하지만 굽히지 않던 나고야 영업소장은 인사에서 별다른 불이익을 받지 않았다. 오히려 승진을 거듭해 부사장까지 지냈다.

마쓰시타는 도요토미 히데요시와 나폴레옹의 실패를 자주 들먹였다.

"한 시대의 영웅 도요토미나 나폴레옹이 왜 허망하게 무너졌겠나. 자신이 너무 똑똑하다고 생각한 거지. 안 되는 일이 없었으니까. 그래서 옆에 바른말을 하는 사람을 두지 않았어. 자기 말을 잘 듣는 어린아이들만 곁에 두었지."

나폴레옹과 도요토미가 순종하는 충신만 옆에 두고 고언, 충언하는 신하를 멀리했다는 지적이었다.

마쓰시타는 입맛에 맞지 않는 부하를 쉽게 내치지 않았다. 못마땅한 대꾸를 하면서도 부하의 솔직한 지적을 경청했다.

마쓰시타식 인재 등용의 비법은 단점은 못 본 척하고 그 대신 장점을 크게 본다는 원칙이었다. 미요시 세이지三由淸二 사장이 대표적이다.

미요시는 술을 좋아했다. 그의 사무실에는 위스키, 와인, 정종이 항상 준비돼 있어 대낮에도 서랍에서 꺼내 마셨다.

언젠가는 정부 고관에게 술 접대를 하면서 폭행을 하고 말았다. 마음에 들지 않는 말을 한다고 식당 방에서 끌어내 팽개쳤다.

"건방진 놈!"

욕설까지 퍼부었다.

일본에서도 민간 기업 임원이 공무원에게 욕을 퍼붓고 술주정을 한다는 것은 상상하기 힘들다. 경제계가 관청의 엄격한 통제를 받던 그 시대에는 더욱 그랬다. 파나소닉은 미요시 사장의 술주정을 회사 인맥을 총동원해 수습해야 했다.

미요시의 폭행은 그걸로 끝나지 않았다. 또 한번은 노조 간부를 폭행했다. 직장 상사에게 버릇없이 군다는 이유로 때린 것이다.

폭행 장소는 노사가 동등한 지위에서 대화를 주고받는 공식 노사협의회 석상이었다.

아무리 경영진과 노조 관계가 원만해도 그렇다. 노사가 같은 지위에서 대화하는 자리에서 경영진이 노조 간부를 폭행하는 일은 도저히 상상하기 힘들었다.

노조는 사죄로 끝낼 일이 아니라고 나왔다. 미요시를 당장 해고하라고 요구했다. 미요시에게는 인생 최대의 위기였다.

이때 마쓰시타가 나섰다. 아무 예고 없이 노조 사무실에 찾아가 머리 숙여 사죄했다.

"진심으로 죄송합니다. 미요시 본인도 마음속으로 깊이 반성하고 있습니다. 사장인 제가 다시 한 번 사죄드리오니 깊이 해량해주시기를 바랍니다."

노조 간부들은 오너의 노조 방문에 놀랐고, 진심 어린 사과에 또 한 번 놀랐다. 오너가 찾아와 허리를 굽힐 줄은 아무도 생각해보지 못했다.

노조로서는 급습을 당한 꼴이었으나 그룹 총수의 진심을 느낄 수 있었다. 말썽을 피우지만 경영에서는 유능한 임원을 살리려고 창업자가 대신 사죄했다.

"인간은 누구나 장점과 단점을 동시에 갖고 있어요. 단점만 보고 지적하면 본인은 위축되고 성장하지 못하게 되죠. 장점을 칭찬해가며 일을 시키면 열심히 일할뿐더러 성과를 냅니다."

그는 부하의 장점을 살리는 용인술을 구사했다.

"장점을 7 보고, 단점은 3만 봐야 합니다."

부하의 장점에 70% 가중치를 둔 인재 사용법이었다.

미요시는 많은 임원들이 맡기가 부담스럽다고 망설이던 합작회사 사장 자리를 자기가 맡겠다고 자원했다. 그는 콧대 높은 필립스임직원을 상대하며 경영을 안착시켰다. 괄괄한 성격의 그는 창업자에게 온갖 고언을 다하며 부하를 통솔했다. 파나소닉의 성공 스토리에는 미요시가 필립스와의 합작회사를 성공시킨 1등 공신으로 기록돼 있다.

마쓰시타는 튀는 부하를 껴안았다. 돌출 행동이 성가시고 귀찮지만 그들의 쓴소리가 총수의 일방통행을 막을 것이라고 평가했다.

고객과 대리점의 비판과 지적도 회사를 살찌우는 보약이라고 여겼다.

어느 날 마쓰시타는 사내보에 이렇게 털어놓았다.

"오늘도 저는 30분 정도 판매대리점 분들과 얘기를 나눴습니다. 그분들은 파나소닉이 과연 창업 이념을 제대로 지키고 있는지 질책했습니다. 이렇게 세간의 꾸중을 들을 수 있는 것은 정말 고마운 일입니다."

대리점, 소비자의 쓴소리를 경영에 반영해 제품 성능을 개선하고 경영 실적을 올리는 데 활용했다.

마쓰시타와 노조위원장의 솔직한 대화

다카하타 노조위원장은 오너인 마쓰시타와 솔직한 대화를 나누었다. 최고의 하이라이트는 마쓰시타의 사위를 사장 자리에서 내보내라고 직언한 일이다.

마쓰시타가 상담역으로 물러나 있을 때였다. 마쓰시타의 사위 마사하루가 당면한 현안을 처리했다.

"마사하루 사장이 머리는 좋지만 제조 현장의 경험이 없고 장사를 한다고 고생한 적이 없습니다. 또 사람을 잘 부리지 못합니다. 문제가 발생하면 그저 화를 내며 이론과 이치만 따지고 들기 때문에 임원진이나 사업부장(계열사 사장)들에게 전혀 신뢰받지 못하고 있어요. 기자들 평판도 좋지가 않습니다."

노조위원장은 사장이 공장에서 먼지를 뒤집어쓰고 땀을 흘린 경력이 없다는 점, 판매 현장에서 상품을 팔아보지 않았다는 점, 용인술이 형편없다는 점, 그리고 회사 내 평판이나 언론의 평가가 낮다는 결점을 지적했다. 마쓰시타의 후계자로 자격이 미달이라는 견해를 터놓고 말한 셈이다.

"하루라도 빨리 번듯한 인물을 사장 자리에 앉혀야 합니다. 더 늦기 전에 가족이 아닌 사람 가운데 사장을 임명해야 합니다."

노조가 사장 교체를 진언한 셈이었다. 그것도 가족 안에서 후계자를 찾지 말고 전문 경영인을 후계자로 지명하라고 압박했다. 더구나 "이런 말을 할 사람은 노조밖에 없습니다."라고 했다.

한국의 강성 노조도 종종 혈연에 따른 상속을 비판하고 2세, 3세 후계자를 배척한다. 그렇다고 노조위원장이 당돌하게 오너에게 일가 후계자의 퇴진을 요구했다는 사례는 듣기 어렵다. 만약 그랬다가는 "주제넘게 무슨 참견이냐."는 말을 듣기 전에 "당장 여기서 꺼지라."는 호통부터 들을 것이다.

하지만 파나소닉에서는 노조위원장이 나서서 오너를 다그쳤다. 오너와 튼튼한 신뢰 관계를 맺고 있었다고 하지만 용기를 내지 않고서는 쉽지 않은 일이다.

더 놀라운 것은 마쓰시타의 대답이다. 노조위원장의 고언에 이렇게 대답했다.

"알겠네. 무슨 얘기인지 나도 알겠는데, 그게 그렇게 쉬운 일은 아닐세. 그 아이는 내 사위네. 우리 집에는 여자들 기가 세다네. 마누라도 그렇고 딸도 그렇다네. 집에서는 좀체 (사위 퇴진에) 찬성을 안 하네."

자신도 사위가 성에 차지 않지만 부인, 딸의 반대로 퇴진시킬 수 없다고 솔직하게 고백했다. 노조위원장이 툭 터놓고 말하자 오너도 집안 사정을 털어놓았다. 그 순간 두 사람의 마음이 통했을 것이다.

노조위원장 진언 이후 사위가 퇴진하고 전문 경영인이 파나소닉 사장으로 취임한 것은 12년 후였다. 경영권 세습에 역풍이 강하다는 것을 잊지 않고 있었다.

6

마쓰시타식 소통이
만든 단합력

"자네는 어떻게 생각하나."

마쓰시타는 위상을 조직의 맨 꼭대기에서 평사원 높이까지 낮추어 대화했다. 그러니 상하 간 의사소통이 막힐 수 없었다. 조직의 단결력은 단단해질 수밖에 없었다.

파나소닉 비약의 땅, 가도마

가도마시門眞市는 오사카의 위성도시 중 하나다. 오사카 도심에서 지하철로 15분 안팎 걸린다.

가도마에는 파나소닉 본사와 공장들이 밀집해 있다. 본사는 86년째 가도마를 고수하고 있다.

지하철역에서 내리면 의외로 소득이 낮은 동네라는 것을 느낀다. 인도 없는 도로가 자주 나타난다. 호화 상점가도 없다. 길을 걷다 보면 셔터를 내린 가게와 침술원, 철물점 같은 소점포들이 눈에 띈다.

주민 소득과 교육열이 높은 동네에는 반드시 사립학교가 들어서 있는 나라가 일본이다. 가도마에는 사립 중고교가 없다.

수원, 평택에는 삼성전자 덕분에 번듯한 고층 아파트와 빌딩이 대거 들어섰다. 반면 가도마에는 작고 해묵은 단독주택이 많고 소형 빌딩이 드문드문 보일 뿐이다. 글로벌 기업이 둥지를 틀고 있는 기업 타운답지 않다.

1933년 터를 잡은 파나소닉 본거지에는 본사 빌딩, 공장, 박물관 뿐 아니라 마쓰시타가 실제 살았던 집이 보존돼 있다. 회사 일을 자주 상의하던 스님이 기도하던 아담한 암자도 남아 있다.

마쓰시타는 쓰루하시 백제마을에서 소켓을 제조한 이래 오히라키에서 사업 기반을 잡았다. 가난을 극복하는 것이 파나소닉 사명이라고 선포한 뒤에는 가도마 평야로 이전했다.

가도마로 이사한 후 파나소닉은 중견 기업에서 재벌 그룹으로 뛰어올랐고, 글로벌 컴퍼니로 또 한 번 날아올랐다. 가도마는 비약飛躍의 땅이다.

가도마는 연근을 재배하던 황야였다. 오히라키에서 보면 동북 방향에 위치한다. 일본에는 풍수상 동북 방향으로 이사를 가면 액운을 불러온다는 미신이 있다.

그는 공장을 확장해야 하는데 가도마의 넓고 싼 부지가 마음에 들었다. 마쓰시타는 오랜 미신에 도전하기로 결심했다.

"일본 열도를 보라. 열도가 동북 방향으로 누워 있지 않은가. 동북 방향으로 가면 악귀를 만나게 된다는 것은 일본에서는 뭐든 안 된다는 말인가."

그는 미신을 깨자는 결의를 다지며 사원들에게 이렇게 요구했다.

"우리는 산업계를 위해 이 땅을 개척할 사명이 있다. 이곳에서 더 좋은 제품을 더 싼 가격에 만들어내야 한다. 미신이 틀렸다는 것을 증명하려면 반드시 가도마에서 우리가 성공해야 한다.”

회사를 키워 미신이 허황된 것이라는 것을 증명하자고 했다. 가난, 병약한 몸, 저학력을 극복한 것처럼 불길한 미신을 한번 뒤집어보자는 외침이었다.

마쓰시타는 가도마에 오면서 당시 기업으로서는 드물게 가도마시와 계약을 체결했다.

우선 본사를 10년 동안 다른 지역으로 이전하지 않겠다고 약속했다. 또 사택을 건설하고 도로와 주변 환경을 정비하는 외에 현지인을 많이 채용하겠다고 확약했다. 지역 주민들과 함께 회사를 발전시키겠다는 의지가 담긴 내용이었다.

그 후 가도마보다는 오사카 도심이 훨씬 빠른 속도로 개발됐다. 가도마 들판은 오사카의 베드타운으로 변했다. 파나소닉이 글로벌 플레이어로 떠오르는 동안 가도마는 예전과 달라졌으나 상위 중산층이 거주하는 반반한 주택지로 등급이 올라가진 못했다.

파나소닉 경영의 무게 중심이 오사카 도심의 사무실과 도쿄로 크게 이동했기 때문일까. 아니면 경영권 갈등이 10년 이상 지속되면서 성장에 브레이크가 걸린 탓일까. 가도마는 여전히 궁핍한 풍경을 감추지 못하고 있다.

가도마 부지에 들어선 파나소닉박물관은 파나소닉 초창기 본사 건물을 그대로 복원해 만든 단층 건물이다. 박물관에 다가가자 창업 100주년 기념 간판이 보였다. 박물관은 2018년 창업 100주년을 맞아 재개장했다.

박물관은 건물 두 개와 사쿠라공원으로 구성돼 있다. 두 건물은 마쓰시타 고노스케 역사관과 제조업주의관ものづくリイズム館이다. 전기전자 제품 제조에 평생을 바쳤던 고노스케의 일생을 되돌아볼 수 있도록 구성돼 있다.

박물관에서는 파나소닉보다는 창업자의 업적을 중시하고 있다는 인상을 받는다. 마쓰시타의 그림자가 넓고 짙게 영향력을 과시하고 있다.

역사관에는 때마침 단체 관람객 30여 명이 관광버스를 타고 찾아왔다. 젊은 해설사가 이들을 상대로 역사관 내부를 차례차례 안

파나소닉박물관에 있는 창업 100주년 기념 간판.

내한다. 관람객 안내를 자주 해본 듯 해설사의 설명은 거침없다. 자질구레한 질문을 능숙하게 받아넘긴다.

"그 당시 200엔이라면 요즘 돈으로 얼마나 되는가요?"

"280만 엔 안팎이 되지 않나 싶습니다. 그때의 선생님 월급과 지금의 선생님 월급을 비교해 추정한 수치입니다."

창업 밑천을 묻는 대목이다. 줄잡아 2800만 원 자본금으로 사업에 뛰어들었다는 말이다. 해설사는 창업자 일생을 정리한 역사관 내부를 연대순으로 보여준다.

QR코드를 활용하면 한국어, 영어, 중국어, 스페인어, 인도네시아어, 베트남어, 태국어로 안내를 받을 수 있다. 다양한 언어로 안내하는 것을 보니 방문객 국적이 그만큼 다양하다는 얘기다.

파나소닉공화국의 건국 헌법, 소주고사

박물관에는 파나소닉이 생산한 수백 종류의 전기전자 제품이 전시돼 있다. 방문객들은 자기 집에서 과거 한동안 사용했던 냉장고, 세탁기를 보며 "어머나." "저거 봐." "아!"라고 탄성을 터뜨린다. 신제품에 밀려났던 추억의 상품이 그들의 마음을 신혼 시절이나 자기 소유 집에 처음 입주하던 과거로 끌어가는 듯하다.

전시품은 마쓰시타가 처음 개발한 소켓부터 국민 상품으로 히트했던 자전거 램프, 라디오, TV까지 다양하다.

그보다 더 눈길을 끈 유품은 문서와 서류다. 마쓰시타가 GHQ(미군정청)로부터 사장직에서 추방 명령을 받았을 때 파나소닉 노조원들이 마쓰시타를 추방하지 말아달라고 제출했던 연대 서명 장부가 있다.

창업 초기 목욕탕에 갈 푼돈조차 없던 시절 들락거렸던 전당포 거래 장부, 오사카전등에서 받은 인턴사원 임명장도 고스란히 남아 있다. 수돗물 철학을 설파했던 사주社主의 선언문부터 아타미회의 후 대리점 사장들에게 배포했던 '공존공영' 친필까지 볼 수 있다.

그는 기록하기를 좋아했다. 또 사소한 기록을 대부분 보존했다. 마쓰시타의 기록하고 보존하는 습관은 이 역사관에서 충분히 확인할 수 있다. 중요한 발언은 반드시 서류로 만들어 배포했던 치밀함도 이곳에서 읽을 수 있다.

"사람들은 보통 이틀이나 사흘 지나면 완전히 잊어버리는 경우가 많지요. 중요한 말은 다시, 또다시 반복해서 해야 해요. 상대방이 기억했으면 하는 말은 10번이라도 반복해서 해야 합니다. 정말 중요한 말은 문자로 정리해주고 자주 읽도록 해야 합니다."

그는 창업 이념부터 사원의 마음가짐, 판매 현장에서 지켜야 할 기본 매너와 원칙, 사규 등 주요 내용은 모두 문서로 제작해 사원들에게 배포했다. 핵심 메시지는 대화나 훈시, 지시로 끝내지 않고 반드시 문서로 만들었다.

창업 이념, 판매의 마음가짐을 대부분 문서화했다는 것은 무엇을 말하는가. 총수가 즉흥적 판단이나 감정에 따라 경영을 좌지우지

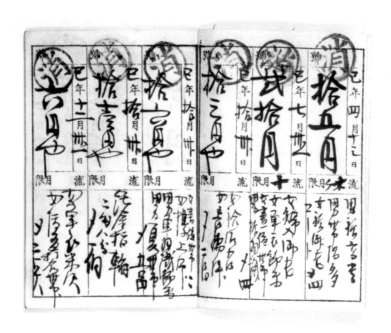

창업 초기 마쓰시타가 자금난에 빠졌을 때 급전을 빌리기 위해 전당포에 들락거린 기록을 남긴 장부. 부인의 결혼반지와 혼례복까지 맡겼다는 기록이 남아 있다. ⓒ 파나소닉

하지 않고 명문 규정을 더 존중했다는 뜻이다. 파나소닉공화국에서 유효한 헌법과 법률을 공표하고 총수부터 말단 종업원까지 지키자고 다짐한 셈이다.

마쓰시타가 1932년 선포한 창업 이념도 역사관에 원본이 전시돼 있다. 누렇게 바랜 '소주고사所主告辭'에는 파나소닉의 사명이 일상생활에 필요한 필수품을 풍요롭게 공급해 가난을 극복하는 일이라고 쓰여 있다. '소주'는 사장을 지칭하고, '고사'는 선언문이라는 뜻이다.

所主

告　辭

我ガ松下電器製作所ハ大正七年ノ創業デアリマシテ

爾來全員克ク和親協力シテ今日ノ進展ヲ見 我ガ

業界ニ於テ其功績ヲ認メラレ 一面斯界ノ先覺者タル

ベキモノト其將來ニ就テ非常ニ囑望セラレルニ至リマシタ

私達ノ責任ハ眞ニ重且大ナルモノト言ハナケレバナリマセン

仍テ本日ノ吉日ヲトシ將來革進ヘノ一劃期トシテ

創業記念日ヲ制定シ茲ニ親愛ナル從業員諸君ニ

告ゲントスルモノデアリマス

凡ソ生產ノ目的ハ 吾人日常生活ノ必需品ヲ充實

豐富タラシメ 而シテ其生活內容ヲ改善擴充セ

シメルコトヲ以テ其主眼トスルモノデアリ 私ノ

念願モホ茲ニ存スルノデアリマス

我ガ松下電器製作所ハ斯カル使命ノ達成ヲ以テ窮極

ノ目的トシ 今後一層コレニ對シテ渾身ノ力ヲ振ヒ 一路

邁進センコトヲ期スル次第デアリマス 親愛ナル

諸君ハ克ク此意ヲ諒トシテ其本分ヲ全ウセラレン

コトヲ切ニ希望致シマス

昭和七年 五月五日

所主　松下幸之助

1932년 마쓰시타전기의 창업 이념을 담은 선언문. 가난을 극복하고 인간의 행복을 추구한다는 이념이 담겨 있다. © 파나소닉이 문서는 파나소닉공화국의 건국 헌법이나 마찬가지다. 미국의 독립선언문이나 영국 마그나카르타(대헌장)와 같은 역사적 권위를 갖고 있다.

"창업 정신으로 돌아가야 한다."

경영 위기가 오면 최고경영진이나 사원, 외부 평론가들이 단골로 들먹이는 말이다.

명문 헌법은 경영이 흔들리고 내외부 충격에 임직원들이 방황할 때 방향키를 잡아주는 기준이 됐다. 진로를 놓고 내부 논란이 벌어질 때마다 원활한 토론을 도와주고 여론을 수습하는 잣대가 됐다.

창업자는 250년 기업을 꿈꾸었다. 장수 기업을 위해 사업 이념과 목적을 명문화했다. 여기에는 대를 이어 창업 이념을 되새기라는 뜻이 담겨 있다. 그는 시대를 초월한 의사소통이 조직의 건강을 결정한다고 믿었다.

마쓰시타식 소통의 비결은 경청과 직언

어느 반도체 엔지니어가 파나소닉 임원회의에서 새로운 반도체 개발 계획을 브리핑했다. 전문용어가 쉴 새 없이 튀어나왔고, 마쓰시타가 알지 못하는 영어 단어가 연달아 등장했다.

브리핑이 반도체 기술의 발전 전망과 국가 경제에 미치는 파급효과에 이르자 대부분의 임원은 고개를 끄덕이며 지겹다는 반응을 보였다. 보고서 여백에 낙서를 하거나 다른 쪽을 뒤적이는 임원이 늘었다.

마쓰시타 사장만은 유일하게 자세를 흐트리지 않고 브리핑을 들었다. 총수의 관심이 크다고 직감한 엔지니어는 더 열심히 설명했다. 총수의 눈동자가 자신만을 따르고 있다는 우쭐한 기분에 브리핑 시간은 점점 길어졌다.

그는 예정된 시간을 초과해 브리핑을 끝내면서 내심 '경영의 신'이 칭찬할 것이라고 낙관했다. 듣는 모습이 너무 진지했기 때문이다.

하지만 마쓰시타의 질문은 의외였다.

"잘 들었네, 근데 그거 하면 회사가 돈을 벌 수 있는가?"

수익성을 묻는 질문이었다.

"돈을 벌고 못 벌고 그런 문제가 아닙니다. 국가 산업 발전을 위해 큰 의미가 있습니다."

엔지니어의 답변을 듣더니 마쓰시타가 말했다.

"그건 아니지. 주식회사는 어쨌든 이익을 내야 한다네. 기업은 이익을 내야 사회에 공헌할 수 있는 거야. 돈벌이가 안 되지만 의미 있는 일은 대학이나 국가 연구소가 맡아야 하는 거지."

한 방 크게 맞은 기분이었으나 엔지니어는 불쾌하지 않았다. 전문 기술을 알아들었든 못 알아들었든 상관없이 총수가 처음부터 끝까지 들어주었기 때문이다.

"상사는 부하의 말을 잘 들어주어야 한다. 그래야 부하가 자기 소신을 갖고 일할 수 있다."

마쓰시타는 지위가 낮은 사원의 말이라도 끝까지 경청했다. '듣기 천재'라는 마쓰시타의 별명은 그냥 탄생한 게 아니었다.

그의 경청 비법에는 몇 가지의 원칙이 있었다. 파나소닉에서 마쓰시타를 직접 모셨던 경영컨설턴트 오니시 코大西宏의 견해를 정리하면 다음과 같다.

첫째, 마쓰시타는 본심을 털어놓을 분위기를 미리 만들었다. 이를 위해 농담과 칭찬으로 상대방을 띄우는 일이 잦았다.

둘째, 본인이 먼저 설교하지 않았다. 총수가 의견을 서둘러 말해버리면 어느 부하가 용기 있게 자기 견해를 말하겠는가.

셋째, 상대방의 발언 가운데 잘못된 부분이 나와도 얘기 도중에 부정하거나 비판하지 않았다. 부분적 오류가 있어도 묵묵히 참고 들었다.

넷째, 맞장구나 질문은 요란하지 않고 정중하게 했다. 그것이 지나치면 상대방의 본심이 다 노출되지 않고 중도에 발언이 끝나기 때문이다.

다섯째, 상대방의 발언이 끝나도 더 말하기를 기다리는 태도를 취했다.

파나소닉 사내보가 OB 사원들을 상대로 조사한 여론조사를 보면 마쓰시타의 듣는 모습을 '신중하게', '열심히', '집중해서', '말을 가로막지 않고'라고 평가하고 있다. 그 결과 '감격했다', '나도 모르게 모든 것을 털어놓고 말았다', '마음이 통했다'는 반응을 보였다.

그의 소통 비법은 경청으로 끝나지 않았다. 상대방 발언이 끝나면 그의 주장을 이해하기 위해 많은 질문을 던졌다.

의견이 자신과 다르면 더 많은 질문이 쏟아냈다. 이해가 안 되는 부분, 의견이 다른 부분을 묻고 또 물으며 받아들이려고 애썼다.

"내가 초등학교도 제대로 못 나와서……."라면서 배우는 자세로 다시 설명해달라고 부탁했다.

"한마디로 말하면 무슨 뜻인가."

그가 가장 자주 썼던 질문 중 하나가 이것이었다. 핵심을 쉽게 설명하면 받아들이겠다는 태도였다.

모든 의문을 해소한 뒤에야 마쓰시타는 자기 의견을 내놓았다. 반대와 찬성 의견을 모두 소화한 뒤 결론을 내리는 식이다.

이 때문에 최종 단계에서 나오는 마쓰시타의 발언은 직설적이었다. 찬반이 분명했다. 상대방의 잘못까지 눈치 보지 않고 지적했다.

오니시는 그의 소통 방식은 '경청 → 이해와 공감 → 수용 → 직언'을 거친다고 분석했다. 이는 능수능란한 특급 상담원들이 고객을 설득하는 방식과 일치한다고 평가했다.

그는 대화 도중 다리를 꼬거나 팔짱을 끼지 않는 것으로 유명했다. 남의 말을 가로채거나 중도에 자르는 일도 없었다.

비서가 새로 입사하면 대학 시절의 전공을 묻곤 했다.

"심리학은 무엇을 하는 학문인가."

신입이 장황하게 설명하면 다 듣고 다시 물었다.

"내가 영어를 배우지 못했네. 영어를 빼고 또 한 번 설명해보게."

다시 설명이 길어지면 "좋네, 그래서 심리학은 한마디로 뭔가."

하고 되물었다.

꼭 정답을 추궁하는 질문이 아니었다. 멋진 답변을 기다리는 질문도 아니었다. 알아듣기 쉽게 말하는 법을 터득하라는 메시지였다.

사장의 마음을 전한 월급봉투 편지

마쓰시타의 학력은 초등학교 중퇴로 알려져 있지만 실은 중등 과정을 1년 남짓 더 다녔다. 오사카전등 현장 기술자로 일하며 회사 근처 간사이상공학교 야간반에 등록했다.

초등학교 성적표를 보면 산수는 잘했으나 암기나 습자(붓글씨), 작문 성적은 뒤처졌다. 100명 중 45등이었다. 공업학교 성적도 시원치 않아 380명 가운데 175등이었다. 영어나 한자 실력이 좋을 턱이 없었다.

점원 시절 야담, 설화집을 읽었다는 증언은 있으나 그가 독서를 좋아했다는 증언은 별로 없다. 전문가를 신칸센에 모시고 도쿄에 가는 시간에 설명을 듣는 식으로 고전이나 전문 지식, 해외시장 동향에 대한 갈증을 풀었다.

"모든 사람이 나보다 훌륭해 보였다."

이런 자세로 글로벌 기업 총수로서 갖춰야 할 최소한의 지식과 정보를 흡수했다. 자신이 갖고 있지 못한 부분을 다른 사람으로부터 메꾸겠다는 마음가짐을 버리지 않았다.

학업성적이 좋지 않고 독서량이 풍부하지 않았음에도 불구하고 그의 명언을 모아놓은 책은 매년 많이 팔리고 있다.

그는 자신의 메시지를 대중에게 편안하게 전달하는 강력한 힘을 갖고 있었다. 마쓰시타가 갖춘 전달력은 종교 지도자나 스타 정치인에 조금도 뒤지지 않는 수준이었다.

그것은 타고난 재능이 아니었다. 누군가를 스승으로 모시고 배운 것도 아니었다. 자신의 약점을 보완하기 위해 스스로 터득하고 키운 힘이었다. 그의 전달력은 경험으로 터득한 자생적인 것이었다. 그러기에 30년 세월이 흐른 이 시대에도 쇠진하지 않고 있다.

그는 자신의 생각과 마음을 전달하기 위해 끊임없이 현장 실험을 반복했다. 훈시나 강연, 현장 지도에 머물지 않고 사내보, 문서, 책을 적극 활용했다.

그가 남긴 유품 가운데 특이한 것은 사원 월급봉투에 넣었던 사장의 편지다. 1950년대 초반의 일이었다. 계좌이체 제도가 없었던 과거에는 현금을 봉투에 넣어 월급을 주었다. 마쓰시타는 매달 7500여 명의 월급봉투 안에 사장의 편지를 넣었다. 엽서 사이즈 지면에 700자 안팎의 편지였다.

편지는 격려와 지적, 분발을 촉구하는 내용이 많았다. 때로는 봄이 다가왔으니 유원지에 바람 쐬러 가기 좋은 계절이라는 에세이도 넣었다. 월급봉투 속 편지가 사장과 사원 사이에서 소통 창구 역할을 맡은 것이다.

그는 사원 숫자가 늘면서 일대일 대화가 불가능하다는 것을 알

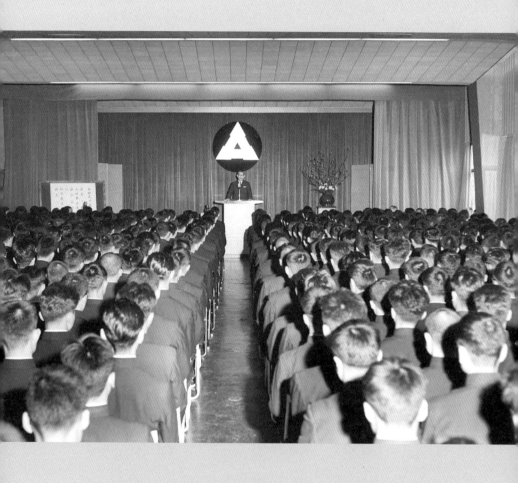

사원들에게 강연을 하고 있는 마쓰시타. ⓒ 파나소닉

았다. 제품별 공장이 늘어 사원들이 이곳저곳으로 흩어지자 전원이 모일 수 없게 됐다. 월급봉투를 소통 도구로 동원해 사원들과 대화한 것이다.

마쓰시타는 사원들의 일체감을 높이려고 창업 초기 사내 친목단체를 결성해 소풍, 등산, 운동회로 단합을 다지곤 했다. 대형 스타디움에서 개최한 사내 체육대회는 외부 인사들이 구경하러 올 만큼 인기를 끌었다.

사내보에는 자신의 일대기를 연재했다. 탄생부터 아버지의 투기 실패, 학업 중단, 부모와의 이별, 창업 결심, 경영 이념 선포 등의 과정을 사원들에게 털어놓았다. 고난을 극복해온 자신의 인생을 고백하며 더 나은 미래를 건설하자는 메시지였다.

사내보에 연재된 자서전은 단행본으로 제작돼 처음에는 사원들에게만 배포됐다. 이 책은 1960년 외부 출판사에서 『나의 반생의 기록-내가 가는 법, 생각하는 법』이라는 이름으로 발간됐다.

그의 일대기는 의외로 소설 수준의 세부 묘사가 돋보인다. 소변을 가리지 못한 것부터 병약한 신체와 신경질적 성격, 글씨를 제대로 쓰지 못해 진급했다 후퇴한 일화는 물론 걸핏하면 울음을 터뜨린 심약함까지 털어놓았다. 종업원들 앞에 오너가 고해성사를 한 셈이었다.

창업자 전기나 자서전은 근엄하기 일쑤다. 조그만 선행을 미화하거나 사소한 성공을 사업가 재능을 타고난 듯 부풀리는 게 통상적이다. 거짓 에피소드로 분식한 대목도 적지 않다.

마쓰시타는 자신을 격하시키며 사원과 대중들에게 친근하게 다가갔다. 그 솔직함이 사람들 마음에 크고 작은 물결을 일으키며 번져나갔다.

그는 강연에서도 미리 작성된 원고를 읽지 않았다. 즉석 강연으로 청중을 움직였다.

월급쟁이로 일했던 오사카전등(간사이전력) 후배들을 상대로 강연할 때였다.

"그 당시 월급을 타면 여자들과 놀았어요."

사창가에도 간혹 들락거렸다는 말이었다. 억만장자가 청년기 일탈을 털어놓는 바람에 모두 놀라면서 공감할 수밖에 없었다.

그는 고상한 단어로 포장하는 것보다 진솔한 평상 언어가 인간의 마음에 깊숙이 파고든다는 점을 깨달았다. 솔직하고 직설적인 메시지가 강한 효력을 발휘한다는 것을 간파했다.

88세에 세계 청년기업가대회(YPO)가 일본에서 열렸다. 초청 연사로 그가 등단했다.

강연 후 질문이 이어졌다.

"기업인으로서의 책임은 무엇이라고 보시는가요."

"한마디로 말하자면 역시 사랑받는 겁니다. 기업은 세상의 사랑을 받는 존재여야 합니다. 돈을 버는 일보다 사회공헌이고요, 그리고 사람을 키우고요."

그의 기업 공기론 철학이 묻어났다.

다음 질문은 짓궂었다.

"경영은 하늘의 뜻을 따라야 한다고 말씀하셨는데, 그럼 파나소닉은 천명天命을 잘 따르고 있는가요."

파나소닉이 기업으로서 사명을 다하고 있느냐는 추궁이었다. '생각보다 잘하고 있지 않나 싶습니다.'라거나 '열심히 노력 중이라고 들었습니다.'라는 대답으로 적당히 넘어가면 그만이었다.

하지만 그는 직격탄을 쏘았다.

"등잔 밑이 어둡다고나 할까요. 파나소닉 경영 이념에는 이런저런 좋은 말이 있고, 나도 그것을 말하고는 있지만 잘하는 것 같지가 않아요. 열심히 말해주어도 잘하지 못하는 듯해요. 역시나 등잔 밑이 어둡죠. 그게 조직이죠. 파나소닉도 그런 조직 중 하나랍니다."

자신이 창업한 회사를 감싸주지 않고 도리어 비판했다. 조직이 관료화돼 사명감이 무디어지고 있다는 비판이었다.

파나소닉 자료관에는 『사주社主-일일일화一日一話』가 남아 있다. 마쓰시타가 1933년 5월부터 1934년 4월까지 매일 아침 조회나 저녁 납회에서 사원들에게 했던 228건의 훈화 속기록을 정리한 책이다.

그의 강연을 편집한 책은 19권, 음성 녹화 기록은 3028건에 달한다. 그는 수많은 외부 강연회에 나갔다. 사투리가 심하고 발음이 뚜렷하지 않았으나 초청하는 곳이 많았다.

원래 마쓰시타는 공개 석상 연설이 시원치 않았다. 연설 실력을 쌓으려고 부하들에게 자기 강연, 훈시를 반드시 속기록하거나 녹음하라고 했다. 강연이 끝나면 속기록과 녹음을 되돌려보는 일이 잦았다. 청중 반응이 좋았던 부분은 살리고 잘못된 곳은 고치는 수정 작업을 거쳐 다음 번 더 나은 강연을 준비하는 식이었다.

마쓰시타의 화장실 청소가 남긴 교훈

5~6년 전 일본에서 『청소는 돈이다-청소(掃除)자본주의』(日經 BP)라는 책이 나왔다. 청소부터 정리 정돈, 청결 등이 기업 경영에 얼마나 중요한지를 설명한 책이다. 청소가 기업 생산성에 미치는 긍정적인 효과를 구체적인 사례로 설명하고 있다.

일본의 공장과 사무실은 깨끗하기로 유명하다. 습도가 높아 청소를 게을리하면 세균이 급증해 전염병이 창궐할 확률이 높기 때문이다.

하지만 청소가 일본 근로자의 기본 업무가 되기 시작한 지는 100년이 채 되지 않는다. 기업 청소 문화의 발상지가 파나소닉이다.

파나소닉 창업 5년째의 일화다. 청년 실업가 마쓰시타는 그해 연말, 사무실과 공장을 깨끗하게 청소한 뒤 새해를 맞자고 사원들에게 제안했다. 사무실, 공장에는 온갖 부품과 기름때 묻은 작업복, 쓰레기가 여기저기 흩어져 있었다.

사장 제안에 사원들은 종업식 날 오전 내내 대청소를 했다. 점심 무렵에는 청소가 끝나고 마쓰시타가 사무실과 공장을 둘러보았다. 그는 말끔해진 것을 보고 만족했다.

문제는 화장실이었다. 재래식 화장실이 지저분한 그대로 남아 있었다.

그의 회고를 들어보자.

"그날 왜 여기만 청소하지 않았는지도 묻지 않고 그냥 주변에 있는 임직원을 죽 둘러보았어요. 둘러보았지만 누구도 청소하겠다고 나서지 않는 거예요. 화장실을 청소하라고 지시해야 할 상관도 지시할 엄두가 나지 않는 모양이더라고요. 노조운동이 심하던 시기여서 종업원 눈치를 보는 거죠."

마쓰시타는 아무 말 없이 물통, 빗자루, 걸레를 들고 와 청소를 시작했다. 화를 내기는커녕, 왜 청소하지 않았느냐고 묻지도 않았다. 그저 청소를 시작했다.

사장이 나서자 임원 1명이 뒤따라 청소에 참여했고, 뒤이어 사원들이 나섰다. 사장이 손을 더럽히는 것을 보며 모두 함께 화장실 청소를 마무리했다.

"다들 고생했네."

마쓰시타는 환하게 웃었다. 이어 타코야키(문어구이 빵) 3개씩을 간식으로 종업원들에게 나눠주었다.

파나소닉은 신입 사원 연수원, 대리점 후계자 양성소, 마쓰시타 정경숙의 기숙사 생활에서는 반드시 청소를 의무화하고 있다. 파나소닉맨들은 매일 자기 방부터 화장실, 교실, 길거리를 청소해야 한다. 청소 습관이 생산성을 높이는 길이라는 논리다.

마쓰시타에게 청소는 센바의 말단 점원 시절 처리하던 새벽 임무였다. 그것은 노동이 아니라 습관이었다.

그는 일어나자마자 가게와 가게 앞 길거리를 치웠다. 길거리 청소는 가게 오른쪽과 왼쪽 옆집, 맞은편의 세 집 등 총 여섯 집 앞을 치우는 일이 잦았다. 그때 빗질과 물걸레질이 습관으로 몸에 뱄다.

"정리 정돈이 잘되어 있는 회사는 경영 판단도 합리적으로 합니다."

마쓰시타는 거래처나 다른 회사 공장에 가면 화장실을 둘러보았다. 화장실이 깨끗하지 않으면 회사가 잘 굴러가지 않고, 사원들 충성심도 낮다고 보았다. 재무구조 같은 경영지표 외에 화장실 청소 상태로 기업을 평가했던 것이다.

그의 청소 경영은 많은 일본 기업과 공장이 따랐다. 덕분에 그는 일본 경제계에서 '청소 대신大臣(장관)'으로 불렸다.

이제 일본서도 청소 업무는 외부 용역 업체 일로 전환되고 있다. 청소에 전문성이 필요해졌고 용역 업체가 더 효율적이라는 의견이 많아졌다. 사장이 화장실 청소를 솔선수범하는 회사가 없지는 않지만, 집에서 자동 청소기를 쓰는 사원들에게 청소를 강요하는 관행은 살아남기는 힘들다.

마쓰시타의 화장실 청소가 남긴 교훈은 사원들에게 청소 훈련을 시키라는 것이 아니다. 그는 궂은일을 솔선수범했다.

상황이 어려울수록, 하기 싫어하는 일일수록 윗사람이 먼저 앞장서야 조직이 움직인다. 마쓰시타는 미적거리는 사원을 설득하는 최선의 방법은 사장이 먼저 실천하는 것이라는 점을 보여주었다.

지시보다는 상담하는 대화법

파나소닉이 처음 회사채 발행에 성공했을 때 마쓰시타는 담당 사원들을 요정에 초대했다. 거기서 감사 인사를 하는 데 머물지 않고 직접 술잔을 돌리고 춤을 추었다.

창업 60주년 행사에서는 허리를 90도로 꺾어 사원들에게 세 번 절을 올렸다. 공장 부지를 답사할 때는 함께 간 일행에 동부와 서부 지역 출신이 섞여 있는 것을 보고 두 지역 도시락을 따로 준비했다.

"책임자를 고르는 기준은 대략 60점이죠."

신사업을 추진할 경우 100점짜리 엘리트 사원에 연연하지 않았다. 60점짜리가 된다고 판단되면 그에게 책임을 맡겼다. 그러고선 항상 "자네라면 이 일을 거뜬히 해낼 걸세."라며 자신감을 불어넣었다.

60점짜리에게 일을 맡긴 다음에도 내버려두지 않았다. 임명 직후에는 거의 매일 전화하거나 현장을 방문해 "자네한테 기대가 정말 크네."라며 격려를 지속했다. 일이 잘 진척이 되지 않으면 다른 성공 사례를 제시하고 한번 현장에 가볼 것을 권고했다.

몇 개월이 지나서 프로젝트가 잘 굴러간다고 판단되면 현장에 가지 않고 멀리서 지켜보았다. 겉으로는 완전히 맡기는 모양새를 취했다.

그렇다고 완전히 손을 떼지는 않았다. 책임자가 무슨 말을 하고 다니는지 그의 지시와 연설 내용을 따로 보고받았다. 책임자의 발언을 추적하는 것으로 신사업이 어떻게 돌아가는지 파악했다.

마쓰시타는 이런 식으로 경영 인재를 키웠다. 60점짜리 간부가 40점으로 추락해 실패하기도 했지만 100점짜리, 120점짜리로 성장한 사례가 더 많았다.

그의 입버릇 중 하나는 "자네는 어떻게 생각하나."였다.

최종 결정에 앞서 반드시 임원, 간부들의 의견을 묻는 절차를 거쳤다. 때로는 신입 사원이나 전혀 다른 업무를 하고 있는 간부, 노조 간부들에게까지 의견을 물었다.

책을 쓰면 원고를 여러 사람에게 돌린 뒤 의견을 들었다. 수정할 곳은 없는지, 출판해도 되는지를 체크하는 절차였다.

"종업원 숫자가 1000명 이상으로 늘어나면 중지衆知를 모아야 합니다."

사원 100명의 소기업에서는 사장이 결정해 지시하면 그만이다. 하지만 숫자가 많아지면 가능한 한 많은 사람의 의견 수렴이 필요하다고 믿었다. 이는 사원 전원에게 경영 참여를 촉구하려는 목적이었다.

사원과 대화하는 자리에서는 지시보다 상담하는 대화법을 구사했다.

"자네는 어떻게 생각하나."

최종 결심에 앞서 여러 사람에게 두 번 세 번 의견을 묻는 일이 잦았다. 총수가 밀실에서 결정한 것을 무턱대고 하달하는 일은 없었다.

마쓰시타는 위상을 조직의 맨 꼭대기에서 평사원 높이까지 낮추어 대화했다. 그러니 상하 간 의사소통이 막힐 수 없었다. 조직의 단결력은 단단해질 수밖에 없었다.

7

대리점과 협력업체를
사돈처럼 대하다

아타미회담이라고 불리는 이 모임에서 마쓰시타는 본사와 대리점이 '함께 먹고살자'는 공존공영共存共榮 정신에 합의했다. 본사와 대리점은 갑을 관계가 아니라 생사를 함께하는 친척이고 동업자라고 했다.

파나소닉 판매대리점들의 남다른 역사

오사카 가도마에 있는 파나소닉 본사에서 네야가와시寝屋川市는 바로 이웃 동네다.

네야가와 역사 건너편에는 여느 역전처럼 상점가가 펼쳐진다. 상점가 길을 따라 지붕이 덮여 있다. 상점가에는 접골원, 치과, 이자카야가 듬성듬성 나타난다.

마스다전기는 상점가 중간에 자리 잡고 있었다. 파나소닉의 프랜차이즈 대리점 1만 5000여 점포 중 하나다.

마스다는 1925년 설립돼 이 동네에서 95년간 영업해온 노포다. 100년 넘은 동네 술집보다는 역사가 짧지만 할아버지가 창업한 이래 어머니와 삼촌을 거쳐 이제 손녀까지 4대에 걸쳐 파나소닉 대리점을 운영하고 있다.

마스다는 파나소닉 창업 100주년을 맞아 2018년 발간된 『마쓰시타 고노스케는 우리들 속에 살아 있다』(PHP연구소)에 등장하는 점포다. 파나소닉 제품이 한국산, 중국산에 밀리고 있건만 변함없이 대리점을 맡고 있다. 홈페이지(masudadenki.com)를 따로 운영하고 있는 당당한 점포다. 이 책과 홈페이지를 살펴보면 마스다가 대리점으로 장수하는 비결을 충분히 탐색할 수 있다.

마스다가 TV, 세탁기, 전기밥솥 같은 제품만을 팔던 시대는 가버렸다. 이제는 전자제품을 수리해주는 일부터 부엌과 욕실 개조, 태양광 주택 발전, 가스 가설공사, 주택 인테리어 개조 사업까지 맡고 있다.

마스다는 요리 교실을 열거나 체온계를 나눠주는 판촉 이벤트를 멈추지 않는다. 파나소닉 대리점들은 마스다처럼 어느 곳에서나 전기, 전자와 관련된 주민들 일상의 고민거리를 해결해주는 종합민원실 역할을 맡고 있다.

파나소닉 점포는 5만 개를 넘어 일본에서 한때 총선 투표구 숫자보다 많았다. 많이 줄어든 지금도 편의점 숫자만큼 전국에 널리 분포돼 있다. 무엇보다 살아남은 점포의 활력은 사그라들지 않고 있다.

대리점의 주력 제품은 소켓, 플러그, 라디오, TV, 세탁기, 냉장고에서 마사지 의자나 LED 조명, AI시스템, 태양광 설비로 바뀌었다. 일상생활에 유용한 전자제품과 시스템은 쉬지 않고 개발되고 있다. 덕분에 마스다는 점포 면적을 6평에서 40평으로 확장했다.

마스다에게 몇 번의 고비는 있었다. 하이마트 같은 양판점이 동네에 들어섰을 때였다. 마스다로서는 가격 인하를 마음대로 할 수 없고 제품이 다양하지 못해 경쟁에서 밀렸다.

이에 맞선 사람은 어머니였다. 점포를 확장하고 애프터서비스를 보완했다. 매일 밤 아이들이 잠들면 3면 거울을 놓고 마음에서 우러나오는 미소를 짓는 연습을 했다. 건전지 하나도 최적의 제품을 고객에게 권했다. 문의 전화에는 어느 시간이든 달려갔고, 신제품 사용 방법을 잘 모르겠다는 고객에게는 몇 차례든 집으로 찾아가 사용법을 설명했다.

"구매한 고객이 '정말 잘 샀네.'라고 감동하도록 하라."

마쓰시타가 가르친 판매의 기본 원칙이었다. 마스다는 애프터서비스 기간을 무한대로 설정했다.

이런 고객 감동의 판매 전략이 마스다를 살렸다. 할인 세일에 집착하던 양판점은 몇 년 후 닫았다.

마스다전기가 소중하게 간직하고 있는 사진이 한 장 있다. 1973년 무렵 첫 오일쇼크로 경영 위기에 빠졌다. 어머니는 견디다 못해 마쓰시타에게 어려움을 호소하는 편지를 보냈다. 고통을 하소연하려는 목적이 우선했고, 불황에서 탈출할 전략을 본사에 촉구하는 압력이기도 했다.

마쓰시타의 반응은 빨랐다. 마쓰시타는 마스다의 사장을 다른 대리점 대표들과 함께 본사에 초청했다. 프랑스 요리를 대접하며 현장의 고충을 자기 귀로 듣는 기회를 마련했다.

"경기가 나쁠 때는 다른 회사가 어떤 제품을 어떻게 파는지 살펴볼 기회입니다. 또 우리 점원들이 어떤 잘못을 하고 있는지 점검해보고, 애프터서비스에 잘못이 있는지를 반성하게 됩니다. 다시 경기가 호전되기를 기다리는 준비 기간으로 생각하면 반드시 길이 열릴 것입니다. 호경기도 좋지만, 불경기 또한 좋다고 생각하고 인내하세요."

뾰족한 불황 탈출 전략은 없었지만 마쓰시타는 긍정적 마인드를 불어넣으며 위로와 격려를 아끼지 않았다. 그날 어머니가 마쓰시타와 악수하는 사진은 마스다의 보물이 됐다.

『마쓰시타 고노스케는 우리들 속에 살아 있다』에 나오는 파나소닉 대리점은 다양하다.

"할아버지는 라디오를 팔았어요. 아버지는 TV를 팔았고요. 저는 요즘 IT 제품을 판매합니다."

높은 산맥으로 둘러싸인 야마가타山形 지방 도시의 대리점 사장의 말이다. 3대째 대리점을 맡고 있으면서 세대에 따라 주력 제품이 전혀 달랐다는 말이다.

할아버지는 마을 친구들과 여름 불꽃축제를 시작했다. 지금은 손자가 그 불꽃축제에서 대형 스피커를 설치하고 있다.

전기전자 제품을 전문으로 취급하는 동네 점포는 한국에서 사라진 업태다. 일본서도 점차 쇠퇴의 길을 걷고 있다. 하지만 파나소닉은 지금도 대리점 후계자를 매년 길러내고 있다.

마쓰시타 고노스케 상학원商學院은 여전히 고졸자를 대상으로 1

년간 합숙 교육을 실시하고 있다. 가전제품 대리점 후계자 양성을 위해 사내 훈련기관을 운영하는 것은 한국이라면 상상하기 힘들다. 상학원에서는 전기, 전자, 가스 관련 각종 기본 자격증을 딸 수 있도록 실기 교육을 시킨다.

기술자 스펙보다 중요한 교육은 상인 정신이다.

'팔기 전에 온갖 좋은 말을 늘어놓기보다는 판 다음에 서비스가 훨씬 중요하다.'

'제품을 팔아 대금을 받는 일만 한다면 자동판매기와 똑같다.'

'단골은 내 형제고, 내 친척이다. 대리점은 딸을 시집보낸 사돈댁이라고 생각하라.'

'손님이 좋아하는 것을 팔지 말라. 손님에게 꼭 필요한 것을 팔아라.'

후계자들은 상학원에서 마쓰시타가 남긴 판매의 기본 테크닉을 배운다. 이를 통해 센바의 상인 정신은 후대로 이어지고 있다.

파나소닉이 대리점 활성화에 힘을 쏟는 배경에는 역사적 사건이 있다.

마쓰시타는 살아 있을 때 판매대리점 사장들과 온천 관광지 아타미熱海에서 회의를 개최했다. 아타미회담이라고 불리는 이 모임에서 그는 본사와 대리점이 '함께 먹고살자'는 공존공영共存共榮 정신에 합의했다.

본사와 대리점은 갑을 관계가 아니라 생사를 함께하는 친척이고 동업자라고 했다. 대리점을 애지중지 키운 딸이 가서 사는 시댁에

1962년 〈타임〉 지의 표지로 등장한 마쓰시타 고노스케의 초상화. 이때 마쓰시타는 일본의 대표적인 기업인으로 소개됐다. ⓒ 파나소닉

비유했다.

일본 최고 갑부로 등극한 후였고 '경영의 신' 별명이 언론에 거론되던 시기였다.

그의 성공 스토리는 훨씬 전에 어린이용 책으로 발간됐다. 그보다 1년여 전에는 미국 시사주간지 〈타임TIME〉이 그를 표지 인물로 특집 보도했다. 일본을 대표하는 글로벌 기업인으로 지위가 올라갔던 때였다.

마쓰시타는 대리점 사장들과는 한자리에 앉아 식사하기에도 어색할 만큼 거물이 됐다. 그런 마쓰시타가 체면을 생각하지 않고 대리점 사장들과 끝장토론회를 오픈했다.

대리점 사장들과의 끝장토론회, 아타미회담

아타미는 일본에서 유명한 온천지다. 연간 300여 만 명이 이곳을 찾는다.

커플이 넓은 방 안에서 태평양을 내려다보며 둘이서 가족탕 온천과 식사를 즐길 수 있는 고급 여관이 즐비하다. 이곳에는 왕실 전용 별장까지 있다. 아타미는 수많은 영화, 드라마, 문학작품의 배경이 되었고, 해외여행 붐이 불기 전에는 신혼여행지로 젊은이들 인기를 독차지했다.

뉴후지야호텔은 아타미역에서 걸어서 10분쯤 걸렸다. 지금은 별

셋을 달고 있지만 과거에는 최상급 호텔이었다.

1964년 7월 9일.

마쓰시타는 사장직에서 물러나 있었다. 현안 처리는 사위인 마쓰시타 마사하루松下正治 사장에게 맡기고, 회장으로서 PHP연구소 일에 집중하며 회사 업무에는 자문하는 입장이었다. 대리점장 회의나 판매, 영업은 그의 일상 업무가 아니었다.

하지만 고노스케는 사위를 제치고 뉴후지야호텔에 전국 판매대리점 사장 회의를 소집했다. 위기 대책을 협의한다며 현장 지휘관을 전원 불러들였다.

그는 회의에 앞서 총수라는 감투부터 내던졌다. 자신이 호텔에 앉아 기다리지 않았다. 직접 아타미역에 나가 대리점 사장들을 맞았다. 본사 임원들과 함께 기립해 있다가 허리를 꺾으며 인사하고 호텔로 가는 길을 안내했다.

후덥지근한 습기와 무더위가 한창인 가운데 그는 정장 차림이었다. 대리점 사장을 지시에 복종하는 부하로 보지 않고, 파나소닉의 귀한 고객으로 대했다.

총수가 대리점 사장을 기차역에서 반기는 풍경은 한국이라면 도저히 상상할 수 없다. 삼성, LG, SK 제품을 파는 대리점 사장들이 언제 총수 얼굴을 본 적이 있겠는가. 불미스러운 일로 검찰 수사를 받을 때에서야 TV 화면에서 볼 수 있을 뿐이다.

그해 가을 도쿄올림픽을 앞두고 있었다. 올림픽을 유치한 이래 일본 정부가 지나친 부양책을 펼쳤던 것이 경기과열을 불러왔다.

정부는 금융과 재정을 긴축하며 과열을 막으려 했다. 이 때문에 가전제품이 팔리지 않았다.

경기 침체 속에서 파나소닉 본사는 대리점에 밀어내기식 강매를 지속했다. 대리점들은 별수 없이 전자제품을 할인 가격에 투매하는 경쟁을 벌였다. 본사나 대리점이나 자기 발등을 스스로 찍고 있었다.

마쓰시타에게 어느 대리점 사장이 연락을 넣었다. 어렵다고 호소하면서 점포에 한번 들러줄 것을 부탁했다. 마쓰시타가 찾아가자 대리점 사장은 금고를 활짝 열었다.

금고 안에는 현금은 없고 약속어음이 잔뜩 쌓여 있었다. 그중에는 210일 뒤에 제품 대금을 지불하겠다는 어음도 있었다. 과잉 할인 판매로 외상 매출만 크게 늘었던 것이다.

비슷한 시기에 거래은행 지점장이 파나소닉에 판매 일선의 실태를 귀띔했다. 그 지점장은 나중에 아사히맥주 회장까지 역임한 유능한 경영인이다.

지점장은 파나소닉 경리 담당 임원에게 "이런 말이 들립디다."라며 밀어내기식 강매 실태를 알려주었다. 많은 대리점이 적자라는 사실을 알려주었다.

경리 담당 임원의 보고를 받은 마쓰시타는 그 지점장에게 전화를 걸었다. 상대방은 전화를 걸어온 인물이 진짜 파나소닉의 총수인지 의심했다.

"마쓰시타라니, 누구시죠?"

"제가 파나소닉의 마쓰시타입니다."

총수의 전화에 지점장은 깜짝 놀랄 수밖에 없었다.

"좋은 정보를 알려주셔서 감사합니다."

통화는 그렇게 마쓰시타의 감사 인사로 끝났다.

일본 최고 부자가 된 신분이었지만 스스로 회사 위기를 경고한 은행원에게 감사 표시를 했다.

'위기가 왔는데 본사 임원들은 뭣들 하는 거야.'

마쓰시타는 답답한 마음에 대리점 몇 군데에 전화를 더 돌렸다. 어디서나 과당 할인 경쟁으로 재고가 누적되고 있음을 파악했다.

마쓰시타가 아타미회담을 앞당겨 소집한 계기는 지진이 제공했다. 때마침 지진이 발생한 니가타新潟에서 올라온 소식은 충격적이었다. 창고에 쌓아둔 재고가 지진으로 모두 망가졌고, 그 피해는 한 번도 상상해보지 못했던 금액이었다.

본사의 밀어내기식 판매로 대리점이 죽어가고 있었다. 170개 대리점 가운데 흑자 경영을 유지하는 곳은 20군데에 불과했다. 10% 정도는 부도 직전에 몰려 있었다.

경영 일선에서 은퇴했던 마쓰시타로서는 회사가 위중하다는 것을 직감했다.

'창업자는 영원히 은퇴할 수 없는 운명이다.'

그는 아타미회담을 전격 소집하며 센바학교에서 수없이 들었던 격언을 실감했다.

대리점 사장에게도 자세를 낮추고 경청

아타미회담은 최고경영자와 대리점 사장들 간의 대화가 어떻게 진행되는 것이 최선인지를 보여주었다. 마쓰시타는 아타미모임을 계기로 위기를 뛰어넘는 데 그치지 않고 최고의 결과를 만들어냈다. 그 결과 마쓰시타 신화는 더 멋지게 완성됐다. 본사와 대리점들은 사상 최고의 호경기를 만끽했다.

마쓰시타는 아타미모임에 앞서 세심한 사전 배려를 아끼지 않았다. 이는 갑과 을의 대화에서 치밀한 준비의 중요성을 일깨워준다.

먼저 실무자들이 마련한 회의 소집 안내장이 "성의가 느껴지지 않는다."며 4번 퇴짜를 놓았다. 진심을 담아 안내장 문장을 다듬으라는 지시였다. 본사가 오라고 하니 하는 수 없이 참석하는 게 아니라, 회의에서 하고 싶은 말을 하고 해결책을 듣고 싶은 마음이 들도록 안내장을 보내라는 취지였다.

회의 시작 직전에는 참석자 가슴에 다는 꽃을 문제 삼았다. 본사 임원 양복에 다는 꽃의 사이즈가 대리점 사장들 것보다 컸다.

"자네들 언제부터 그렇게 대단한 사람들이었나."

마쓰시타는 본사 임원들을 질책하고 대리점 사장과 똑같은 사이즈의 꽃을 달도록 지시했다. 밀어내기식 판매 같은 본사의 갑질이 바로 꽃으로 표현됐다고 지적한 셈이다.

이어 회의 좌석을 정돈했다.

"본사 임원들이 앉을 자리는 무대 위가 아니라 바닥으로 낮추고,

내가 서 있을 자리는 더 높여야 한다. 그래야 대리점 사장들과 일대 일로 눈빛을 주고받으며 대화할 수 있다."

이후 그는 사흘에 걸쳐 모두 13시간 동안 선 채 회의를 이끌었다.

마쓰시타는 회의에 들어가기 앞서 자세를 먼저 낮추었다. 일선 판매 현장의 얘기를 진지하게 듣겠다는 분위기를 연출한 것이었다. 최대한 낮은 자세를 취함으로써 본사와 대리점이 일체감과 연대 의식을 느끼도록 하려는 뜻이었다.

마쓰시타가 을과 대화하는 방식은 안내장을 정성스럽게 쓰고 좌석 배치와 꽃을 바꾼 것으로 끝나지 않았다. 대화다운 대화가 이루어지려면 하고 싶은 말을 솔직하게 다 뱉어내야 한다.

"여러분의 힘든 사정은 듣고 있습니다. 흑자를 내지 못하는 경영은 죄악입니다. 이제는 어떤 매듭이 지어지지 않으면 안 되는 시기입니다."

마쓰시타는 이렇게 운을 뗐다. 많은 대리점이 적자에 빠졌고 본사까지 깊은 수렁에 끌려가고 있는 위기였다. 난국에서 벗어날 대책을 마련하자는 제안이었다.

"여러분들이 느끼고 있는 것을 오늘 이 자리에서 빠짐없이 털어놓으십시오. 회사가 병들었으면 용서 없이 어떤 병인지 지적해주세요. 본사가 잘못한 것을 솔직하게 말해주셔야 합니다. 저희도 여러분들이 잘못하고 있는 것을 터놓고 말하겠습니다. 그런 의미에서 오늘 회의는 서로가 서로의 병을 진단해주는 공동 검진 자리입니다."

그러면서 회의 일정을 무한대로 연장했다. 회의 소집 안내장에는 일정이 이틀로 잡혀 있었다.

"만약 이번에 매듭이 지어지지 않으면 사흘이고 닷새고 계속할 것입니다."

위기 돌파 대책에 합의가 성사될 때까지 끝장토론을 요구했다. 벼랑 끝에 배수진을 치고 하고 싶은 말을 쏟아놓으라고 참석자들을 몰아세웠다.

곧이어 토론에 돌입했으나 내용은 공동 검진이 아니라 본사 규탄 대회가 됐다. 영업점 사장들은 경쟁적으로 손을 들고 일어나 본사의 무리한 판매 행태를 성토했다.

"파나소닉 제품의 특성이 사라졌어요."

"본사 직원들이 오만합니다."

"오전에는 냉장고를 더 팔아달라고 본사의 냉장고 판매 담당이 다녀가면 점심 직후에는 TV 판매를 늘려달라는 직원이 찾아와 실적을 채근합니다. 저녁 무렵이 되면 세탁기 담당 직원이 들이닥쳐 이번 달 판매 목표를 어떻게 달성할 것이냐고 압박합니다. 소화불량입니다. 견딜 수가 없어요."

불만을 내뱉는 과정에서 욕설이 터지고 심지어 특정인 실명도 튀어나왔다. 때로는 울분을 참지 못하는 고성이 튀는 순간이 전개됐다.

마쓰시타는 간혹 대리점의 나태한 태도를 지적하면서도 그들의 불평을 막지 않았다.

1964년 아타미에서 열린 전국 판매대리점 사장회의. © 파나소닉

　진정한 대화가 이루어지려면 을이 갑을 향해 하고 싶었던 말을 깊은 곳에서 죄다 끄집어내야 한다. 그걸 윗사람이 중간에 막으면 그 자리에서 어떤 결론이 내려진다 해도 다 털어놓지 못한 불평이 다음번에 다시 타오른다. 대화를 성공으로 이끄는 1차 고비는 불평과 울분을 몽땅 털어내느냐 못하느냐에 달려 있다.

　파나소닉 창업자는 69세였다. 옹고집으로 막무가내 전횡하려는 증상이 나타날 나이였다. 세계 2위 경제 대국의 최고 부자 타이틀을 당대에 거머쥔 스타 경영인이 아니던가. 대리점 사장들을 눈 아래로 내려다볼 수 있는 위치에 있었다.

'내가 회사를 이렇게 키워놓은 덕분에 너희들이 이만큼이나 먹고 사는 줄 알아야지……'

'너희들이 뭘 안다고 본사 정책에 불평불만투성이야!'

그러나 마쓰시타는 본인의 성취를 대리점 사장을 깔보는 데 쓰지 않았다. 고집이나 독선을 피해 현장의 불평을 묵묵히 듣는 쪽을 선택했다. 불평 토로가 불완전한 연소에 머물면 반드시 더 크고 악성인 2차, 3차 폭발을 불러온다는 것을 알기 때문이다.

'공존공영'이 중요하다는 창업자의 진심

일본 경제는 1950년대 중반 이후 10년 사이 매년 15% 안팎 성장하고 있었다. 그사이 파나소닉은 매년 매출이 30% 성장했다. 나라 경제보다 2배 속도로 회사가 팽창하고 있었다.

흑백 TV는 90%, 세탁기는 70%, 냉장고는 50%씩 각 가정에 보급됐다. 전자제품이 농촌 가정까지 스며들고 있었다. 가전 시장의 1위 기업은 당연히 판매망이 최강이던 파나소닉이었다.

전자제품의 보급은 생활 혁명을 불러왔다. 가정주부를 집 안에 붙잡아놓았던 가사노동이 크게 줄었다.

때마침 러시아 공산당 서열 2인자가 일본을 방문했다. "우리는 공산혁명으로 노동자와 농민 계층을 해방시켰다."고 으스댔다.

자신의 회사에서 만든 제품 앞에서 찍은 기념사진. ⓒ 파나소닉

1917년 러시아혁명이 불러온 사회주의 열풍을 자랑한 말이다.

마쓰시타는 그를 만나자 "나는 가정주부를 완전히 해방시켰다." 고 했다. 가전제품을 수돗물처럼 공급해 주부를 가사노동에서 벗어나게 했다는 호기로운 반박이었다.

파나소닉은 무서운 기세로 성장하고 있었다. 당시 파나소닉의 성장 속도는 역사상 미국 어느 기업보다 빨랐다는 통계가 있다. 주5일제 근무를 가장 먼저 도입했고, 종업원 임금을 앞장서서 올렸다. 젊은이들에게 최고 인기 기업으로 떠올랐다.

하지만 아타미에서 터져 나온 대리점 사장들의 불만은 끝이 없었다. 토론이 이틀을 넘기고 사흘째 아침이 밝았다.

270여 명의 참석자들은 어제 그제 나온 엇비슷한 얘기를 반복하고 있었다. 하고 싶은 말이 바닥나기 시작했다는 증상이 뚜렷했다.

이때 마쓰시타가 발언을 시작했다. 그는 감사의 말부터 했다.

"솔직한 비판을 아낌없이 해주셔서 진심으로 감사합니다."

불만을 실컷 토해냈으니 마무리 단계로 가는 기본 요건이 갖추어졌다는 선언이었다.

이어 오랜 세월 동안 대리점들의 지원과 협조에 감사하다는 뜻을 밝혔다. 판매대리점 사장들이 본사의 정책에 협조해도 제대로 평가받지 못한다는 불평을 누그러뜨리려는 발언이었다.

"제가 예전에 다소 성능이 부족한 소켓을 개발해 팔아달라고 여러분들께 부탁드렸던 적이 있습니다. 회사가 아무 힘이 없을 때 그런 것을 여러분들이 흔쾌히 협조해주셔서 오늘날 파나소닉이 이렇게 성장했습니다."

마쓰시타식 대화는 감사 인사 후에 멋지게 완성됐다.

"제가 여러분들이 안정적으로 경영할 수 있도록 해드렸어야 했는데, 어느 사이엔가 오랫동안 도와주신 여러분들의 은혜를 잊고 살았습니다. 본사가 여러분의 호의를 잊고 지냈던 것 같습니다. 은혜를 잊고 물건만 보고 제반 정책을 짰기 때문에 오류와 문제가 생겼습니다."

그는 판매 전략의 실패를 깔끔하게 인정했다.

"역시 모든 원인은 저에게 있습니다."

급기야 총수의 잘못을 인정했다.

"모두 제 잘못입니다. 파나소닉이 잘못했습니다."

이 한마디 사과가 결정적이었다.

그는 과거를 회상할 때부터 울먹였다. 아무도 예상치 못했던 갑작스러운 눈물이었다. 회의를 어떻게 마무리할지 여러 가지 시나리오를 상상해보았던 마쓰시타 자신도 폐막 30분을 앞두고 눈물이 터질 줄은 몰랐다.

눈물의 사과는 270명 참석자에게 감동의 파도를 일으켰다.

'오야지가 울다니……'

간사이 지역에서는 조직의 최고 지도자를 '오야지(원래는 아버지라는 뜻)'라고 부른다.

마쓰시타의 눈물은 대리점 사장들에게 "사실 우리들 잘못도 무척 많다."고 반성하는 계기가 됐다. 대리점 사장들도 수건을 꺼내

아타미회담에서 대리점 사장 전원
에게 나눠준 '공존공영' 친필 액자.

눈물을 훔쳤다.

대리점 대표가 일어서서 대리점 간의 과당경쟁을 반성하고 사과
했다. 본사나 대리점이나 서로 미안한 대목이 많다는 점을 인정한
셈이다. 본사와 대리점 간의 거리가 좁혀지고 갑과 을 간에 일체감
이 단단해지는 순간이었다.

지금도 유튜브에는 파나소닉 대리점을 수십 년 경영한 사장들이
회고한 동영상이 떠돈다. 그들의 회고담을 보면 아타미회담의 감동
이 여러 번 등장한다. 인생에서 가장 잊을 수 없고, 가장 감격스러
운 장면이었다는 술회가 담겨 있다.

본사와 대리점은 모든 면에서 격차가 분명한 갑을 관계다. 마쓰

시타는 그것을 갑과 을의 계층이나 상하 관계로 보지 않았다. 함께 살아가야 하는 동업자로 받아들였다. 상층 대 하층 관계를 부정하고 평평한 땅 위에 서 있는 동등한 공생共生 관계로 보았다.

그는 회의를 끝내며 막판에 두 가지 깜짝 이벤트를 덧붙였다. 마쓰시타는 먼저 대리점 사장들의 만장일치 단합을 재확인하는 절차를 마련했다.

"오늘까지 쌓아온 파나소닉의 역량을 적절하게 행사해 힘껏 문제를 해결해볼 작정입니다."

판매 부진, 과잉 재고로 인한 경영 위기를 타개하겠다고 마무리 발언을 했다. 마쓰시타의 굳은 약속에 참석자들은 울먹이며 크게 박수를 쳤다.

한 번의 박수로 끝내지 않았다. 마쓰시타는 그들에게 한 번 더 다짐을 받았다.

"이런 정도의 찬성 박수로는 무슨 큰일을 실행할 수 없습니다. 전원이 진심으로 찬성해주셔야 합니다."

이번에는 더 큰 기립 박수가 몇 분간 계속됐다. 단합을 다지는 결정타를 날린 셈이다.

그것은 경영 혁신을 추진하기에 앞서 판매 일선 지휘관들의 지지를 확보하는 절차였다. 이는 파나소닉의 판매 제도를 전면 개혁하는 발판이 되었다.

또 하나의 이벤트는 오너의 마음을 담은 선물이었다. '공존공영'이라고 붓으로 쓴 액자용 친필 글씨를 전원에게 배포했다. 자신의 손으로 직접 쓴 200장을 회의를 끝내고 돌아가는 사장 한 명 한 명에게 나눠주었다. 자신의 진심을 담은 글귀였다.

'공존공영' 친필은 그 후 대리점은 물론 본사 모든 사업장에 걸렸다. 공장에서 창업자와 사장인 사위 사진을 떼어내고 그 자리에 걸도록 했다. 창업자, 최고경영인보다 을과의 공존공영이 중요하다는 메시지였다.

69세 나이로 영업본부장 현장 복귀한 사연

일본에서는 당시 사카모토 후지요시坂本藤良라는 평론가가 쓴 『경영학 입문』이 인기 서적이었다. 경영학이라는 학문이 일본에서 처음 붐을 일으켰다.

일본 기업이 글로벌 시장에 진출하면서 미국식 경영에 슬슬 관심을 갖게 된 시기였다. 사카모토를 '경영학의 신'이라고 떠받드는 언론 평가가 이어졌다. 그는 스타 경영학자였다.

그가 부모가 경영하는 한방제약회사 경영에 참여하자 공교롭게도 회사가 맥없이 도산하고 말았다. 부모 회사에 누적된 문제가 많았던 것이 근본 원인이지만, 외양상의 결과는 '경영학의 신'이 돌파구를 찾지 못해 부모 회사를 망해먹은 꼴이 됐다.

현장의 경영 체험을 중시하는 마쓰시타에게 이처럼 좋은 잔소리 소재는 없었다. 내부 회의에서 임원들에게 사카모토의 실패 일화를 빼놓지 않았다.

"거보라고. 자네들은 무슨 말을 하고 싶으면 맨날 학자가 한 말을 그럴듯하게 들먹이며 나에게 이런저런 의견을 늘어놓는데, 학자가 경영을 잘할 것 같으면 우리가 왜 이런 생고생을 하겠나."

경영학자와 기업인은 전혀 다른 세계에 산다는 말이다. 경영학 원론을 따르거나 저널리스트 평론을 듣고 경영을 하면 절대로 안 된다는 경고였다. 책상 위의 경영학과 공장 안의 경영은 완전히 다른 논리로 전개된다는 것이다.

"장사란 매우 고된 일이야. 진정으로 진검 승부라는 말이지. 오줌에 피가 2번, 3번 빨갛게 섞여 나오는 경험을 하지 않으면 안 되는 거야."

며칠씩 잠을 자지 못하고 끙끙 앓은 끝에 피오줌을 배설할 정도로 호된 통증을 겪어야 경영 위기를 타개할 길을 찾을 수 있다는 신념이었다. 그는 미국 펜실베이니아대학 와튼 MBA스쿨에 다니는 손자에게도 학교를 중퇴하라고 했다. 경영은 교실이 아니라 기업 현장에서 배우는 게 최선이라고 보았다. 센바에서 몸소 터득한 경험이 확신으로 굳어졌다.

인간의 신념은 과감하고 돌파력 있는 행동을 촉발하는 방아쇠가 되곤 한다. 그 시절 마쓰시타가 그랬다.

마쓰시타는 아타미회담 직후 본사에 돌아와 영업본부장 직무대행에 취임했다. 마침 현직 영업본부장은 건강이 좋지 않아 입원 중이었다.

그는 영업본부장 책상 옆에 작은 책상 하나를 놓고 본부장 대행 명패를 놓았다. 69세의 현장 복귀였다. 대리점 부실이 필경 본사 위기로 닥칠 것이라는 위기의식에 따른 결정이었다.

영업본부장 대행으로 취임한 뒤 그가 단행한 혁신은 좁게 보면 판매 방식의 변경이었다.

소비자금융제도를 도입해 판매 현장의 결제시스템을 바꾸었다. 무질서하게 흐트러졌던 판매 질서를 지역별 판매망, 판매 가격을 확고하게 지키는 방향으로 재편했다.

"판매대리점의 이익을 확보하는 데 모든 힘을 쏟아야 한다. 공존 공영의 정신을 모두의 가슴에 품고 뼛속까지 새기지 않으면 안 된다. 공존공영이 미사여구가 아니라 열매를 맺을 때까지 나와 사장의 사진을 다시는 벽에 걸지 말라."

무엇보다 본사가 이익을 홀로 독점해서는 안 된다는 원칙이 작동했다. 이익은 본사가 챙기고 위험은 대리점에 떠넘기는 식의 얌체 상법을 버리라는 요구에 승복했다.

판매 전략 수정은 회사 내부의 혁신이었다.

마쓰시타는 파나소닉 내부를 개혁하면서 동종 업계에도 공생 철학 논리를 전파했다.

그는 가전업계의 과당경쟁이 파나소닉의 과잉생산, 밀어내기식 판매를 자극했다고 판단했다. 그래서 가전업계 전체로 전선을 넓혀 '다 함께 먹고살자'는 주장을 하기 시작했다.

그는 소니, 도시바, 산요, 히타치 등의 최고경영진과 수뇌회담을 제안했다. 1등 기업의 제안은 고통을 겪고 있던 전자업체 모두가 기다리던 말이었다. 가전업계 대표들은 도쿄 오쿠라호텔에서 첫 모임을 가졌다.

'오쿠라회의'에는 매월 정부 관료들까지 참여했다. 오쿠라모임에서는 사장들끼리 공장 증설 문제를 협의하고 판매 가격을 지킬 것을 합의했다.

가전업계의 담합은 훗날 공정거래위원회의 제재를 받게 되지만 과잉생산과 과당 할부판매로 가전회사들이 공멸하는 것을 막았다. 오쿠라회합은 일본 민간기업과 정부가 한 몸처럼 움직인다는 부인할 수 없는 증거가 됐다.

마쓰시타는 훗날 인터뷰에서 "정말로 극적이었어요."라고 아타미회담을 회고했다.

"자연스럽게 그렇게 됐어요."

애초 상상하지 못한 결과를 얻었다는 만족감을 감추지 않았다.

아타미회담이 일본 경제계에서 하나의 전설처럼 미화되고 있는 이유는 몇 가지를 꼽을 수 있다.

첫째, 그는 업계의 공동 대응을 제안해 민관 협조 노선을 굳건하게 다졌다. 가전 업계의 공존공영 철학을 설파했다. 강력한 산업 정책으로 기업을 통제하던 정부로서는 과잉 설비, 과당 판매라는 골칫거리를 덜었다. 동종 업계나 관공서에서 마쓰시타를 칭송할 수밖에 없었다.

둘째, 파나소닉 총수로서는 경영 위기에 조기 경보를 발신하고 수습에 앞장섰다. 어느 회사보다 앞서 과잉생산, 과당 할인의 문제를 진단한 덕분에 경쟁사들보다 먼저 위기에서 탈출했다.

다음 해부터 파나소닉 본사와 대리점은 최고 번영기를 누렸다. 공존공영 철학은 동종 업계는 물론 회사 내부에서 대성공을 불러왔다.

셋째, 총수의 영업본부장 대행 취임은 일본 경제계에서 전례가 없는 파격이었다. 언론은 연일 화제를 삼았다. "사위를 믿지 못해 창업자가 복귀했다."거나 "역시 은퇴한다는 말은 속임수였어." "다 늙어 경영 일선에 복귀하다니……."라는 비아냥거림이 없지는 않았다. 하지만 위기를 어느 회사보다 먼저, 그것도 멋지게 극복하자 "역시 마쓰시타야."라는 반응이었다. 개혁의 전기는 파격적인 방식으로 마련해야 한다는 것을 보여주었다.

아타미회담 이후 마쓰시타 신드롬은 더 거세게 일본을 휩쓸었다. '판매의 신'이라던 애칭은 '경영의 신'으로 격상됐다.

그를 신격화하며 찬양하는 소설과 평론이 잇달아 출간되고 그가 쓴 책은 베스트셀러에 올랐다.

마쓰시타가 공들여 발행하던 월간지 〈PHP〉는 아타미회담 이후 판매 부수가 5년 새 5만 부에서 135만 부로 늘었다. 매년 판매량이 두 배씩 늘었다.

신문사는 그와 단독 인터뷰를 갈망했고, 방송사는 그를 화면에 출연시키려고 경쟁했다.

공영방송 NHK는 마쓰시타를 매년 12월 31일 밤 생방송하는 연말 인기가수 청백전에 심사위원으로 출연시켰다. 예능인에 못지않은 대중적인 인기를 얻기 시작했다.

센바 상인의 마음가짐은 상품을 파는 사람과 사는 사람 그리고 세상 사람들이 만족해야 한다는 것이었다. 3자 만족이다. 그는 아타미회담을 계기로 본사, 대리점은 물론 동종 업계 그리고 국민의 마음까지 얻었다. 아타미에서 사죄의 눈물이 많은 사람의 행복을 낳는 마중물이 되었다.

그의 인기가 최고 정점으로 달려가던 1966년 여름 어느 날 해질 녘, 와카야마 센다의 소나무에 벼락이 떨어졌다. 신격화를 질투하는 듯한 얄궂은 조짐이었다.

8

경영권 세습에 대한
남다른 철학

마쓰시타는 스스로 욕심을 억제하고 야마시타, 다니이 등 전문 경영인을 연달아 사장직에 앉히는 결정을 내렸다. 손자라도 무턱대고 후계자 자리에 올리지 않았다.

우주항공회사 경영하는 둘째 손자 히로유키

고베의 워터프론트 메리켄 파크에는 고베 상징 타워가 서 있다. 해양박물관과 공원이 조성돼 있고, 크루즈선 선착장은 바로 옆이다.

2018년 7월 21일 토요일 오후, 메리켄 파크에서 색다른 드론 하나가 떠올랐다. '스위프트Swift 020'으로 명명된 이 드론은 수직으로 이착륙하는 기능을 기본 사양으로 갖추었다.

이 드론은 놀랍게도 3km 고공까지 치솟았고 비행 속도는 최고 시속 83km를 기록했다. 공중에 떠 있는 시간은 2~3시간에 달했다.

이만하면 지진이나 등반 사고 때 인명 구조를 위한 영상 정보를 충분히 얻을 수 있는 여유를 보장한다. 장난감 드론이 아니라 전문가용 고성능 드론이다. 군사용으로 사용할 수도 있다.

1시간여 진행된 이벤트에는 효고兵庫현 지사와 고베시장이 참석했다. 고관들이 대거 참석한 이유는 벤처기업 유치가 목적이다.

고성능 드론을 선보인 벤처기업은 스위프트XI엑스아이다. 이 회사는 마쓰시타 고노스케의 둘째 손자가 고베에 설립했다.

고노스케의 둘째 손자는 카레이서로 명성을 떨쳤다. 1961년 태어나 2019년 현재 58세다. 15세부터 카레이서의 길을 걷기 시작, 19세에 지방 챔피언에 올랐다. 20대에는 미국 대회에 진출해 30대 초반 카레이서들의 꿈인 인디카500에서 최고 6위까지 올랐다.

자동차경주를 즐기는 일본 팬들은 대부분 카레이서 '히로'를 알고 있다. 히로는 마쓰시타 히로유키松下弘幸의 애칭이다.

그는 캘리포니아에서 경주용 차를 전문으로 개발, 제조하는 회사를 꾸리고 있다. 여기서 4인승 초경량 제트항공기를 제조했고, 무인항공기를 개발해 노드롭항공사에 사용권을 매각했다. 히로의 회사는 레이싱카, 항공우주 분야에서 첨단 기술로 무장하고 있다.

그가 미국, 일본에서 경영하는 회사는 파나소닉과 아무 관련이 없다. 파나소닉으로부터 투자금이나 인력 파견, 기술 지원을 받지 않았다. 히로는 할아버지 회사에서 완전히 독립된 회사의 대주주다.

핏줄은 속이지 못하는가. 히로는 할아버지를 닮은 듯하다.

할아버지는 은근히 자동차를 좋아했다. 딜럭스 웨건으로 이름을 날리던 미국산 '스튜드베이커Studebaker'를 1930년대 타고 다녔다. 일본 마쓰다자동차가 새로운 엔진을 장착한 마쓰다 코스모 1호차를 구입하는가 하면, 경승용차 스바루360 1호차를 샀다.

할아버지와 손자가 다른 점은 있다. 할아버지의 자동차 사랑이

마쓰시타의 둘째 손자 히로가 카레이서로 활약한 내용을 담은 책. 인디카500 최고위 등급까지 올라간 드라이버였다.

구입하는 데서 머물렀던 반면 손자의 자동차 사랑은 직업으로 발전했다.

할아버지와 둘째 손자는 기계를 만지는 취향이 비슷하다. 고노스케는 청년 기업가 시절 전기 제품을 직접 개발하느라 손끝이 새까맣게 물들었다. 손자도 기계를 만지는 경영인 겸 엔지니어다.

'성공할 때까지 포기하지 않는 것이 성공하는 길이야.'

이런 신념도 공유하는 듯하다. 히로는 카레이싱 도중 엄청난 부상에도 불구하고 몇 번이고 재기했다. 경영에서도 마찬가지로 근성을 보이고 있다.

기업 설립은 할아버지 생전에 시작했으나 본격적인 사업은 카레이싱을 그만두고 활발해졌다. 이 때문에 히로가 벤처기업가로 성공하면 할아버지의 기업가 혼이 둘째 손자에게 상속됐다고 한바탕 화제가 될지 모른다.

왕위 계승권 0순위 큰손자 마사유키

고노스케의 큰손자 마사유키正幸(1945년생)가 태어나자 아버지인 마쓰시타 마사하루松下正治와 할아버지 마쓰시타 고노스케松下幸之助 이름에서 '정正'과 '행幸' 한 글자씩을 떼어다 이름을 지었다. 장인과 사위는 가문의 대를 잇고 경영의 대를 이을 후손에게 애착이 강했다는 반증이다.

마사유키는 어른들 기대에 어긋나지 않고 일본 최고 명문으로 꼽히는 나다灘고교를 거쳐 게이오대학 경제학과를 졸업했다. 사립 학교인 나다고교 졸업생은 90%가 도쿄대, 교토대, 와세다대, 게이오대, 오사카대 같은 명문 대학에 입학한다. 그는 이어 미국 펜실베이니아대학의 경영대학원 와튼스쿨에서 MBA코스를 수료했다.

최고 재력의 집안에서 태어나 최고 엘리트 코스의 학력을 갖추었으니 기업 현장에서 능력을 보여주면 그만이었다. 곧바로 후계자로 지명된다 한들 시비를 걸기 힘든 스펙을 완비했다.

할아버지 눈에는 큰손자가 밟아온 엘리트 코스가 눈에 거슬렸던 것일까. 와튼스쿨에 진학해 1년 과정이 끝나자마자 다짜고짜 귀국

254

하라고 재촉했다.

"멍청한 놈! 초, 중, 고교에 대학까지 16년이나 공부했으면 충분해. 당장 장사 공부를 시키란 말이야."

불같은 성화였다. 그는 평소 사원들에게 현장 경험이 중요하다고 강조했다.

"소금이 짜다는 것을 아무리 좋은 말이나 훌륭한 이론으로 설명한들 제대로 알겠는가. 소금을 입에 넣어봐야 비로소 짜다는 걸 아는 거야."

"선배의 언동은 말하자면 살아 있는 교과서야."

"회사야말로 인생을 배울 수 있는 최고 학교지."

"백 번 듣는 것보다 한 번 눈으로 보는 게 낫다百聞不如一見는 말이 있지만 그게 아니야. 백 번 듣고 백 번 보는 것도 한 번 몸으로 체험해보는 것보다 못해."

할아버지는 센바의 점원 시절 배운 현장 훈련을 더 중시했다. 마사유키가 후계자가 되려면 더 나이 들기 전에 판매 현장과 공장에서 땀을 흘려봐야 한다고 믿었다.

할아버지 등쌀에 마사유키는 와튼 MBA 1년 과정을 마치고 현장 교육에 돌입했다.

처음에는 파나소닉 시카고 지사 창고에서 가전제품을 운반하는 작업을 맡았다. 미국인 근로자와 함께 땀 흘리며 가전제품 박스를 트럭에 싣거나 창고 안을 정리했다. 사흘 만에 근육통을 앓았지만, 시카고 지사에는 본사에서 파견된 일본인 관리자가 많아 그를 돌봤다.

마사유키는 이어 미국인들만 일하는 계열회사 사무실로 근무지를 옮겼다. 돌봐주는 일본인 직원이 없는 곳에서 미국인을 거느리고 일을 해보는 실습이었다.

그 후 미국 대기업 3M에서 1년 근무했다. 할아버지 성화에 가까스로 현장 훈련이 이루어진 셈이다.

마사유키의 현장 체험은 길어야 3년 언저리였다. 현장의 땀과 눈물, 거래처의 애환을 느끼기에는 기간이 짧았다.

미국 현장 교육에 만족하지 못한 할아버지는 귀국을 독촉해 파나소닉 본사에서 일하도록 조치했다. 처음에는 연구소에서 신기술 개발을 맡겼다. 새로운 녹화 기술, 즉 비디오디스크를 개발하는 업무였다.

할아버지는 손자가 연구소 기획실장으로서 연구비를 마음껏 쓰도록 배려했다. 비디오디스크 개발이 성공하면 손자는 큰 업적을 하나 쌓게 될 것이라고 믿었다.

곧바로 디지털 시대가 닥쳐왔다. 손자가 아날로그 기술로 개발한 비디오디스크는 디지털 기술에 밀려 상품화되지 못하고 하루아침에 무용지물이 됐다. 할아버지는 디지털 기술의 엄청난 위력을 잘 몰랐고 그의 손을 잡고 있던 손자는 덩달아 패배자가 됐다.

그럼에도 고노스케는 잡지 인터뷰에서 손자가 그룹을 통솔할 능력이 있다고 치켜세웠다.

"녀석은 뒤를 이을 만한 뭔가를 갖고 있어요. 뒤를 이을 자격이 없는 놈에게 뒤를 잇게 할 리가 있나요. 다만 아직 나이가 한참 어려요. 이사가 되려면 적어도 마흔은 넘어야죠."

할아버지가 그렇게 말할 때 마사유키 나이가 37세였다.

"우리 자회사 숫자가 700개입니다. 외국에 있는 관계사까지 합하면 종업원이 25만 명이고요. 그러니까 상무가 되려면 마흔다섯은 넘어야죠. 그만큼 큰 회사니까요."

할아버지 스케줄대로 마사유키는 3년 후 40세에 본사 이사로 승진했다. 그는 당시 세탁기 사업부를 통솔하고 있었다.

창업자는 맏손자의 임원 승진 소식에 이례적으로 코멘트를 발표했다.

"마사유키는 세탁기 사업부장 경험이 매우 좋았고 고생을 했다곤 하지만 제가 만나 대화를 할 때마다 더 늠름해지고 더 성장했다는 것을 느낍니다. 사업부장으로서 훌륭한 성적을 올렸다고 들어 매우 기쁩니다. 실적이 인정을 받아 임원으로 승진한 데 대해 나도 이견이 없습니다. 앞으로 경영 공부를 더 쌓아가길 바랍니다."

손자를 대놓고 칭찬하며 그룹 후계자로서 자격 요건을 갖춰주려고 애썼다.

마사유키는 45세에 상무로 승진했다. 전무는 46세, 부사장은 50세에 승진했다.

부사장에 오를 때만 해도 마사유키가 머지않아 왕관을 쓰게 될 것이라는 예상이 지배했다.

그러나 65세에는 실권 없는 부회장 자리로 밀려나더니 2017년 72세에는 형식적으로나마 갖고 있던 공동 대표이사 직위를 상실했다. 2019년 6월 말 이후에는 아예 파나소닉 부회장직에서도 은퇴하고 파나소닉 특별고문이라는 직함만을 갖게 된다. 이로써 창업자 일가는 창업자 사망 30년 만에 파나소닉 경영진에서 완전히 자취를 감추게 됐다. 마사유키 회장은 앞으로 PHP연구소 그룹과 할아버지가 만든 사회공헌재단을 이끌면서 간사이 지방의 재계 활동에 전념할 것이라고 한다.

그는 엘리트 교육을 받은 만점 스펙의 왕위 계승권 0순위 후보자였다. 할아버지 위광威光 덕분에 승승장구하며 왕좌에 오를 시기만을 탐색하고 있었다. 도대체 어떤 결격 사유가 있었길래 대권을 물려받지 못했던 것일까.

진통 끝에 들어선 전문 경영인 체제

고노스케의 사위 마사하루正治는 일본 귀족 집안 출신이다. 아버지는 화가였고 할아버지는 메이지유신에서 공로를 세웠고 내무장관을 지냈다. 어머니는 지방 토착 귀족의 후손으로 미쓰이재벌이 가까운 친척이었다.

마사하루는 어릴 적 독서와 토론을 즐겼으나 무엇보다 만능 스포츠맨이었다. 중학생 때 100미터를 12초대에 달렸고 고교생 때 수영 대회에서 달성한 자유형 100미터와 400미터 신기록은 몇 년 동안 깨지지 않았다. 어릴 적 바이올린을 시작해 클래식 음악에도 조예가 깊었다.

권력과 금력에 학력, 체력, 재능까지 갖춘 완벽 청년이었다. 그는 도쿄대 법학부를 졸업, 미쓰이은행에서 5년 정도 근무하던 무렵 마쓰시타의 외동딸 사치코幸子와 결혼했다.

마사하루 사치코 커플은 귀족과 평민 집안 간에 저울이 기우는 혼사였다. 신랑 집에서 보면 마쓰시타네는 지방 도시의 신흥 부자에 불과했다. 이 때문에 결혼식 전에 일본 왕실이 마쓰시타 집안을 뒷조사했을 정도였다.

그들의 결혼 무렵 군부 세력의 권세가 막강했다. 마쓰시타는 고향 출신 군 장성을 여러 명 초청해 군복 차림으로 결혼식장에 앉아 있게 함으로써 집안 간에 기우는 저울을 잡아보려고 했다.

어떻게 해도 "돈으로 핏줄을 샀다." "족보를 돈으로 바꾸었다."는 뒷말을 피할 수 없었다. 마쓰시타는 결혼과 함께 마사하루를 데릴사위로 들이고 호적에 양자로 입적시켰다.

오사카 부자 집안에서는 사위를 양자로 삼는 일이 흔했다. 경영권 상속을 위해 심지어 다른 형제나 첩의 동생, 상점의 지배인까지 양자로 들이는 관습이 있었다. 데릴사위를 양자로 입적시킨 것은 "하나의 운명이었다."고 마쓰시타는 자서전에 썼다.

고노스케는 사위에게 온 정성을 쏟았다. 결혼식 전에 3번이나 오사카로 불러와 오사카 상인의 생각과 행동을 가르치고, 자신의 인생관을 설명했다.

결혼식 후에는 파나소닉에 입사토록 하고 2년 뒤에는 감사 담당

젊은 시절 마쓰시타 고노스케의 가족사진. ⓒ 파나소닉

임원직을 맡겼다. 마사하루는 35세에 곧장 임원이 된 것이다. 다음
해에는 상무, 전무 승진을 거르고 곧바로 부사장 자리에 앉혔다.

　66세의 고노스케가 사위에게 사장직을 물려주던 해 마사하루는
48세였다. 오사카 상인의 기준으로는 초고속 열차에 후계자를 태
워 올린 꼴이었다.

　단기 속성 승진은 부작용을 낳았다. 그렇지 않아도 귀족 집안 출
신이라 현장 교육이 부실했다. 공장과 대리점에 무슨 고민이 쌓여
있고, 경쟁 회사와 피투성이 전쟁이 어떤 양상인지 피부로 느낄 턱

이 없었다.

고노스케는 사위 후계 체제를 굳히고 싶었지만 주변 반응이 시원치 않았다. 임원 간부들이 "현장을 모른다."고 하소연했고, 노조는 파나소닉그룹을 이끌기에는 자격 미달이라고 불평했다.

거래처에서는 '귀하신 몸' 사장 얼굴을 볼 수 없다고 투덜댔다. 시장 바닥에서 거친 싸움을 해온 파나소닉 구성원들과는 궁합이 맞지 않았다. 게다가 도쿄 출신, 학벌, 귀족 집안이라는 스펙은 오사카 토박이들로부터 은근히 반감을 사는 재료가 아닌가.

마사하루는 파나소닉의 사업 관행에 적응하려는 노력을 열심히 하지 않았다.

장인은 폐 기능이 좋지 않은데도 접대가 필요하면 가장 먼저 요정에 도착해 좌석을 정돈한 뒤 말석에 앉았다. 춤을 추고 노래를 불러 분위기를 띄우는 술 상무 역할을 마다하지 않았다.

반면 사위는 술을 마시지 않는다며 판매대리점 사장 접대에 신경을 쓰지 않았다. 그 대신 골프, 요트, 클래식 음악회를 즐겼다.

"술 접대야 2시간이면 끝나지만 골프는 하루를 온통 허비하는 게 아니냐."

장인은 사위를 그렇게 타일렀지만 변화가 없었다. 장인이 자신을 신뢰하지 않는다는 불평만 쌓일 뿐이었다.

고노스케는 경영 일선에서 한발 물러나 사위의 경영을 관찰했다. 날이 갈수록 조직 분위기가 흐트러지고 사위의 단점이 두드러졌다. 큰 회사를 이끌 만한 재목이 못 된다는 평가가 굳어지고 있었다. 사위가 후계자로서 자격을 갖추기를 간절히 바랐지만 반발이 커지는 판국이었다.

고노스케는 회장 자리에서 현안을 보고받았지만 결정은 사위 판단에 맡기고 있었다. 그렇게 해야 사위도 일을 처리하며 신뢰와 권위를 얻고 그룹 총수로서 성장할 것이라고 믿었다.

그러나 현실은 바라던 대로 굴러가지 않았다. 어느 때부턴가 장인의 잔소리가 늘어났다.

임원회의 석상에서 누가 들어도 아들로 입적한 사위를 지목해 거친 표현으로 질책하는 일이 잦아졌다.

"두 분은 부자 관계 아닙니까. 불만이 있으면 집에서 가족들 사이에 솔직하게 말하는 게 좋지 않을까요."

측근들이 이렇게 지적할 정도로 장인 사위 사이가 틀어졌다.

사위의 불만도 점점 누적됐다. 고노스케는 사위를 보살피라는 명분으로 사장 주변에 자신의 측근을 여럿 배치해놓고 있었다. 창업자 심복들이 사위 목덜미를 쥐고 있는 형국이었다. 사위는 경영 판단의 자유는커녕 취미 활동마저 홀가분하게 즐기지 못했다.

"내가 사장 자격으로 임원회의에서 한 말을 나중에 장인이 깡그리 부정했던 게 한두 번이 아니야. 체면이 말이 아니란 말이지."

그는 사장의 결정을 장인이 뒤집곤 했다고 친구들에게 불평했다.

갈등이 최고조에 오른 시기가 아타미회담 무렵이었다. 사장직에서 물러난 지 3년 만이었다. 아타미에서 돌연 회의를 소집한 이유는 대리점들과 불황 대책을 논의하겠다는 것이었지만, 이런 지경에 이르기까지 위기를 모르고 태평하게 지내는 사위가 못마땅했다.

고노스케는 아타미모임 이후 영업본부장 직무대행이라는 파격적인 직책으로 경영에 복귀했다. 겉으로는 경영 위기를 타개하겠다고 말했으나, 사위에게 큰 조직을 통솔할 그릇이 못 된다며 '사장 실격' 판정을 내린 꼴이었다. 창업자의 복귀 선언 명분은 대외적으로는 위기 극복이었으나, 주변 사람들에게 사위의 후계자 자격에 커다란 의문부호를 찍은 것이나 다름없었다.

마쓰시타는 사위를 사장 자리에서 곧바로 내쫓지는 않았다. 후계자 자격 박탈을 공식화하거나 언론에 흘리지 않았다. 사위도 호락호락 물러날 수 없었다.

외형적으로는 공동 경영 모양새를 갖춘 2두頭 통치체제가 계속 유지됐다. 알고 보면 실은 장인이 주요 정책에 최종 결정을 내리는 섭정攝政체제였다.

그사이 세계 전기전자 업계에는 반도체, 컴퓨터를 중심으로 정보화혁명 바람이 불어닥치고 있었다. 지배 구조의 혼선은 급속한 변화의 소용돌이에서 적절히 대응하기 힘들게 만들었다. 파나소닉 경영 부진의 씨앗은 장인 사위 간의 알력이 시작된 것과 동시에 뿌려졌다고 볼 수 있다.

한국에는 고노스케가 애당초 핏줄 후손을 후계자로 지명하지 않은 결단을 내린 것으로 알려져 있다. 후계자 문제에 관한 한 마쓰시타의 결단은 한국에서 구경하지 못한 미담으로 소개돼 있다. 하지만 창업자에 이어 사위가 16년간 회사 사장직을 맡았다.

사위 다음에는 6명의 전문 경영인이 줄곧 대를 잇고 있다. 3대 사장부터 마쓰시타 가문 출신은 한 번도 최고경영인이 되지 못했다.

이런 과정을 보며 마쓰시타가 후손을 후계자로 지명하지 못하게 유언이라도 남긴 것처럼 잘못 알고 있는 한국인이 적지 않다.

그러나 사정은 꽤 복잡하다. 파나소닉에서는 내부 진통과 알력을 거친 끝에 전문 경영인 체제가 들어섰던 것이다.

일본 대기업의 후계자 등장 과정에서는 한국인이 이해하기 힘든 일들이 발생한다.

파나소닉의 경우가 그렇다. 창업자는 사위를 후계자로 지명했다가 전문 경영인으로 교체했다. 창업자는 다시 손자를 후계자로 키우고 싶어 경영 실적을 쌓도록 배려했다. 손자가 임원으로 승진하자 그의 업적을 평가하는 코멘트까지 공개할 만큼 애착을 보였다.

다만 아타미회담을 계기로 사위의 경영 능력이 의심을 받으면서 마쓰시타 가문의 권위가 한차례 무너졌다. 그 당시 사위 체통만 무너진 게 아니었다. 경영의 신으로 통했던 창업자의 위신도 함께 상처를 입었다. 사위를 한때나마 후계자로 지명한 책임을 져야 했다.

그렇다고 해서 누가 고노스케에게 책임을 지라고 공개적으로 요구한 것은 아니었다. 단지 후계자 진통을 겪으며 월급쟁이들이 조심스럽게 발언권을 높이는 현상이 나타났다.

이때부터 창업자 후손을 후계자로 업고 가는 한국과는 전혀 다른 풍경이 파나소닉에서 전개됐다. 전문 경영인들이 마쓰시타 가문을 상대로 경영에서 거리를 두라고 주장하기 시작한 것이다.

창업자는 기업이 사회의 공공재라고 설파했다. 창업자 가문으로서는 경영권 세습을 원했지만 창업 정신을 뭉갤 수 없는 난감한 처지에 빠졌다. 이로 인해 마쓰시타 가문과 전문 경영인 간의 경영권을 둘러싼 내부 갈등은 고노스케 사망 이후 21세기 초기까지 10년 이상 이어졌다.

월급쟁이 출신 첫 사장의 배포와 강단

1977년 1월 17일이었다. 파나소닉이 최고경영진 인사를 공개했다. 고노스케를 평생 모시던 심복이 회장직에서 물러나면서 회장직은 사위 마사하루 사장 몫으로 돌아갔다.

경영 실권을 휘두를 사장에는 야마시타 도시히코山下俊彦가 지명됐다. 고노스케가 전문 경영인을 후계자로 선정한 첫 인사였다.

마쓰시타는 사위를 사장 자리에 16년 동안 앉아 있도록 했다. 사위를 배려할 만큼 배려했다고 판단한 끝에 내린 결정이었다. 장인입장에서는 사위를 왕위에서 끌어내린 셈이었다.

언론의 화제는 물러난 마사하루가 아니라 온통 야마시타에게 쏠렸다. 야마시타 사장은 26명의 임원 가운데 서열 25위로 말석에서 곧바로 권좌에 등극했다. 고졸 출신이 글로벌 기업의 최고경영자가 되는 희귀한 사례였다.

당시 일본에서는 '야마시타'라는 이름의 체조선수가 인기 스타였

다. 뜀틀, 안마 종목에서 종횡무진 활약해 도쿄올림픽 단체전, 세계
체조선수권 단체전에서 일본에 금메달을 안긴 공로자였다.

야마시타의 사장 승진은 체조 선수처럼 멋지게 뛰어올랐다는 뜻
에서 '야마시타 도약'이라는 유행어를 낳았다. 야마시타 사장 인사
는 실업계 고졸 출신을 과감하게 발탁했다는 점, 핏줄이 아니라 전
문 경영인을 골랐다는 점에서 높은 점수를 받았다.

야마시타는 선배를 따라 다른 회사에 전직했다 돌아온 귀순 병
사였다. 다만 여러 가전제품 개발과 판매에서 탁월한 실적을 냈다.

이와세 타츠야와 다테이시 야스노리의 책에 따르면 그를 사장
자리에 추천한 사람은 2대 사장 마사하루였다. 고노스케와 마사하
루의 사망 후에 나온 경제 저널리스트들의 저술을 종합 정리하면
야마시타의 사장 발탁 과정은 이렇다.

고노스케는 사실 다른 임원을 차기 사장으로 염두에 두고 있었
다고 한다.

마사하루 입장에서는 장인이 마음에 둔 인물은 껄끄러운 상대였
다. 나이가 불과 1살 아래인 데다 그를 지지하는 사내 세력이 두터
웠다. 다루기 힘든 인물을 아래에 두는 것보다 젊은 야마시타를 끌
어올리는 인사가 자기 활동 영역을 확장하는 데 편하다고 보았다.
장인의 측근들에 눌려 옴짝달싹 못하던 굴레에서 벗어나려는 책략
이었다.

마사하루는 먼저 야마시타의 의중을 타진했다. 선배들이 즐비한
조직에서 말단 후배가 경영권을 장악하면 거센 반발이 발생할 수

밖에 없다. 조직의 생리를 잘 아는 야마시타는 거부했다.

"당신이 사장 자리를 끝까지 거부하면 창업자가 다시 경영 일선에 전면 복귀할 거요. 그 양반이 돌아오면 파나소닉은 완전히 과거로 돌아가게 될 거요. 그래도 좋다는 건가요."

마사하루는 끈질기게 설득해 야마시타의 승낙을 받았다. 이어 장인에게는 세대교체의 명분을 앞세워 과감한 인사 쇄신을 설득했다. 고노스케도 "야마시타라면 좋다"는 반응을 보였다는 얘기다.

이런 경제 저널리스트들의 설명이 어디까지 사실인지 확인할 수는 없지만, 고노스케가 이미 야마시타에게 높은 점수를 주고 있었던 것은 사실인 듯하다.

"야마시타가 계열사 사장을 하고 있을 때 노조가 말썽을 부렸어요. 노조와 다투는 쟁의 기간이 꽤 길었어요. 다른 계열사 사장 같으면 본사에 달려와 도와달라고 애걸복걸하죠. 야마시타는 전혀 도움을 요청하지 않고 혼자서 깔끔하게 해결하더라고요."

이는 고노스케가 주간지 〈닛케이 비즈니스〉(1983년 10월 3일자)와의 인터뷰에서 야마시타를 평가한 말이다.

야마시타는 맡은 사업부마다 실적이 좋았다. 이사회에서도 선배임원들 눈치를 보지 않고 쓴소리를 하는 것을 마쓰시타는 눈여겨지켜봤다. 야마시타의 배짱으로 경영에 열중하지 않는 사위를 밀어낼 것이라고 기대했는지도 모른다.

이와세와 다테이시의 설명이 사실이라면 야마시타 발탁은 알력을 빚던 장인과 사위 간의 타협책으로 탄생했다고 해석할 수 있다.

막상 야마시타라는 전문 경영인이 사장에 취임하자 파나소닉의 권력 판도는 변화를 보였다.

야마시타는 창업자 뜻대로 움직이지 않았고, 그렇다고 사위 지시를 받는 것도 아니었다.

그는 먼저 창업자의 측근과 심복들을 정리했다. 취임 후 2년 사이 25명의 임원 가운데 나이 많은 13명을 교체했다. 창업자를 오랜 세월 떠받들던 심복을 대부분 은퇴시켰다.

장인의 가신들을 잘라내는 야마시타의 용기를 보며 사위는 "그 때는 정말 행복했다."고 측근에게 털어놓았다고 한다. 야마시타는 임원진 세대교체로 자신을 추천한 마사하루를 만족시켰다.

야마시타는 동시에 사위의 경영 개입도 거부했다고 한다. 그는 경영 혁신책을 내놓고 이를 속도감 있게 추진하기 위해 상설 임원회의를 설치했다. 사장, 부사장, 전무, 상무가 모이는 회사의 최고경영회의다. 창업자 가족이 참여하는 이사회보다 자신이 거느린 임원회의로 실질적인 권한을 이동시킨 것이다.

이 임원회의에 마사하루가 매번 참석하고 싶다는 뜻을 비쳤다. 회장은 현안 결정에 개입하지 않고 사후 보고를 들은 뒤 의견을 말하는 관행을 깨겠다는 말이었다. 경영에서 따돌림을 당하고 싶지 않다는 생각이었을 것이다.

야마시타는 실질적으로 경영권을 장악하려는 마사하루의 의중을 간파했을 것이다. 그는 "회장님은 임원회의에 참석하지 않으셔도 된다."는 답신을 보냈다. 대신 재계에서 회사를 대표해 활동하라고 권고했다. 마사하루가 다시 임원회의 참석을 요구하자 야마시타는 "그렇다면 사장인 내가 임원회의에 나가지 않겠다."고 답신을 보냈다. 경영에 간여하지 말라는 최후통첩이었다.

어느 저널리스트는 야마시타 사장이 이처럼 단호했던 배경에는 창업자와 야마시타 간의 묵계가 있었다고 주장했다.

고노스케가 야마시타에게, 포켓머니(개인 돈) 50억 엔을 마사하루에게 주고 은퇴시킨 뒤 일체 경영에 입을 열지 않겠다는 약속을 받으라고 지시했다는 주장이다.

고노스케와 야마시타 사이에 정말 이런 묵계가 있었는지 야마시타가 공식 확인해준 적은 없다. 일본 저널리스트 중에는 이런 폭로성 책으로 회사와 뒷거래하는 인물이 적지 않아 신빙성이 높은 증언이라고 할 수는 없다. 고졸 출신 신화를 만든 야마시타의 활약을 과장하려는 측면이 없는 것도 아니다.

다만 이런 말이 나올 만큼 야마시타는 창업자 가족을 경영에서 멀리 떨어뜨려 놓으려는 뜻이 강했다는 것만은 읽을 수 있다.

고노스케나 마사하루가 그토록 애착을 보이던 큰손자에게도 야마시타는 차갑게 대했다.

어느 기업인 친구가 골프가 끝난 뒤 귀가하는 길에 야마시타에게 물었다.

"올해 주주총회에서 마사유키는 임원으로 승진하는가."

고노스케의 큰손자가 언제 임원이 되고 사장직을 승계할지는 업계 최고 화제 중 하나였다. 야마시타의 대답은 간단했다.

"아직은 빨라."

"그럼 내년에는?"

"아직은 빨라."

"그렇다면 다음다음 해에는 되는가요?"

"아직은, 아직은 빠르다니까."

'아직'이라는 표현을 두 번 연거푸 쓰며 냉랭한 반응이었다.

이런 종류의 일화가 사실이라면 야마시타의 뜻은 확실했다고 볼 수 있다. 마쓰시타 가문 출신이라고 반드시 후계자가 되라는 법은 없다는 결의가 뚜렷했다. 그것이 기업은 공공의 자산이라고 했던 창업 이념과 일치한다는 생각이었다.

이로 인해 야마시타가 창업자 가문과 좋은 관계를 유지하기는 힘들었다.

한번은 고노스케가 야마시타를 공개 석상에서 호되게 나무랐다. 신년 경영계획 발표 석상에서 마이크를 잡고 2시간 동안 야마시타 경영진을 비판했다. 자신의 심복을 다 잘라낸 데다 손자의 임원 승진까지 미적거리고 있던 무렵이었다.

야마시타는 사장에 지명된 후 첫 기자회견에서 "나를 선정한 분에게도 책임이 있다."고 말해 화제가 됐었다. 그를 사장으로 최종 결정한 사람은 창업자였다. 고노스케가 자신의 경영 판단을 지지해 주지 않으면 일을 할 수 없다는 당찬 각오를 담은 말이었다.

그는 마쓰시타 가문과 알력을 완전히 떨치지 못하고 9년 만에 퇴진했다. 회사가 부회장 직책을 권유하는데도 상담역 자리를 선택했다. 후배들 경영에 개입하지 않으려는 의지를 표시한 셈이다.

하지만 고노스케 큰손자가 부사장으로 승진하자 더 이상 참지 않았다. 이번에는 기자들이 모인 행사장에서 공개적으로 경영권 세습을 반대했다.

"요즘 파나소닉이 이상해졌어요. 창업자의 손자라는 이유 하나로 마사유키 씨가 부사장이 됐다네요. 임원진 8할이 마사하루파라고 해요. 그런데도 젊은 직원일수록 세습에 대해 비판이 없어요. 정말 답답한 일이죠."

언론이 이를 놓칠 리 없다. 야마시타는 고졸 출신으로 일본 최고 기업의 톱 자리에 오른 전문 경영인 아닌가. 경영 혁신으로 최고 실적을 냈다. 그런 그가 마쓰시타 가문에 직격탄을 터뜨린 꼴이었다.

마사하루는 나흘 뒤 산케이신문 인터뷰를 통해 야마시타에게 답변했다.

"야마시타 씨의 공적은 인정하지만 (이번 발언은) 돌이킬 수 없게 됐어요."

결별을 통보하는 반격이었다. 그러자 야마시타는 아사히신문을 통해 다시 폭탄을 투하했다.

"그때 고노스케와 내가 절대 반대라고 했어요. 그런데 부사장으로 승진시키면서 사전에 아무런 상의도 하지 않았어요."

'그때'라는 시기는 고노스케가 살아 있고 야마시타가 사장으로 재직하던 무렵을 말한다. 손자라는 이유로 고속 승진을 시켜서는 안 된다는 것을 창업자와 합의했다는 시사였다.

세탁기 사업부를 맡고 있던 손자 마사유키는 세탁기 소음 문제를 해결하지 못하고 있었다. 소비자로부터 불만이 제기됐으나 뒷감당을 하지 못했다. 손자라는 이유로 승진시키면 회사 안에서는 물론 사회 여론이 좋을 턱이 없었다.

창업자는 승진을 강요하지 못하고 지켜볼 수밖에 없는 분위기였다. 야마시타는 실적이 없는 창업자 손자를 임원으로 승진시키지 않고 끝까지 버텼다고 해석할 수 있다. 한국의 월급쟁이 사장들이 도저히 따라 하기 힘든 언행이 아닐 수 없다.

퇴진 압박을 당한 사위 마사하루 사장

2018년 12월, 가도마 본사에서 만난 파나소닉 4대 사장 다니이 아키오谷井昭雄 씨는 휠체어나 지팡이에 의존하지 않고 있었다. 그는 야마시타의 후임 사장이다.

파나소닉과 인연을 끊지 않은 듯 명함에는 '파나소닉 객원客員'이라는 직함이 인쇄돼 있다. 일본 기업에서 객원이란 퇴직자 신분이지만 회사가 관리 중인 인물을 말한다.

다니이는 '오사카 일중우호협회 명예회장', '사단법인 일중경제무역센터 특별고문'이라는 타이틀도 갖고 있다. 명함은 그가 현역으로 활동하고 있다고 말하고 있었다.

다니이는 1928년생으로 91세다. 그는 책을 담은 가방을 들고 당당하게 응접실에 들어섰다. 작은 체구에서 흘러나오는 건강한 목소리에 힘이 듬뿍 담겨 있다.

그는 실제로 강연 활동을 하고 있다. 글로벌 기업을 총지휘한 경험을 토대로 고노스케의 경영 이념을 후배들에게 전하는 일에 열중하고 있다.

다니이가 사장에 취임하고 3년 뒤 고노스케가 사망했다. 다니이는 고노스케에게 경영 상황을 직접 보고하고 대화를 나눈 파나소닉의 마지막이자 유일하게 생존해 있는 최고경영인이다. 이 때문에 창업자가 후계자 문제에 관해 어떤 유언을 남겼는지 묻지 않을 수 없다.

"한마디도 하지 않았어요. 손자를 잘 부탁한다거나⋯⋯."

다니이는 사장으로서 경영권 세습을 둘러싼 사내 여론 형성에 큰 영향을 미칠 자리에 있었다. 창업자가 아끼던 큰손자에게 후계자 자리를 승계시키고 싶었다면 어떤 방식으로든 자신의 뜻을 전달했을 가능성이 높다.

삼성 이병철 회장은 사망 직전 회장 비서실장을 비롯한 주요 계열사 사장들을 한 명씩 불러 후계자로 지목된 이건희 부회장을 잘 보필해달라고 부탁했다. 또 권력 핵심부 인사들에게 엇비슷한 당부를 했다는 증언을 필자가 여러 사람으로부터 들었다. 재벌 총수의 세습 본능은 누구도 말리기 힘든 욕망이다.

고노스케는 욕망을 억누르고 손자 얘기를 아예 하지 않았다고 다니이는 강조했다.

"손자는 공부도 제대로 했죠. 할아버지 눈에는 귀여울 수밖에 없죠. 손자가 일을 잘하고 있는지 물어도 전혀 이상할 게 없었어요. 저도 고노스케가 혹시 그런 질문을 하지 않겠나, 그렇게 기대하기도 했지만 한 번도 손자 얘기를 하지 않았어요."

"잘 지도해달라.""잘못하면 혼내달라."고 넌지시 말하거나 은근히 손자를 자랑하는 말조차 하지 않았다는 얘기다.

일본인은 아무리 손자가 사랑스러워도 후계자로 키워달라는 식의 직설 발언은 결코 하지 않는다. 후계자로 앉히려고 장기간에 걸쳐 단계적 조치를 취하면서도 좀체 내심을 노출하지 않는다. 후계자로 삼으려고 한다는 인상을 주는 행동을 천천히 단행하면서 주변에서 그것을 수용하기를 기다린다. 그게 일본인들의 행동 방식이다.

이런 일본인들의 상식에서 보더라도 고노스케가 다니이에게 손자에 관해 일체 화제 삼지 않았다는 것은 의외다. 이는 경영권 세습을 무리해가며 추진하지 않겠다는 의지가 분명했다고 해석할 수 있다. 경영 실력을 인정받으면 좋겠지만 그렇지 못하면 탈락하는 것은 어쩔 수 없다고 판단했는지 모른다.

"기업은 공공 소유라고 고노스케는 말했어요. 기업은 공기公器라는 생각이 강했죠."

창업 이념에 맞는 인물이 경영을 책임지는 것이 중요했다고 다니이는 누차 강조했다. 창업 이념에 따라 후계 경영 책임자를 결정하는 것이 옳다고 믿었다는 논리다. 이는 고노스케가 만약 세습을 당부했다면 창업 정신을 위반하는 일이라는 말처럼 들렸다.

마쓰시타가 지명한 네 번째 파나소닉 사장 다니이 씨. 마쓰시타의
경영 비법을 지금도 강의하고 있다. ⓒ 파나소닉

창업 정신은 그만큼 강력한 것이었다. 이 때문에 야마시타의 세
습 반대 분위기는 다니이에게도 그대로 상속됐다.

다니이는 창업자 사망을 계기로 마사하루의 역할 변화를 적극
요구하기 시작했다.

"제가 경영에서 물러나라고 말한 적은 없었어요. 회사를 대표해
회사 밖에서 역할을 해달라고 했죠."

다니이는 필자와의 인터뷰에서 자신은 마사하루의 퇴진을 요구
하지 않고 재계 활동을 권유했다는 취지를 설명했다.

그러나 이와세, 다테이시 등의 책을 종합하면 다니이 경영 팀의
요청은 의외로 강했던 모양이다. 고노스케와 마사하루의 사후에 발

간된 여러 서적의 내용을 종합해보면 이렇게 정리해볼 수 있다.

마사하루가 실무 경영에 간여하려고 하면 다니이는 비서를 보내, 회사 밖에서 재계 활동에 더 열중하시라고 권유했다. 회장이 경영권을 행사할 권리는 없다는 입장이었다. 그것은 사장에게 현장의 경영 지휘를 맡기는 일본 기업들의 관행이기도 했다.

마사하루는 파나소닉의 미국 사업을 자신이 일으켰다는 자부심을 갖고 있었다. 다니이는 마사하루를 미국 법인 회장 직책에서 퇴진시켰다. 글로벌 경영을 하려면 현지인을 대표로 앉히는 게 좋다는 명분이었다.

마사하루가 80세가 되자 더 적극적으로 압박했다. 다니이 혼자 회장실에 들어가 담판하는 자세를 취했다. 경영 실적이 최고조에 달해 다니이의 발언권은 커지고 있었다.

"창업자께서도 80세에 은퇴 기념식을 하고 상담역으로 물러나셨으니 회장님도 이제 물러나 슬슬 대외 활동에만 전념하시는 게 좋겠습니다."

이런 식의 발언이 있었다고 한다.

마사하루는 반발했다. 오히려 자신이 마쓰시타 경영 철학의 계승자라는 입장을 강조했다.

다니이는 단독 면담 방식에서 마사하루 설득이 실패하자 다음에는 부사장 4명과 함께 찾아갔다. 회장의 역할 변화 요구가 임원진 전체의 뜻이라는 것을 보여주려는 단체 행동이었다.

잇단 요구에 마사하루는 화를 냈다.

"이건 모반이야, 모반!"

다니이 경영 팀의 압박이 사내 쿠데타라는 반감을 보였다. 데려다 기른 개에 주인이 물렸다고 마사하루는 생각했을 것이다. 기껏 키워놨더니 무슨 패악질이냐는 분노가 솟구쳤을 것이다.

반면에 세습보다 중요한 것은 회사의 생존이라는 게 전문 경영인들의 중론이었다. 노조에서는 "창업자 손자라는 이유로 후계 대열에서 제외하는 것도 곤란하다."는 의견을 내놓았지만 다수의 임원들은 세습에 찬성하지 않았다고 한다.

다니이는 큰손자를 위해 부회장 직책을 신설했다. 실권은 없지만 대외 활동을 할 수 있는 명예직을 만들어 제공하되 회사가 충분히 예우를 하겠다는 구상이었을 것이다.

다니이의 행동에 전문 경영진과 마쓰시타 가문 사이에는 은근히 알력이 고조될 수밖에 없었다. 당시 전문 경영인 집단과 마쓰시타 가문의 경영권 알력이 주요 언론에 크게 보도된 적은 없다. 밖에서 보면 조용하지만 내부에서는 거칠게 전개되는 혈투였다. 두 집단 간의 갈등은 당사자들이 사망하거나 은퇴한 뒤 다큐멘터리 작가들을 통해 조금씩 알려지고 있다.

마사하루는 월급쟁이들의 집단 압박을 참을 수 없었던 모양이다. 다니이 사장이 들고 온 임원 인사안에 최종 결재를 미루거나 도장을 거꾸로 찍는 방식으로 골탕을 먹였다. 자기가 실무자들에게 전화를 걸어 지시를 하는 월권행위도 마다하지 않았다.

뒷방에 있어야 할 회장이 시시콜콜 현장 일에 간여하면 조직의 혼돈은 점차 커지게 된다. 때마침 PC 보급, 인터넷 등장으로 IT 기술혁명의 바람이 거세게 불고 있었다. 중요한 전환기에 파나소닉 경영은 갈팡질팡 흔들리며 혼미를 거듭했다.

다니이는 유니버설 영화사를 보유한 미국의 대형 엔터테인먼트 회사 MCA를 인수했다. 시장에서도 〈쥬라기 공원〉, 〈쉰들러 리스트〉 같은 영상 콘텐츠와 파나소닉의 영상 전자제품을 융합하면 최선의 결과를 낳을 것이라는 기대가 컸다.

다니이로서는 하드웨어 제품만 생산하던 전략에서 소프트웨어와 콘텐츠를 보완하는 전략을 선택했다. 정보화시대에 맞춰 과감한 변신을 시도했고, 성공하면 파나소닉 역사에 남을 야심 찬 도전이었다.

마사하루는 전문 경영인들의 압박에 맞서 다니이를 퇴진시키는 역공작을 전개했다. 그다지 심각하지 않은 실책을 트집 잡아 다니이 심복을 하나둘 쳐냈다. 다니이는 우여곡절 끝에 7년 만에 임기 도중 사장직에서 물러났다.

마사하루는 후임에 자신의 심복을 지명했다. 다니이의 후임 사장은 배구 선수 출신으로 골프장에서 마사하루의 군것질거리까지 챙겨주는 아첨꾼이었다. 마사하루가 마음대로 조정하는 괴뢰정권이나 다름없었다.

마사하루는 MCA를 인수할 때는 찬성하더니 다음 사장이 MCA를 매각할 때도 찬성했다. 8000억 엔 안팎에 매입해 5861억 엔에 매각했으니 회사에 손해를 남긴 거래가 되고 말았다. 경영권 다툼이 회사를 무너뜨리는 결과로 이어지고 있었다.

추락한 창업자 가문의 위신

마쓰시타 고노스케는 1989년 사망했다. 94세였다. 폐 질환과 불면증에 평생 시달렸으나 워낙 조심스럽게 관리해 장수를 누렸다.

신으로 추앙을 받던 고노스케는 사망 후에 인간의 모습을 되찾기 시작했다. 사망하자마자 사진 전문 주간지 〈포커스FOCUS〉가 포문을 열었다. 〈포커스〉는 연예인, 스포츠 스타, 정치인들의 비밀스러운 애정 행각이나 불륜을 단골로 폭로하는 잡지로 지금은 휴간 상태다.

〈포커스〉가 폭로한 사진은 고노스케가 도쿄 첩의 집 1층에서 우산을 쓰고 승용차에 타려는 순간을 망원렌즈로 찍은 작품이었다. 30년 연하의 첩은 도쿄 요정에서 만나 한때 오사카, 교토에서 살았으나 본부인의 성화에 견디지 못해 도쿄에 거주했다.

오사카 상인의 오랜 풍습은 큰돈을 벌면 본부인의 허락을 받아 첩을 둘 수 있지만 본부인이 허락하지 않는 첩은 인정되지 않았다. 고노스케는 본부인 허락을 받지 못한 채 첩으로부터 자녀 4명을 얻었고, 호적에도 올렸다.

첩의 자식 명단은 고노스케 사망 후 국세청이 상속세 납부 내용을 공개했을 때 공식 확인됐다. 일본은 5억 엔 이상을 상속받은 사람은 국세청이 명단을 공개한다. 고노스케는 첩의 자식들에게 80~90억 엔씩 유산을 상속한 것으로 밝혀졌다.

'경영의 신'이 구름 위에서 땅으로 슬슬 내려오고 있었다.

그러던 중 마쓰시타 가문에 치명상을 안긴 사건은 마쓰시타흥산松下興産이라는 회사의 경영 실패였다.

마쓰시타흥산은 창업자가 파나소닉의 개인 지분과 부동산을 관리하기 위해 설립한 개인회사였다. 총수 일가의 자산을 종합 관리하는 지주회사 성격이 강했다.

마쓰시타흥산은 고노스케가 31년간 사장직을 맡았다가 마사하루에게 물려주었고, 사위는 경영권을 자기 사위, 즉 창업자 손녀사위에게 맡겼다. 고노스케의 손녀사위는 손자 마사유키를 가르치던 가정교사였다.

손녀사위는 건설회사 오너의 아들이었다. 이 손녀사위가 마쓰시타흥산을 맡으면서 회사 성격이 바뀌었다. 마쓰시타 일가의 부동산과 지분을 조용히 관리하던 노선에서 이탈해 수익 부동산을 개발하는 디벨로퍼로 변신했다.

아파트 건설업을 전개하는가 하면 일본 유명 온천 휴양지에 고급 리조트를 대거 건설하더니, 호주에서 고급 호텔과 골프장을 매수했다.

고노스케는 '1인 1업' 정신에 따라 제조업에 평생을 바치며 부동산이나 주식 투자에 관심을 두지 않았다.

"내 능력이 감당할 수 있는 사업만 해야 한다."

"우리가 할 수 있는 사업만 하라."

고노스케는 항상 그렇게 임원들을 타일렀다. 곁눈질하거나 모르는 분야로 문어발식 확장을 하지 말라는 경고였다. 이는 한 우물을 파는 오사카 상인들의 전통적 사고방식이었다.

제2차 세계대전 중 군함, 전투기 제조에 뛰어들었다가 그룹이 공중분해될 위기를 겪은 뒤로 이런 소신이 더 강해졌다. 부동산과 주식이 폭등하던 버블시대에도 투기에 일체 관심을 두지 않았다.

반면에 손녀사위는 창업자의 뜻을 무시했다. 주력 사업에 몰두하라는 엄명을 어긴 죄는 결국 창업자가 사망한 후 가문의 체통을 무너뜨리는 벌로 나타났다.

아니나 다를까. 1990년대 들어 버블경제가 붕괴하면서 부동산 가격이 폭락했다. 가격 폭락의 쓰나미가 단번에 마쓰시타흥산을 덮쳤다. 가문의 자산관리회사 부실은 곧장 그룹의 모체인 파나소닉으로 번졌다.

파나소닉은 주거래은행과 함께 마쓰시타흥산에 1500억 엔(1조 5000억 원)의 구제금융을 긴급 지원했다.

마쓰시타흥산도 우량 부동산과 보유 지분을 매각해 부도를 막는 비상 대책을 강구해야 했다.

가문의 비극은 거기서 끝나지 않았다. 후계자 반열에 올랐던 손자 마사유키도 계열사 지분 200억 엔어치를 매각해야 했다는 말이 나돌았다. 후계자로 유력하던 큰손자가 주식을 내놓아야 할 만큼 궁지에 몰렸다는 얘기다.

손녀사위의 경영 실패는 창업자 가문이 파니소닉 지분을 대거 잃는 데 머물지 않고 가문의 권위와 평판을 깎아내리는 계기가 됐다. 투기에 발목이 잡혀 허우적거리던 마쓰시타 가문을 파나소닉

법인이 구해낸 꼴이었으니 말이다.

그 과정에서 파나소닉마저 실적이 악화돼 2000년에는 무려 1만 3000명을 집단 해고하는 상황이 벌어졌다. '종업원은 한 가족'이라는 신념 아래 일본 경제계에 평생 고용의 관행을 우뚝 세운 회사가 파나소닉 아닌가. '해고는 없다'고 선언했던 마쓰시타 신화는 이렇게 산산조각 났다.

그해 주총과 이사회에서 고노스케 큰손자는 부사장에서 명예직 부회장으로 밀려났다. 언론은 "파나소닉이 혈연으로 경영권이 상속되는 것을 포기했다."고 해석했다.

부회장 직책은 마사하루에게 퇴진을 요구하며 손자를 위해 다니이 사장이 마련해둔 자리였다.

고노스케의 외동딸 사치코나 사위 마사하루는 아들이 왕좌에 오르기를 바랐다. 하지만 총수 일가로서는 대권을 물려받기 직전 단념하지 않을 수 없었다. 마쓰시타흥산 스캔들 수습을 위해 파나소닉의 구제금융을 받지 않으면 안 되었다. 더구나 파나소닉마저 대량 해고를 하지 않으면 안 되는 위기에 몰렸기 때문이다.

"창업자께서는 회사의 장기 생존을 간곡히 바라셨죠. 역시 회사의 장수가 중요하죠."

외동딸은 당시 파나소닉 경영진에게 이런 취지의 발언을 했던 것으로 알려졌다. 세습을 체념한 후퇴의 명분을 창업 이념에서 찾은 것이다.

역대 파나소닉 최고경영진과 후계체제 변화

연대	역대 사장	마쓰시타 가문의 경영권 지위 변화
1918	초대 사장 마쓰시타 고노스케松下幸之助	- 창업자가 경영 총괄
1961	2대 사장 마쓰시타 마사하루松下正治	-양자로 입적한 사위가 사장직 취임. 1977년 까지 16년 재임 -고노스케는 파나소닉 회장 겸 PHP연구소 소장
1964		-아타미회의를 계기로 창업자 고노스케가 경영에 일시 복귀
1973		-고노스케가 상담역으로 퇴진
1977	3대 사장 야마시타 도시히코山下俊彦	-고졸 출신 전문 경영인을 사장에 발탁 -마사하루는 회장, 고노스케는 상담역
1986	4대 사장 다니이 아키오谷井昭雄	-전문 경영인 출신을 다시 발탁 -마사하루는 회장, 고노스케는 상담역
1989		-4월 고노스케 94세로 사망
1993	5대 사장 모리시타 요이치森下洋一	-마사하루는 회장
2000	6대 사장 나카무라 구니오中村邦夫	-마사하루는 명예회장으로 퇴진 -고노스케의 큰손자 마사유키松下正幸가 실권 없는 부회장
2006	7대 사장 오오츠보 후미오大坪文雄	-마사하루는 상담역 명예회장 -마사유키는 부회장 -2008년 회사명을 파나소닉으로 변경
2013	8대 사장 쓰가 가즈히로津賀一宏	-7월 마사하루가 99세로 사망 -마사유키는 2019년 6월 이후 파나소닉 특별고문 겸 PHP연구소 총수

*3~8대 사장은 전원 전문 경영인 출신

후계구도에 대한 고노스케의 진심

파나소닉그룹의 경영권은 2000년 이후 완전히 전문 경영인의 손으로 넘어갔다. 월급쟁이 사장들이 창업 이념에 따라 세습 반대에 나선 데다 부동산 스캔들로 인해 마쓰시타 가문의 체통이 망가졌다.

창업자 사위는 종업원들의 신뢰를 얻지 못했고, 3세 후손은 부동산 사업에 실패해 그룹에 큰 부담을 떠안겼다. '신의 가족'은 심판을 받지 않을 수 없는 처지에 몰렸다.

고노스케가 경영권을 세습해서는 안 된다고 공개 발언한 적은 없다. 자신의 경영 철학에 충실했다면 핏줄에 따른 경영권 상속은 하지 않겠다고 공개적으로 약속했어야 옳았다.

그는 사위를 후임 사장에 임명해 16년간 경영 책임을 맡겼다. 또 큰손자를 후계자로 키우려고 애정 담긴 배려를 아끼지 않았다.

이는 창업자들에게서 흔히 보는 본능적 행동이다. 고노스케 역시 여느 창업자처럼 손자의 왕위 등극을 원했던 것으로 보인다.

따라서 고노스케가 후손에게 대물림하지 않는 결단을 내리고 그것을 유언으로 남겼다고 해석할 수는 없다. 세습 반대가 창업자의 진심이라는 말은 월급쟁이 출신 경영인들이 적극 퍼뜨리지 않았나 추측할 뿐이다.

그렇다고 고노스케가 손자를 반드시 사장 자리에 앉히라는 유언을 남긴 일도 없었다.

'경영의 신' 권위를 앞세워 '마사유키가 50세가 되면 사장에 앉히라.'는 식의 유언을 써놓았다면 어떻게 되었겠는가. 회사 안팎에서 든든한 지지자를 확보하고 있던 고노스케의 힘을 감안하면 전문 경영인 세력이 유언을 딱 잘라 묵살하기는 어려웠을 것이다.

그는 신중했다. 자신의 욕심을 억제했다. "상무가 되려면 45살은 되어야 한다."는 발언을 보면 손자가 현장에서 실적을 쌓으면서 회사 내부와 사회로부터 능력을 인정받기를 기다렸다.

"후계자라는 것은 운명이라고 봐야 합니다. 자연스런 흐름에 맡기지 않으면 안 됩니다."

고노스케는 다른 자리에서 그렇게 말했다.

손자가 사장을 맡아야 한다는 분위기가 형성되기까지 기다리며 운명에 맡기는 태도를 보였다. 한국 총수들처럼 30대 아들딸에게 무턱대고 경영권을 넘기는 전횡을 하지 않았다.

파나소닉의 후계자 진통에서 우리는 한국에서 보기 힘든 3가지 특이한 현상을 목격한다.

첫째, 월급쟁이 경영인들의 목소리가 예상외로 높았다. 저널리스트들의 책에 나오는 야마시타나 다니이의 용감한 언행이 다소 과장되었을 가능성을 감안하더라도 전문 경영인들의 세습 반대 의지만은 뚜렷했다.

그들은 오너 가문의 역습을 각오하고 창업 이념에 충실하려고 했다. 그 와중에서 야마시타, 다니이 사장은 임기 중 하차했다. 사장 자리를 걸고 해야 할 말을 다 했다고 해석할 수 있다.

이는 충성파들만 득실거리는 한국에서는 보지 못할 풍경이다. 한국이라면 월급쟁이들이 회사 내에서 경영권 문제에 언급하지 않거나 아니면 경영권 분쟁의 한쪽 편에 소속돼 다툰다.

둘째, 마쓰시타 후손들의 처신도 한국과는 달랐다. 마쓰시타 후손들은 자산관리회사의 부실로 창업자 가문의 권위가 실추하는 현실을 겸손하게 수용했다. 전문 경영인들의 의중을 받아들였다.

후손들은 그룹 전체가 창업자 가문의 소유라고 억지를 쓰지 않았다. 한국 같으면 오너 가족의 자산관리회사가 부실화하면 어떤 수단을 쓰더라도 죄의식 없이 계열사 돈을 빼내 부실을 메꿨을 것이다. 그러다 감옥에 들어간 총수 가족이 한두 명이 아니다.

마쓰시타 일가는 마쓰시타흥산 스캔들 이후 지분을 내놓고 경영권 승계를 포기했다. 깔끔하게 뒤로 물러서 더 이상 집착하지 않았다. 엄청난 사회적 물의를 일으키고서도 물러나지 않고 버티는 한국 재벌에서는 보기 힘든 선택이다.

무엇보다 돋보이는 것은 창업자가 스스로 욕심을 억제했다는 점이다. 그는 살아생전에 야마시타, 다니이 등 전문 경영인을 연달아 사장직에 앉히는 결정을 내렸다.

손자 나이가 40세를 넘기는 것을 보면서도 무턱대고 후계자 자리에 올리지 않았다. '내가 눈을 뜨고 있는 동안 후계자 경영이 안정되는 것을 보고 싶다'는 욕심을 감추지 못하는 한국 총수들과는 달리 죽는 날까지 세습 욕망을 인내했다.

9

마쓰시타 정경숙,
경세가의 길을 걷다

정경숙은 마쓰시타의 정치 욕심을 완화시켜주는 진통제 역할을 했다. 정치라는 유혹에 휘말리지 않았기에 마쓰시타는 오늘의 명성을 지키고 있다. 한 가지 일만 하겠다던 '1인 1업' 정신을 지킨 것이다.

기도, 사색, 토론, 집필의 공간 '진진암'

교토는 4월 벚꽃이 만발한 시즌이나 11월 단풍철이 최상이다. 교토 난젠지南禪寺는 역시 단풍철이 더 나은 듯하다. 단풍이 마치 꽃을 뿌린 듯 아기자기한 얼굴로 다가온다.

외국인 관광객들은 기요미즈데라淸水寺를 더 즐겨 찾지만 역사적으로 난젠지의 위세는 대단했다. 700년 넘게 왕실, 사무라이 정권과 깊은 인연을 맺었던 대형 선원禪院이다.

난젠지의 권력은 메이지유신 이후 정치와 종교의 분리 원칙에 따라 쇠락했으나 여전히 일본 국보가 남아 있다. 절 부지 내 로마식 수로각水路閣은 한일 합작 영화의 무대가 되었던 명물이다.

절 입구 '준세이順正'라는 교토 요리 전문 레스토랑은 물두부 요리로 유명하다. 이곳 물두부는 한국 순두부와 비교하면 양이 적고 싱

거우며 매콤한 맛이 없다. 강한 자극을 좋아하는 식탐가에게는 그리 매력 있는 메뉴가 아니지만 서양인이 교토에서 즐기는 전통 요리 가운데 하나다.

'철학의 길' 남쪽 끄트머리가 난젠지다. 난젠지 주변은 산책하기에 정말 좋은 경관을 자랑한다. 북쪽은 부자들과 재벌그룹의 저택과 별채, 게스트하우스가 많은 최고급 주택지다. 난젠지 권력이 붕괴하면서 절 부지를 불하한 땅을 스미토모, 노무라그룹이 사들였다.

준세이 바로 옆에는 한국 젊은이들이 한번 꼭 가보고 싶어 하는 미국의 고급 드립커피 블루보틀Blue Bottle 체인점이 있다. 일본 전통 가옥에서 서비스하는 고급 커피는 원두막에서 고급 스테이크를 즐기는 기분을 안겨준다.

블루보틀은 아시아 지역에서 일본에만 체인점이 있다. 기다리는 대기자가 많아 주문까지 30분 이상 걸리고, 커피 잔을 받으려면 다시 10분 이상 지루하게 기다려야 하는 카페다.

블루보틀에서 조금만 걸어 큰길로 나오면 'ZOO'라는 큰 간판을 단 교토 시립동물원 동쪽 문이 보인다. 동물원 바로 건너편에 숲으로 둘러싸인 파나소닉 전용 게스트하우스가 있다. 외부인에게는 비공개다.

마쓰시타가 살아 있을 때 이 게스트하우스는 진진암眞眞庵으로 통했다. 진리와 진실을 추구하는 암자라는 뜻이다. 마쓰시타는 파나소닉 사장직에서 물러나 회장직에 취임한 후 6년가량 이곳을 사무실 겸 내외 인사 접견 장소로 사용했다.

마쓰시타가 진진암에 자리 잡은 것은 66세 때였다. 교토 히가시 야마東山 기슭에 1500여 평 부지를 매입, 아기자기한 일본 전통 정원을 꾸몄다.

마쓰시타는 정원을 조성하며 나무 한 그루, 돌 하나에 일일이 신경을 썼다. 교토 근처 비파호琵琶湖, 비와코 호수에서 끌어온 물로 작은 폭포를 만들고 연못에는 맑은 물이 흐르도록 했다.

정원 풍경은 단아하다. 호화롭다는 인상은 주지 않는다. 세상의 잡음을 잊을 수 있는 한적한 분위기가 포근하게 감싼다.

마쓰시타는 1961년 이곳에 '번영을 통한 행복과 평화PHP연구소'

교토의 PHP연구소. 마쓰시타의 경영 철학을 세일즈하는 총사령부 역할을 맡고 있다.

를 열었다. 제2차 세계대전 직후 PHP운동을 전개하다 중단했던 것을 회장직을 맡으면서 다시 시작했다.

그는 경영 위기를 넘어서기 위해 아타미회담을 계기로 경영에 복귀한 적이 있고, 창업자로서 최종 판단을 내려야 하는 경우도 많았다. 하지만 노년의 활동 본거지는 가도마 본사가 아니라 진진암이었다. 사장들은 현안을 보고하려고 이곳을 자주 찾았고, 엔지니어들은 비디오테이프 같은 신제품 개발에 성공하면 가장 먼저 진진암으로 들고 갔다.

진진암에는 신사와 다실, 사무실 겸 손님을 맞는 데 사용하는 응접실이 있다. 그에게 이 별채는 기도와 사색, 토론, 집필의 공간이었다. 여기서 연구원들과 토론하며 매년 평균 2권씩 책을 냈고, 그때마다 큰 성공을 거두었다. 말하자면 진진암은 베스트셀러 생산 공장이었다.

혼다와 마쓰시타, 사후 평가가 다른 이유

하버드대 MBA대학원에서 학생들에게 가장 인기 있는 일본 기업은 혼다자동차다. 혼다가 미국 소형차 시장을 압도하고 있어 미국 시장에서 밀려나고 있는 파나소닉과는 다른 대접을 받는다.

하버드 MBA 학생들이 케이스 스터디로 가장 빈번하게 연구하는 일본 기업인도 혼다 소이치로本田宗一郎(1906~1991)다. 혼다는 초등학교를 졸업한 엔지니어 출신 창업자다.

혼다는 마쓰시타처럼 공장의 말단 인턴으로 6년간 일했다. 그중 6개월은 사장 집 아이를 돌보는 일을 맡았다. 혼다는 제2차 세계대전 후 창업에 뛰어들어 오토바이를 제조하더니 정부 반대를 무릅쓰고 어릴 적부터 꿈꾸던 자동차 사업을 시작했다.

그는 고성능 엔진을 개발하고 반도체가 막 탄생할 무렵부터 자동차에 반도체를 집어넣으려 했던 타고난 기술자였다. 마쓰시타처럼 그도 학벌보다 철저히 현장 경험을 중시했다.

젊은 기술자들이 새로운 엔진 개발에 성공하자 자기가 고집해오던 기술을 깨끗이 포기하고 물러나는 결단을 보였다. 67세 은퇴하면서 아들에게 경영권을 물려주지 않고 전문 기술자를 최고경영인 자리에 앉혔다.

은퇴 후 20여 년간 사회봉사 활동에 전념했고, 종종 은어 낚시를 즐겼다. 은어를 잡으면 친구를 불러 모아 소박한 파티를 열었다.

혼다의 드라마틱한 스토리는 마쓰시타에 뒤지지 않는다. 그는 평생 별장을 갖지 않았다. 회사에서도 출신 지역, 학력에 따른 일체의 차별을 엄격히 금지했다. 하버드 학생들뿐 아니라 전 세계 누구에게나 매력 있는 휴먼 스토리를 갖추었다.

마쓰시타와 혼다는 당대에 글로벌 기업을 일궈낸 일본의 영웅이다. 그런데도 사후에 평가되는 혼다의 인기는 마쓰시타에 미치지 못한다.

혼다가 쓴 책은 더 이상 팔리지 않고 있다. 혼다 추종자들이 적지 않지만 혼다의 경영 이념을 상품화하고 후배 경영인들에게 판매하는 비즈니스는 흔적을 찾기 어렵다. 독특한 창업자 가운데 한 사람으로 일본 산업 역사에 남아 있을 뿐이다.

두 영웅의 사후 평가가 달라진 결정적인 요인은 다름 아닌 책과 연구소다.

혼다는 자서전부터 경영 철학을 담은 작품까지 대여섯 권의 책을 펴냈다. 대담집, 발언집, 공저, 편저까지 포함해 무려 200권 가까운 책을 펴낸 마쓰시타와는 비교가 되지 않는다. 게다가 마쓰시타는 수천 건의 오디오, 비디오 기록을 남겨놓았다.

마쓰시타가 발간한 책 종류는 다채롭다. 자서전, 경영 지침서는 물론 우주론이나 인간의 기원론을 펴냈는가 하면 대담집, 강연록도 냈다.

무엇보다 은퇴와 함께 경영인에서 일본의 장래를 걱정하며 해결책을 제시하는 경세가^{警世家}로 변신했다. 국가 원로로서 출판과 강연을 통해 잘사는 나라를 만들기 위해 정치권과 국민을 향해 하고 싶은 말을 했다.

이 자료들은 지금도 학자와 작가, 평론가들에게 풍부한 연구 자료를 제공하고 있다.

그는 큰손자에게 PHP연구소를 남겼다. 연구소는 마쓰시타가 개인 돈을 투입해 설립했다. 이 때문에 지금 마쓰시타의 큰손자가 경영권을 갖고 있다. 파나소닉과는 밀접한 협조 관계를 맺고 있지만 경영에는 서로 불간섭 원칙을 지키고 있다.

마쓰시타는 세상을 떠나기 앞서 연구소 업무에 몰두하며 자신의 생각과 비전을 마케팅하는 허브(거점)를 구축해두었던 셈이다. 혼다와는 전혀 다른 방식으로 자신을 마케팅했기에 후대의 평가는 다를 수밖에 없다.

전후 일본의 부활을 빼닮은 마쓰시타 생애

마쓰시타의 진진암 생활은 규칙적이었다. 진진암 근처에서 거주하며 고베 자택에는 주말에 갔다. 아침 7시 전후 일어나 8시에는 TV뉴스를 보며 식사를 마쳤다.

진진암에 출근하면 먼저 정원 안에 있는 기도 명상의 장소로 갔다. 일본 신사의 총본산 격인 이세진구伊勢神宮를 40분의 1로 축소해 지은 신사 앞에 무릎을 꿇고 앉아 30여 분 기도를 올렸다. 기도와 명상을 겸한 의식이었다.

명상과 기도가 끝나면 다실에 들렀다. 다실은 1평 남짓한 좁은 방이다. 화로와 다구가 준비돼 있어 홀로, 또는 다도회 벗과 말없이 엷은 향의 일본차를 마셨다. 다실 주변 정원 풍경은 별천지에 온 듯한 착각을 그에게 선물했을 것이다.

진진암에는 사원이 14~15명 근무했다. 마쓰시타는 그들 중 4~5명과 토론으로 하루 업무를 시작했다. 토론 주제는 일본 헌법부터 미국과 일본의 정치, 인간성, 우주의 원리까지 다양했다.

신입 사원이 들어오면 발언 순서를 1번으로 지명했다.

"오늘 새로 왔다니 자네가 먼저 말해보게. 일본 헌법은 제대로 만들어진 것인가."

토론은 마쓰시타가 질문을 던지는 것으로 시작돼 참석자 모두가 돌아가며 의견을 말했다. 저명한 전문가나 쟁쟁한 학자를 초대하는 일은 그다지 잦지 않았다. 그의 책에 고명한 학자나 교수들의 문장을 인용한 대목이 별로 없는 이유가 여기에 있다.

토론은 어디까지나 평범한 시민 수준에서 전개됐다. 아무리 거창한 국가 현안도 일반 상식의 높이에서 토론 내용을 정리해 대중성을 확보했다. 필자의 식견이나 지식, 통찰력을 뽐내기보다는 독자들이 어떻게 편하게 읽을 수 있는지를 먼저 생각했다.

그는 연구소 사원들에게 글을 쓰는 원칙을 몇 가지 제시했다. ① 단정적 표현을 쓰지 말 것, ②가급적 부드러운 표현으로 쓸 것, ③ '~라고 생각한다'는 식으로 쓸 것, ④일상생활과 밀접한 소재를 고를 것 등이다. 거기에 6000자를 30분에 이해할 수 있도록 쓰라는 추가 지침이 있었다.

연구소 직원이 정리한 문장은 그날그날 마쓰시타에게 보고됐다. 마쓰시타는 그것을 몇 번 수정하며 자기 작품으로 만들어갔다. 수정을 거듭할수록 평범한 독자가 소화하기 쉽도록 쉬운 표현과 단순한 문장으로 마무리됐다. 제작 과정을 보면 저술에서도 소비자를 우선하는 상인 정신이 깃들어 있었다는 것을 짐작하게 된다.

그렇게 정리된 문장은 PHP연구소가 발간하는 잡지에 실렸고 주

제벌 토론 내용은 책으로 펴냈다. 『길을 열다』를 비롯 수많은 베스트셀러의 탄생 과정은 똑같다.

그의 저서는 굳이 따지자면 연구소 직원들의 집단 창작물이다. 자료 수집과 초고 작성을 직원들이 맡았다. 다만 마쓰시타가 토론 내용을 종합하고 개인 신념과 철학을 듬뿍 반영했다는 점, 최종 원고를 본인이 직접 여러 번 손봤다는 점에서 그의 작품임을 부정할 수 없다.

그는 새 책을 낼 때마다 조바심을 감추지 못했다. 서점에서 독자
반응이 어떤지 민감하게 체크했다. 이 때문에 직원들은 매번 서점
에 전화를 걸어야 했고 때로는 서점을 직접 방문해 판매 동향을 파
악했다. 새 가전제품을 출하할 때와 똑같이 마음을 졸이곤 했다.

1960년대 들어 일본 상품이 세계시장으로 파고들고 있었다. 일
본 기업을 보는 미국과 유럽 소비자들의 눈이 달라졌고 외국 언론
이 일본 기업 보도량을 늘리고 있었다. 도요타, 혼다, 소니, 파나소
닉 브랜드가 시장 점유율을 높이고 있었다.

일본의 국가 경제력은 1968년 독일을 추월해 미국에 이어 세계 2
위 경제 대국으로 부상했다. 제2차 세계대전 패배로 열등감에 빠져
있던 일본이 기지개를 활짝 켜고 자신감을 회복하던 시기였다.

일본 전자시장에서 1위를 달리던 파나소닉에 관심이 쏠리고 있
었다. 최고의 억만장자로 등극한 마쓰시타에 국내외 언론 카메라의
포커스가 맞춰지고 있었다.

마쓰시타는 부활한 일본의 상징이었다. 파나소닉은 전쟁범죄 기
업에서 글로벌 톱 플레이어로 탈바꿈했다. 사장 자리에서 쫓겨날
뻔했던 사람이 스타 경영인으로 재탄생했다.

마쓰시타의 인기는 서점가에서도 폭발했다. 내는 책마다 줄지어
베스트셀러에 올랐다. 사내에서 무료 배포하던 〈PHP〉 잡지는 130
만 부까지 부수가 급팽창했다.

마쓰시타의 생애는 핵폭탄의 폐허에서 재생한 일본을 그대로 투

영하고 있었다. 가문의 몰락, 병약한 몸, 낮은 학력을 극복한 그의 스토리는 패전, 지진, 가난을 딛고 일어선 일본의 모습과 똑같았다.

그는 일본인의 자존심을 회복시킨 영웅으로 떠올랐다. 일본인들은 부패한 정치인들의 교묘한 말장난보다 그 영웅의 목소리를 듣고 싶어 했다.

국가 장래를 걱정하는 경제계 거인의 제언

마쓰시타는 일선에서 은퇴한 후에는 정부 비판, 정치 비판을 본격 전개했다. 이케다 하야토池田勇人 정권이 소득배증 계획을 내놓았을 때의 일이다.

이케다는 1960~1964년 총리를 역임했다. 그는 공무원들이 설계한 성장 계획이 마음에 들지 않았다. 성장률을 낮게 잡았다고 보았다. 그는 측근 경제학자를 동원해 일본의 경제력GNP을 10년 이내 두 배로 키우겠다는 계획을 발표했다. 매년 9% 이상 고도성장을 달성해야 하는 커다란 구상이었다.

신칸센을 가설하고 주택 건설을 촉진하며 국내시장을 개방하겠다는 구체적인 정책도 잇달아 내놓았다. 제2차 세계대전 후유증에서 어느 정도 벗어났다는 판단 아래 일본을 경제 대국으로 변신시키겠다는 야심이었다.

마쓰시타는 이케다의 소득배증 정책을 비판했다. 정부가 숙취에서 깨어나지 못한 듯하다는 반박이었다. 매년 납세액 최고를 기록 중이던 마쓰시타의 비판에 관심이 쏠릴 수밖에 없었다. 그는 NHK 주선으로 이케다 총리와 특별 대담하는 기회를 가졌다.

사실 파나소닉이야말로 소득배증 정책의 최대 수혜자였다. 농어 민을 비롯한 서민들 소득이 급증하면서 가전제품 판매가 호조를 보였다. 일본은 1955년 이후 1973년 오일쇼크까지 거의 20여 년 장기 고도성장을 달성했고, 파나소닉도 덩달아 호경기를 만끽했다.

파나소닉은 소득배증 정책의 혜택을 보았지만 마쓰시타는 이케 다 정책을 비판하는 정치 발언을 서슴지 않은 것이다.

그의 정치 성향은 아버지에게서 받은 DNA가 작동한 것인지 모 른다. 아버지는 고향 와카야마에서 두 번 지방의원에 당선됐다. 마 쓰시타도 청년 사업가 시절 오히라키에서 지자체 의원에 두 번 도 전해 당선됐다.

교토와 오사카 기업인들은 전통적으로 정치와 거리를 두는 성향 을 보인다. 마쓰시타의 정치 발언에 못마땅한 반응을 보이는 기업 인이 적지 않았다. 파나소닉 경영진도 정당 결성 같은 정치 활동에 는 반대 분위기가 강했다.

그러나 마쓰시타는 은퇴 후 정치에 미련을 버리지 않았다. 제2차 세계대전의 참패가 그의 정치관을 바꿔놓았다.

"과거에는 정치는 권력을 가진 사람들이 하는 것이라고 생각했었 다. 그러나 정치를 군인과 정치인들에게 맡겨놓았더니 전쟁에서 패 배해 온 국민이 가난에 빠지고 황폐해졌다. 정치가 국민을 속였다."

정치가 국민을 배신해 나라를 형편없게 망가뜨렸으니 할 말을 해야겠다는 생각이었다.

1970년대 초 석유파동이 닥치자 고도성장 기세가 단번에 꺾였다. 도쿄와 오사카에서는 진보 성향의 시장이 당선되고 자민당이 지배해오던 정치권은 파벌 싸움으로 일대 혼란에 빠졌다. 정치 위기에 경제 위기가 겹쳐 나라 전체에 위기감이 커지고 있었다. 이 무렵부터 그의 정치 DNA는 본격적으로 불타올랐다.

마쓰시타는 PHP연구소를 통해『무너져가는 일본을 어떻게 구할 것인가』(1974년)를 출판했다. 이 책이 경고한 내용은 무분별한 국가 예산 낭비였다.

'전후 물가는 1000배, 임금은 1300배, 그러나 국가 예산은 1만 300배 늘었다.'

물가와 임금 상승률보다 정치인들이 사용하는 예산이 10배나 급속도로 증가했다고 비판했다. 주로 정치 무능을 지적한 내용이었다. 이 책은 단번에 베스트셀러에 오르더니 75만 부가량 팔려나갔다. 대중이 마쓰시타의 정치 발언을 지지하고 있다는 것을 판매 부수가 보여주었다.

다음 해에는 소니 창업자 모리타 아키오盛田昭夫(1921~1999)와 함께 대담집을 냈다.『우론憂論-일본은 지금 무엇을 생각해야 하는가』였다. 전자업계의 오랜 라이벌이 만나 국가 위기를 걱정하는 책을 발간한 것이다.

이 책도 30여 만 부 팔렸다. 판매 부수보다 값진 소득이 있었다.

기업인들이 국가 위기에서 하고 싶은 말을 해야 한다는 반응을 얻었다.

마쓰시타가 80세를 넘긴 시기였다. 상담역으로 물러나 회사 경영에서는 손을 거의 떼고 있었다. 할 말을 서슴없이 터뜨릴 수 있다고 판단했을 것이다.

모리타 아키오 소니 회장(당시 54세), 이나모리 가즈오 교세라 회장(당시 43세) 등 젊은 기업인들이 마쓰시타를 찾아와 정치 개혁을 촉구하는 국민운동을 벌이자고 제안하기도 했다. 그들은 마쓰시타에게 정치 개혁 국민운동의 심볼 역할을 맡아줄 것을 요청했다.

마쓰시타는 정치 개혁 캠페인이 활발해지기를 기대하며 외곽에서 정치 활동을 멈추지 않았다. 1976년에는 미래소설을 발간했다.

마쓰시타는 1973년 회장에서 상담역으로 경영 일선에서 물러났다. ⓒ 파나소닉

'2010년의 일본'을 가정한 소설이었다. 고야산의 단골 사찰인 사이젠인^{西禪院}에서 연구소 직원들과 토론 끝에 완성한 작품이었다. 2010년쯤 세계에서 가장 이상적인 국가를 만들자는 제안을 담은 내용이었다.

1977년에는 월간지 〈보이스VOICE〉를 창간했다. 보수적 논조를 유지하며 정치, 경제, 사회의 개혁을 촉구하는 잡지다.

이 잡지의 창간 배경이 흥미롭다. 『무너져가는 일본을 어떻게 구할 것인가』, 『우론^{憂論}－일본은 지금 무엇을 생각해야 하는가』의 독자 여론에 따른 창간이었다.

독자 엽서를 책 속에 끼워 팔았더니 1만 3000여 통의 엽서가 들어왔다. 의견을 적어 보낸 독자가 그만큼 많았다. 독자 엽서의 의견은 '21세기 새로운 일본을 함께 만들어보자'는 것으로 귀착되면서 새로운 잡지 창간을 결정했다.

그는 논란을 불러온 제안도 내놓았다. '신국토창성론^{新國土創成論}'(1976년)에서는 산악 지대가 많은 일본 국토를 개조하자고 했다. 200년에 걸쳐 산을 헐어 간척지를 개발해 국토 면적을 두 배로 늘리자는 구상이었다.

마쓰시타가 부동산 붐을 타고 투기로 큰돈을 벌었다면 몰매를 맞을 만한 제언이었다.

"부동산 투기로 얼마나 돈을 더 벌려고 저러느냐."

그가 부동산 투기에 뛰어든 적이 없었기에 일본인들은 순수한 제언으로 받아들였다.

더 큰 논란을 일으킨 것은 '무세국가론無稅國家論'(1978년)이었다. 소득세를 절반으로 삭감하는 등 정부가 가급적 세금을 걷지 말고 스스로 돈을 벌어 예산을 써야 한다는 주장이었다.

얼핏 들으면 현대그룹 창업자 정주영이 대선 공약으로 내걸었던 '반값아파트 정책'과 엇비슷한 제언으로 들린다. 하지만 그는 일본 정부가 해마다 엄청난 국채를 발행해 빚을 얻어 쓰는 현실을 참지 못했다.

가정이나 국가도 회사처럼 경영 마인드를 갖고 운영하면 잘 굴러갈 것이라는 인식이었다. 그는 그보다 12년 전부터 정치에도 생산성 개념을 도입해야 한다고 주장했었다.

마쓰시타는 책을 통한 국가적 제언으로 자신의 신념을 마케팅했다. 저술 활동은 인간 탐구로 철학자 면모를 담기도 했지만 주로 국가 장래를 걱정하는 데 모아졌다. 그러면서 점점 정치에 직접 뛰어들 수 있다는 의욕을 감추지 않았다.

정당 결성으로 갈 뻔한 정경숙 설립

치가사키시茅ヶ崎市는 상업도시 오사카보다는 정치도시 도쿄에서 가깝다. 도쿄역에서 기차로 1시간 안에 도착한다.

마쓰시타는 이곳에 마쓰시타 정경숙政經塾을 세웠다. 1978년 84세에 개인 돈 70억 엔을 투입해 리더십을 갖춘 인재를 키우겠다는 의욕을 보였다. 70억 엔은 현재 원화 가치로 3000억 원에 달하는 거액이다. 도쿄 근처에 입지한 것은 정치 무대가 도쿄라는 것을 감안한 것으로 해석할 수 있다.

국가 장래를 걱정하는 경세가로 추앙을 받게 되자 그는 한 발 더 내디뎠다. 그의 정치 유전자는 현실 정치에 발언권을 높이는 방안으로 3가지를 고민했다. 첫째, 국민운동, 둘째, 정치인 양성, 셋째로 정당 결성이었다.

첫째로 가장 먼저 정치 개혁을 촉구하는 국민운동을 벌이는 방안을 검토했다. 모리타 소니 회장, 이나모리 교세라 회장이 제안한 아이디어다.

기업인으로서 참여하기 적합한 간접 정치 참여 방식이었다. 만약 재계 후배들이 국민운동을 벌이겠다고 구체적인 실행 계획을 내놓았으면 적극 참여했을 것이다.

이미 여러 권의 책을 통해 정치권을 비판하고 있었다. 기업인들이 머뭇거리는 것을 보며 그는 국민운동을 포기했다.

세 번째인 정당 결성 방안은 자신이 직접 정당을 만들어 정치에 뛰어드는 구상이었다. 모기업인 파나소닉 경영진과 동료 기업인들의 반대가 많아 주저했다.

그의 비서직에 23년간 머물렀던 에구치 의원은 1989년 참의원 선거를 계기로 마쓰시타정당을 출범하려고 작심했다고 증언했다. 35명 정도 당선시킬 자신이 있었다고 한다. 이를 위해 정당 발기문부터 정강 정책까지 준비했다. 아쉽게도 이 무렵부터 마쓰시타의 체력이 급격히 떨어졌고, 1989년 4월 사망했다.

마쓰시타가 고민 끝에 실행에 옮긴 정치 참여 방안은 정경숙 설립을 통한 미래 인재 양성이었다. 그는 인생 마지막 10년 동안 정경숙 학생들에게 정성을 쏟았다.

설립 직후엔 학생들과 매월 정기적으로 대화를 가졌고 입학식과 졸업식에 꼭 참석했다. 사망 직전 병원에 입원한 상태에서 마지막 입학식에 영상 축하 인사를 보낼 만큼 애정을 쏟았다.

지난 30년 동안 마쓰시타 정경숙을 졸업한 젊은이는 274명이다. 40%는 정치에 뛰어들었고, 39%는 기업체에서 일하고 있다(2018년 4월 현재). 매스컴에서 일하고 있는 졸업생은 12명, 대학이나 연구소에 취업한 사람은 41명(15%)의 분포를 보이고 있다.

설립자의 관심이 정치, 그것도 정치인 양성에 있다는 것을 학생들은 피부로 절감했던 것 같다. 현재 졸업생 가운데 중의원 25명, 참의원 10명 등 국회의원이 35명에 달하고 지방의원 숫자는 21명이다. 현지사와 시장은 9명이다.

졸업생의 정치 지향은 초창기부터 강했다. 이들은 처음에는 지방의원에 출마해 선거 경험을 쌓았다. 재학생 후배들은 선배의 선거 현장에 뛰어들어 선거운동을 도우며 표를 모으는 테크닉을 배웠다. '현장에서 배우라'는 설립자의 지침에 충실했다.

지방선거에서 성공하면 다음에는 중앙 무대에 진출했다. 이들에게는 '정경숙에서 마쓰시타 고노스케로부터 직접 교육을 받았다'는 경력이 득표에 커다란 플러스 요인이었다.

"제가 고노스케 어른에게 이렇게 물으니 저렇게 대답하셨어요."

이런 에피소드 하나가 유세에서 유권자들로부터 긍정적인 반응을 얻었다고 졸업생들은 공통으로 증언하고 있다. 마쓰시타의 후광이 그 정도로 강렬했다. 마쓰시타는 정경숙 출신 정치인들에게 최고 후원자나 마찬가지였다.

정경숙의 성가가 최고조에 올랐던 시기는 1기 졸업생 노다 요시히코野田佳彦가 2011년 총리대신이 됐을 때다. 노다 총리는 정경숙 후배 출신 국회의원을 장관직에 앉혔고 민주당과 국회 요직에도 발탁했다. 노다 정권을 '마쓰시타 정경숙 내각'이라고 표현한 언론 보도까지 등장했다.

언론은 노다 정권 출범 후 마쓰시타 정경숙 졸업생 인맥을 특집 보도했다. 새로운 정파가 등장했다고 보는 듯했다.

언론이 법석을 떨었던 배경에는 정치권 내부 사정이 있었다. 일본 정치권은 3세, 4세 세습 의원이 즐비하다. 1955년 이후 50년이나 해묵은 정치권을 세습 의원들이 장악, 정치 불신과 장기 불황을 극복하지 못하고 있었다.

세습 정치가 지배하던 정치권에서 마쓰시타 정경숙 출신 정치인들은 대체로 맨몸으로 당선돼 신흥 세력을 형성했다. 정경숙 출신들이 뭔가 새로운 바람을 불러올 것이라는 기대가 높았다. 정경숙 출신들은 야당 소속이 다수였고, 전반적인 정치 성향은 온건보수 내지는 중도우파로 분류됐다,

그러나 노다 내각은 2012년 482일 만에 뚜렷한 업적을 내지 못하

고 붕괴했다. 유권자들은 경험 부족으로 인해 정권 교체가 실패했다는 심판을 내리고 아베 총리를 선택했다. 마쓰시타 정경숙 출신 정치인들이 새바람을 일으킬 것이라던 기대는 연기처럼 사라졌다.

저물어가는 정경숙의 명성

1990대 초 도쿄 특파원 시절 방문했던 마쓰시타 정경숙은 군대 훈련소 같았다. 전원 기숙사에서 단체 생활을 하고 있었다.

아침 6시 일어나면 3km를 단체로 구보하고 주변 청소를 마치면 검도, 다도茶道, 붓글씨를 의무적으로 배워야 했다. 매년 한 번 100km 행군을 완수해야 했고, 파나소닉 말단 대리점에서 근무하면서 매달 300만 엔 이상의 판매 실적을 올리라는 업무량을 부과받았다. 군대처럼 엄격한 생활을 거부해 자퇴하는 학생이 나왔다.

정경숙의 교육과정은 마쓰시타의 성장 과정이 가득 담긴 내용이었다. 그는 점원 시절 다른 점원들과 한 방에 기거하며 아침마다 청소를 끝내고 예의범절을 익혀야 했다. 그는 전기제품 개발에 필요한 기술을 맨손으로 익혔다.

이에 따라 학생들에게 자수자득自修自得을 강조했다. 마쓰시타는 알아서 공부하고 스스로 깨우치라고 했다. 고정 강의시간이나 상임 교수진을 두지 않았다. 정해진 커리큘럼이 없었고 가끔 유명 인사를 초청해 특강을 열어주었다.

"미야모토 무사시宮本武藏(일본의 신화적인 검객)는 스승이 따로 없었지. 어디서 검술을 배운 적이 없었어. 배울 만한 책도 마땅치 않았어. 그런데 검성劍聖(최고 검객)이 됐잖아. 스스로 검술을 터득한 거야. 혼자 이렇게 해보고 저렇게 해보며 검술을 익힌 거지. 자네들이 미야모토 무사시 같은 정치인이 되면 얼마나 좋겠어."

학생들에게는 졸업할 때까지 4년간 매달 대기업 신입 사원 수준의 월급을 주었다. 해외 출장이나 연구 프로젝트에는 별도 비용을 계산해주었다. 넉넉한 지원을 받으며 다양한 현장 체험을 할 수 있다는 소문에 초창기에는 우수한 젊은이들이 몰려들었다.

하지만 마쓰시타 사망 후 '경영의 신'과의 정기적인 대화 모임부터 사라졌다. 국회의원 선거에 출마한 졸업생들이 대거 낙마하고 노다 내각의 실패가 가져다준 충격은 의외로 컸다. 군대식 훈련에 젊은 세대는 더 큰 거리감을 느꼈다. 젊은이들의 관심이 멀어지고 지원자의 질적 하락 현상이 나타날 수밖에 없었다.

정경숙은 초기에는 20명 안팎 입학생을 뽑다가 정원을 축소하는 바람에 어느 해엔 졸업생이 2명으로 줄었다. 학원을 폐쇄할 것이라는 소문까지 돌았다. 마쓰시타는 당초 입학생 숫자를 100명, 200명까지 늘리겠다는 구상이었지만 정반대로 갔다. 지금은 매년 5~7명 정도 선발하고 있다.

한 일본인 기자는 이렇게 평가했다.

"과거에는 선거용 득표 기술자를 키우는 학원이라는 평이 있었죠. 졸업생이 선거에 나가면 당선될 확률이 높았거든요. 하지만 지금은 초급 정치인 양성소라고나 할까요. 명성이 크게 추락해 거의 화제가 되지 않는 분위기랍니다."

정치 지도자를 육성하겠다는 마쓰시타의 꿈은 한때 전성기를 구가했다. 현재 110명의 졸업생이 정치 현장에서 뛰고 있어 얼핏 보면 어느 정도 성과를 낸 것처럼 보인다.

하지만 그들이 과연 마쓰시타가 기대했던 정치를 하고 있는지는 의문이다. 일본 정치를 얼마나 변화시켰는지, 일본이라는 나라를 얼마큼 바꾸었는지는 더 큰 의문이다.

정경숙 1기생 노다 총리와 마쓰시타의 오랜 비서 에구치가 국회에서 정면충돌한 적이 있었다. 2011년의 일이다. 비례대표 의원인 에구치가 노다 총리를 향해 질의했다. 노다 내각은 동일본 대지진 이후 정부 예산 지출을 대폭 늘리려 하고 있었다.

"본 의원은 정경숙에서 마쓰시타와 함께 총리를 상대로 입학 면접시험을 실시했던 면접관이었습니다. 마쓰시타는 정치가의 사명은 어떻게 하면 세금을 낮출 수 있을까 하는 것이었다는 사실을 잘 알고 계시죠?"

에구치 의원은 증세로 예산 지출을 확대하려는 노다 총리를 몰아세웠다.

"총리가 증세라는 말을 쉽게 이렇게 입에 올릴 것 같았으면 마쓰시타 정경숙을 중간에 자퇴했어야 옳았어요."

마쓰시타 덕분에 국회의원이 되고 총리 자리까지 올랐으면 마쓰시타의 '세금 없는 나라' 정신을 본받아야 한다는 일침이었다.

이에 노다 총리는 물러서지 않았다.

"마쓰시타는 저에게는 누구와 견줄 수 없는 스승이죠. 하지만 이 자리에서 스승의 가르침과 저의 지론을 따로따로 거론하는 것을 기뻐하시지는 않을 겁니다. 총리로서 행동을 통해 스승의 마음에 들도록 하려고 합니다."

국가적 난제를 해결하는 실행력으로 마쓰시타의 가르침에 보답하겠다는 취지였다. 증세는 불가피하다는 말이었다. 정경숙 출신의 대표적인 정치인마저 기존 정치인과 다를 게 없는 정치를 하고 있다는 인상을 주었다.

정경숙 출신 정치인 중 "역시 기존 국회의원들과는 다르다."는 평가를 받는 사례는 매우 드물다. 그들이 새로운 국가 비전을 제시하는 신흥 정치 세력을 형성한 것도 아니다. 중앙과 지방 정치 무대에서 제각각 자기의 꿈을 성취하는 선에서 머물고 있다.

그렇다고 벤처기업을 창업해 멋지게 성공했다는 졸업생도 아직 나오지 않고 있다. 정경숙은 한때 일류 대학 진학생을 대거 배출했으나 사양길에 접어든 명문 고등학교 같은 인상을 주고 있다.

정주영과 마쓰시타의 차이점

정주영 현대그룹 창업자는 1992년 초 통일국민당을 출범시켰다. 건설업으로 시작해 한국 최대 재벌을 이룬 기세로 정치권력을 잡으려 했다. 아파트를 시가의 절반 가격에 공급하겠다고 약속하며 창당 45일 만에 국회에서 31개 의석을 단번에 거머쥐었다. 78세의 도전이었다.

그 기세로 대권에 도전했으나 김영삼 후보에게 패했다. 김영삼이 대통령에 취임하자 검찰 수사가 개시됐다. 현대그룹을 상대로 하는 정치 보복성 수사로 보였다. 정주영은 신변에 위협을 느꼈는지 도쿄로 피신했다.

궁지에 몰린 정주영은 도쿄에서 필자를 비롯한 몇몇 특파원에게 "김영삼 대통령이야말로 단군 이래 가장 정직한 사람"이라고 치켜세웠다. 뜬금없는 찬양이었다.

대선 과정에서 김영삼을 공격했던 일은 전혀 없었다고 기억을 지워버린 듯했다. 단군 이래 가장 정직한 사람이라는 찬양은 청와대에 항복하겠다는 뜻으로 던진 투항 메시지였다.

그 후 정주영은 전국구 의원직을 돌연 사퇴하며 이번에는 당을 해체하는 데 앞장섰다. 정당 출범 1년 수개월 만의 폐쇄 작업이었다. 감옥에 가고 싶지 않다는 방어책이었다.

감옥에는 아들 정몽헌이 수감됐지만 그는 권력 앞에 한없이 약한 기업인 처지를 뛰어넘지 못했다. 정주영은 뒤이어 건강마저 악화돼 경영 일선에 복귀하지 못했다.

그를 오래 수행했던 박정웅은 무쇠 체력을 자랑하던 정주영을 쓰러뜨린 것은 권력자들에게 매번 당한 끝에 얻은 홧병이었다고 썼다. 권력에 대한 분노를 삭이지 못하고 마음의 병이 도지는 바람에 건강까지 잃었다는 말이다.

현대 창업자의 정치 외도는 그룹의 경영 부실을 불러왔고, 삼촌과 아들 형제들이 두 패로 갈려 싸우는 '형제의 난'을 촉발했다. 그룹은 분할되고 재계 1위 자리는 삼성으로 넘어갔다.

정주영 회고록의 제목은 『시련은 있어도 실패는 없다』였다. 인생을 성공 스토리로 가득 채우고 싶다는 의욕이 그만큼 강했다. 대선에서 낙선한 일도 자신의 실패로 보지 않았다.

그는 "내가 낙선한 것은 나의 실패가 아니라 YS(김영삼)를 선택했던 국민의 실패이며, 나라를 이 지경으로 끌고 온 지도자(YS)의 실패"라고 했다. 실패 원인을 국민에게 돌리면서 외환 위기를 빚은 김영삼에 원한 섞인 감정을 드러냈다.

마쓰시타는 정당 결성 의지를 공식화한 적이 없다. 주변 기업인들과 상의하는 단계에 머물렀다. 80이 넘은 나이에 정당을 꾸려보려는 의욕은 있었지만 회사 안팎의 의견을 경청했다. 신중한 논의를 거듭했다. 정주영과는 달리 정치에 직접 온몸을 담그는 모험은 끝까지 하지 않았다.

정주영보다 신중했기에 '경영의 신'은 건강을 망가뜨리지 않았고 '실패한 정치인'으로 추락하지 않았다. 그가 정치에 뛰어들었다가 망신했다면 수많은 추종자들이 그의 곁을 미련 없이 떠났을 게 뻔하다. 정당 결성을 둘러싼 파나소닉의 내부 분열 또한 가열되었을 것이다.

마쓰시타가 정치를 보는 눈은 정주영과 크게 다르지 않았다. 정치란 기업 경영처럼 치밀하지 못하고 허점투성이다. 기업인 눈에는 정치가 세금을 멋대로 거두어 놀고먹는 불량 사업에 불과하다. 더구나 기업인에게는 온갖 규제로 뒷다리를 잡는 방해꾼이 정치가 아닌가. 정치권을 보는 분노 지수는 정주영이나 마쓰시타가 거의 비슷했다.

하지만 마쓰시타는 저돌적으로 덤빈 정주영과는 달리 끝까지 인내하며 몇 년 동안 주변 의견을 청취했다. 정경숙은 마쓰시타의 정치 욕심을 완화시켜주는 진통제 역할을 해주었다.

정주영처럼 '정당 결성 → 당수 취임→ 총리직 도전'이라는 유혹에 휘말리지 않았기에 마쓰시타는 오늘의 명성을 지키고 있다. 한 가지 일만 하겠다던 '1인 1업' 정신을 지켰다.

10

마쓰시타 경영의 핵심

마쓰시타 경영이 한국 기업에게 남긴 보물은 여럿이다. 경영권 세습을 포기했고, 사회공헌과 인간의 행복을 우선했다. 하지만 가장 소중한 보물은 '아무리 어려운 상황에서도 길은 있다'고 믿었던 마음가짐이다.

'살아 있는 경영의 신'과 마쓰시타 선배와의 만남

교토 기요미즈데라淸水寺로 가는 길에서 마주친 스타벅스 니넨자카二寧坂 지점에는 관광객이 몰린다.

이 스타벅스는 2층을 다다미방으로 꾸며놓았다. 일본 전통 가옥 분위기를 그대로 살린 덕분에 외국인들은 일부러 찾는다. 이 스타벅스 점포는 지구상에서 가장 작은 간판으로 가장 많은 고객을 부르는 곳이리라.

교토는 갈 때마다 깊이를 짐작하기 어려운 도시라는 느낌을 준다. 기온祇園 지역의 일부 고급 요리점이나 요정은 아예 간판이 없다. 아는 단골들만 들락거린다.

미슐랭 평가에서 별 셋을 받은 스시집은 예약이 한두 달 밀리기 일쑤다. 구글 지도를 보고는 쉽게 찾기 힘든 좁은 골목 안에 맛집이 많다. 기온 골목의 음식점 간판은 문패 사이즈가 의외로 작다. 이방인 감각으로는 식당인지 개인 주택인지 좀체 구별할 수 없다.

식당 안에 들어서면 셰프와 손님 목소리가 조근조근 들린다. 요란한 환영 인사는 없다. 식당 크기는 손님 수가 20명을 넘지 않을 규모다. 손님을 제한하고 있다는 것을 금방 알 수 있다. 비싸긴 하지만 셰프가 제공하는 대로 먹고 나서 후회하는 사람은 거의 없다.

식당과 카페의 작은 간판들처럼 교토 사람들은 요란하게 과대포장하지 않는 성향이 강하다. 그래서 교토에는 작고 소박하지만 알고 보면 알차고 값진 보물이 많다.

교세라도 교토 보물 중 하나다. 휴대폰을 비롯해 반도체와 각종 부품 소재를 제조하고 태양광 사업을 전개하는 알짜 회사다.

교세라그룹의 연간 매출은 16조 원 언저리, 종업원 숫자가 7만여 명 정도다. 파나소닉 매출액이 83조 규모, 종업원 숫자가 27만여 명인 것과 비교하면 5분의 1 수준에 불과하지만 교세라 브랜드 위력은 강하다.

브랜드보다 더 유명한 존재가 창업자 이나모리 가즈오 명예회장(1932년생)이다. 그는 지금 일본에서 '살아 있는 경영의 신'으로 통하는 기업인이다. 마쓰시타 이래 '경영의 신'이라는 애칭을 받은 유명 인사다.

그는 2011년 정부의 간청을 받아들여 망해가는 일본항공JAL의 회생을 맡아 단 2년 만에 흑자를 내고 증권시장에 재상장시켰다. JAL 회생 작업을 담당하면서 월급은 한 푼도 받지 않았다.

교세라를 키운 이나모리식 경영 비법이 다른 대기업에도 효력이 있다는 것을 확실히 증명했다. 기적 같은 JAL 생환에 일본인들은 탄성을 올리며 신격화하기 시작했고, 당시 하토야마 내각은 내각 특별고문 자리를 신설해 그를 우대했다.

이나모리는 씨 없는 수박을 개발한 우장춘 박사의 넷째 딸과 결혼했다. 부부가 1990년대 중반 서울에 왔을 때 이나모리는 경영의 신 반열에 오르기 전 단계의 유력 기업인이었다.

이나모리 부부와 식사하며 필자가 들은 얘기 가운데 두 가지는 지금껏 머릿속에서 지워지지 않고 있다.

그는 장인을 과학자로서 무척 존경한다고 했다. 그는 실험을 중시했던 장인의 태도를 높게 평가했다.

또 하나는 마쓰시타 고노스케의 경영으로부터 많은 것을 배웠다는 고백이었다. 그는 "경영을 하면서 누구를 모델로 삼고 있느냐."는 질문에 그렇게 답변했다. 이나모리가 사망한 경영의 신을 존경한다는 발언은 다른 인터뷰에서도 여러 번 나왔다. 그러더니 자신이 마쓰시타 후임으로 '경영의 신' 왕좌를 물려받은 모양새가 됐다.

두 경영의 신은 여러모로 닮았다. 월급쟁이로 일하다 20대에 창업했고 공장에서 실험하고 신제품을 개발하는 일을 즐겼다.

이나모리는 창업 후 노조의 반발을 계기로 회사의 기본 사명은 사원들의 행복한 삶을 보장하는 일이라는 사실을 깨달았다. 즉각 마쓰시타처럼 창업 이념을 분명히 설정한 뒤 사람을 중시하는 경영을 실행했다. 두 사람은 기업의 존재 이유를 깨달은 후 회사가 가야 할 방향과 회사의 약속을 담은 문서를 사원들에게 배포했다.

이나모리는 돈을 벌자 사회공헌재단을 발족해 가고시마와 교토에 아낌없이 기부했다. 기업은 사람들에게 이익이 되는 일을 해야 한다는 이나모리의 이타적 경영 이념은 기업 공기론을 설파한 마쓰시타와 일맥상통한다. 이나모리가 승려 자격을 취득한 것만 빼면 두 경영의 신은 종교에 심취한 성향까지 빼닮았다.

이나모리도 1대 경영의 신을 뒤따라 많은 저서를 쓰고 있다. 저술 내용은 자신의 성공 비결부터 실무 경영론, 인간론, 철학적인 것까지 다양하다. 저서를 속속 베스트셀러로 등극시킨 실적은 마쓰시타에 미치지 못하지만 이나모리의 저서는 모두 무려 1500만 권이 판매됐다.

이나모리는 특히 중국에서 인기를 누리고 있는 경영인이다. 저서는 대부분 중국어로 번역됐고 덕분에 판매 부수의 절반은 중국어판이다.

이나모리 경영을 배우려는 기업인들의 모임(盛和塾, 세와주크)은 전 세계에 100개나 설립돼 1만 4000명이 회원으로 가입했다. 일본에는 지역마다 이나모리 경영 연구모임이 활동하고 있다. 그의 경영 이념과 실행 방식을 배우려는 추종자는 마쓰시타에 조금도 뒤지지 않는다.

두 경영의 신이 처음 만난 극적인 순간은 여러 기록으로 남아 있다. 이나모리가 교세라를 창업하고 7년째 되는 해였다. 청년 기업인으로서 마쓰시타의 간사이지역 기업인 모임 강연에 참석했다.

강연 요지는 마쓰시타 특유의 '댐 경영'을 설명한 내용이었다. 자금부터 인재, 기술, 부품까지 경영의 모든 부문에서 댐에 물을 저장하듯 충분한 여유를 갖추어야 한다고 강조했다. 하루하루가 급하게 돌아가는 중소기업인들에게는 꿈같은 말이었다.

"무슨 말씀인지 잘 알겠는데요, 구체적으로 어떻게 하면 댐을 높게 쌓을 수 있습니까."

댐 경영의 방법론을 묻는 질문이 당연히 나올 수밖에 없었다.

마쓰시타의 대답은 엉뚱했다.

"그런 방법은 저도 모릅니다. 하지만 말이죠, 여유를 가져야 한다고 생각하지 않으면 안 된다는 겁니다. 먼저 간절하게 원하지 않으면 안 된다는 거죠."

여유 경영의 비법을 물었더니 간절한 마음을 갖는 게 우선이라고 했다.

청중석에서 웃음이 터졌다. 실없는 농담이라고 여기며 실망하는 기색이 역력했다.

그러나 이나모리는 달랐다. 그 말에 "충격을 받았다."고 했다.

"할 수 있다거나 할 수 없다고 고민하지 않고 '이렇게 하지 않으면 안 된다'고, '경영은 이렇게 하겠다'고 강한 결심을 먼저 다지지 않으면 안 된다는 말씀이었어요. 그야말로 철학의 영역이죠. 그는 철학적 사고를 하는 정말 드문 경영인이었어요."

이나모리는 온몸에 전류가 흐르는 듯한 전율을 느꼈다.

마쓰시타가 자주 썼던 비유는 2층에 오르는 사다리를 찾는 방법이었다. 2층에 올라가겠다는 군은 열의가 먼저 필요하다고 했다. 2층으로 올라가겠다는 결의가 약하면 사다리를 찾거나 만들 수 없다는 얘기다.

"어떤 방식으로든 2층에 오르겠다는 열정이 결국 사다리를 찾는 첫걸음이죠. 재능이나 능력이 사다리를 만드는 게 아닙니다. 역시 열정이죠. 경영이든, 일이든."

간절한 소망이 중요하다는 점에서 71세의 원로 경영인과 33세의 신참 중소기업인은 단번에 마음이 통했다.

그 후 이나모리는 가끔 마쓰시타를 찾아가 경영은 물론 정치, 경제 현안을 논의했다. 또 교세라 반도체를 마쓰시타그룹에 납품하며 거래를 이어갔다.

이나모리는 훗날 마쓰시타 정경숙 상담역을 맡았다. 마쓰시타 주도로 메이지유신의 혁명가를 기리기 위해 교토에 설립된 료젠역사관靈山歷史館 이사장직도 물려받았다.

하지만 말년의 행보는 다르다.

언젠가 한 경제주간지가 이나모리와 인터뷰하면서 "경영을 하면서 마쓰시타를 의식하느냐."고 물었다.

"마쓰시타가 지침이 되는 존재인 것만은 틀림없습니다. 다만 고령이 되어서도 마쓰시타처럼 회사에 적을 두고 있지는 않을 작정입니다. 더불어 회사를 세습시킬 생각도 없고요."

이나모리는 나이가 들면서 회사 일에 간여하지 않고 있다. 경영권 세습을 하지 않겠다는 입장을 고수하고 있다. 마쓰시타가 세습에 미련을 완전히 털지 못하고 파나소닉 주변에 머물렀던 것을 의식한 처신이 아닌가 싶다.

이나모리는 거기에 머물지 않고 2018년 12월 돌연 경영인 모임(세와주크)을 2019년 완전히 폐쇄하겠다고 발표했다.

"몇 번이고 생각해본 결과 모임을 1대代로 끝내는 것이 가장 좋다고 판단했다. 조직을 남겨두면 언젠가 조직을 악용하거나 오염시키는 인간이 나오기 마련이다."

모임의 성격이 변질돼 지저분한 구설수가 따르는 것을 피하기 위해 살아 있을 때 깔끔하게 정리하겠다는 얘기다. 마쓰시타의 사후 발생했던 여러 잡음을 의식한 사전 청소 작업이라는 해석이 나오고 있다.

카세트로 마쓰시타 배운 소프트뱅크 손정의

시마 사토시嶋聰 교수는 특이한 이력을 갖고 있다. 마쓰시타 정경숙 2기생 출신으로 정경숙 지도원과 연구소장, 도쿄 분점 대표를 거쳤다.

시마는 마쓰시타가 살아 있던 시절 8년간 가까이서 지켜보았다. 그 후 국회에 진출해 9년간 중의원 의원을 했으나 선거에서 낙선하자 미련 없이 소프트뱅크로 갔다.

시마는 손정의 회장의 비서실장을 맡아 8년간 핵심 참모 역할을 수행했다. 미국 보다폰과 스프린트 인수 작업에도 간여했다.

시마는 말년의 마쓰시타를 자주 만났고 손정의 회장의 전성기에 지근거리에서 일했다. 뛰어난 두 경영인의 바로 곁에서 그들의 장점과 단점을 관찰한 유일한 일본인이다.

시마의 저서 『최강 경영인의 사고법』(飛鳥新社)에는 마쓰시타와 손정의의 공통된 장점이 정리돼 있다. 겸손하고 감사할 줄 알며 미래를 예측하는 능력을 갖추었다는 등 33가지 토픽이 에피소드 중심으로 흥미진진하게 나온다.

필자가 1992년 도쿄에서 손정의를 처음 만났을 때 "역사상 인물 중에서는 메이지유신 시절의 료마라는 풍운아를 가장 사랑한다."고 했다.

그는 사춘기 시절 시바 료타로의 『료마가 간다』를 반복해 읽었다. 고교를 중퇴하고 홀연 미국 유학길에 올랐던 것도 료마의 인생에서 배운 결단이었다.

손정의가 경영인 마쓰시타를 어떻게 평가했는지는 시마 교수의 책에 나온다.

손정의는 젊은 시절 마쓰시타 정경숙에 지원, 입학하려고 했다. 정경숙에서 마쓰시타를 매달 직접 만날 수 있는 특혜를 활용해 경영 비법을 묻고 싶었다. 하지만 손정의는 결혼으로 가족을 두고 있어 합숙 생활을 해야 하는 정경숙의 방침을 따를 수 없었다.

입학을 포기하는 대신 마쓰시타의 경영 비법을 담은 카세트테이프를 구입했다. 핵심적인 내용을 추려 뽑은 경영 테이프를 자동차에서 반복해 들었다. 잦은 되감기로 테이프가 너덜너덜해질 때까지 들었다고 한다.

이나모리, 손정의 같은 '마쓰시타 아바타' 격인 경영인은 너무 많다. 값싼 제품을 수돗물처럼 공급하겠다는 전략은 캐주얼 의류를 전 세계에 파는 유니클로와 중국의 가전회사 하이얼에서 발견된다.

유니클로 회장 야나이 타다시柳井正는 저가격 제품을 대량 공급할 뿐 아니라, 마쓰시타처럼 전 세계 모든 종업원이 열정을 갖고 일하는 전원 참여 경영을 추구하고 있다.

하이얼 최고경영인 장루이민張瑞敏은 부실 회사 경영을 떠맡으면서 마쓰시타의 저서를 거의 모두 독파했다. 부실 공장을 재건하려면 마쓰시타의 성공 비법을 배우지 않으면 안 된다는 생각이었다.

장루이민은 자사 냉장고에서 불량품이 발견되자 사원들 앞에서 불량품을 모두 해머로 부수며 스스로를 비판했다.

"모든 것은 불량품이 나오는 공장을 만든 사장의 잘못입니다."

그는 스스로 월급을 삭감하는 처벌을 받았다. 그러고는 제조 공정을 완전히 뜯어고쳤다.

"이제부터 나오는 불량품은 여러분의 잘못입니다."

장루이민은 마쓰시타로부터 배운 CEO의 솔선수범 원칙을 실행했다. 마쓰시타는 교통 체증으로 회의에 지각할 경우에도 스스로 감봉 처분을 받았다.

하이얼은 2011년 파나소닉 산하에 있던 산요전기의 가전 분야를 인수했다. 산요는 마쓰시타와 동업하던 처남이 독립해 창업한 가전

회사다. 산요는 창업자 매형의 경영 이념을 추종하는 중국인 제자에게 넘어간 셈이다.

마쓰시타의 아바타 경영인들은 몇 가지 유형이 있다.

이나모리처럼 경영 이념 추구부터 저술 활동, 종교 귀의, 사회공헌 활동까지 닮은 타입이 있는가 하면, 손정의처럼 경영인으로서 예측하고 판단하고 실행하는 마쓰시타식 행동 방식을 추종하는 타입이 있다. 야나이나 장루이민처럼 회사 형편에 맞는 경영 비법만을 골라 채용하는 경영인들은 훨씬 더 많다.

마쓰시타의 공헌 가운데 빼놓을 수 없는 것은 경영인의 이력서 가공, 자서전 미화를 급격히 줄였다는 점이다.

그는 자신의 약점을 감추거나 적당히 부풀리거나 과대 포장하지 않고 그대로 드러냈다. 오히려 결점을 어떻게 보완해 그것을 성공 재료로 삼았는지를 증명했다.

그를 따르는 후배 경영인들은 저학력이나 무지無知, 낮은 신분의 출생 배경을 결코 부끄러워하지 않았다. 대학 졸업장을 받으려고 전전긍긍하지 않고 초등 졸업으로 작은 기업을 일으킨 것을 당당하게 밝혔다.

유니클로의 야나이는 와세다대학을 다니면서 파친코와 마작, 영화에 푹 빠져 지냈다고 고백했다. 인기 있는 취직자리인 종합상사 입사에서 매번 탈락했다는 상처도 드러냈다.

손정의는 재일교포 2세로 태어나 어린 시절 돼지와 염소를 키우며 살았다고 했다. 아버지가 밀조주를 제조해 돈을 벌어 외제차를 굴리기도 했다고 실토했다.

또 창업 2년 만에 간염으로 입원했던 경험을 털어놓았다. 만성 간염이 간경변으로 악화되기 직전의 상태였다.

"나으려면 5년 정도 걸릴 겁니다."

의사의 '5년 선고'에 낙망하지 않고 병원에서 독서에 열중했다. 시바 료타로의 장편 역사소설 『료마가 간다』를 다시 읽고 미래 예측, 역사, 경영학, 컴퓨터 관련 서적을 탐독했다. 3년 반의 치료 기간 동안 읽은 책이 3000권에 달했다.

마쓰시타는 22세부터 폐 질환으로 고생했다. 창업 후 회사 일을 정상적으로 처리할 수 없게 되자 사업부제를 창안했다. 임원 간부들에게 제품 제조, 생산, 판매를 위임한 뒤 자신은 종합 관리하는 역할로 한발 물러섰다. 사업부제는 월급쟁이들의 사기를 높여 창업자에게 더 큰 이익을 안겨주었다.

손정의는 장기간 입원 생활을 통해 정보혁명이라는 시대의 큰 파도를 더 깊게 이해했다. 단순한 소프트웨어회사가 아니라 정보혁명을 선도하는 회사를 만들겠다는 큰 꿈을 갖게 됐다. 간염이라는 역경을 활용해 인생의 전기를 마련했다. 병원 생활은 동시에 벤처기업을 창업한 목적을 정리하는 계기가 됐다.

"인생에서 중요한 것은 돈이 아니다. 지위나 명예도 아니다. 이름 모르는 사람들로부터 고맙다는 말을 들을 수 있는 사업을 해야 한다."

마쓰시타가 30대 중반에 사명을 깨달은 것처럼 손정의도 29세에 기업가의 사명을 터득했다. 두 사람은 63년의 격차를 두고 탄생했지만 창업 초기에 기업을 하는 마음가짐을 정리했다.

마쓰시타가 250년 장수 기업을 선언했다면 손정의는 300년 생존 기업을 약속했다. 손정의는 "호주머니에 항상 3개월짜리와 3년짜리 스케줄을 갖고 다닌다."며 반듯하게 접어놓은 종이 일정표를 필자에게 보여주었다. 그저 시류를 따라가며 사업을 하지 않았고, 사업가로서 목적의식과 방향이 뚜렷했다.

마쓰시타가 공업화시대의 스타였다면 손정의는 정보화시대 일본 경제계의 최고 스타가 됐다. 그들은 인생의 핸디캡을 성공의 길을 도와주는 영양분으로 활용했다.

마쓰시타식 추격자 전략의 유효성

하버드대학 MBA스쿨에서 마쓰시타 경영을 강의한 존 P. 코터 교수는 "마쓰시타는 '상품을 발명하라'는 말을 한 적이 없다."고 했다. 원천 기술 개발에 투자하거나 노력한 적이 그다지 많지 않았다는 말이다.

"비즈니스는 간단하다, 원가를 가능한 한 낮추고 애프터서비스를 잘하면 된다고 생각했죠."

전파는 헤르츠가 찾았고 무선통신 기술은 마르코니가 발명했다. 마쓰시타는 통신 기술 개발에 참여한 적이 전혀 없지만 그 기술을 활용해 라디오, TV를 전 세계에 가장 많이 판매한 사업가가 됐다. 세탁기, 냉장고, 자전거 램프, 전기 소켓을 발명하지 않았으나 그런 가정생활의 필수품을 지구상에 가장 많이 팔아 돈을 벌었다.

마쓰시타의 특허 기술은 대부분 개량 기술이다. 그는 학교에서 과학을 배우지 않았고 저급 기술이든 고급 기술이든 체계적으로 익힌 적이 없다. 미국, 유럽에서 발명된 기술을 도입해 한발 더 전진시키는 데 평생을 보냈다. 파나소닉이 글로벌 기업으로 성장하던 1950~1966년 사이 미국, 유럽에서 도입한 기술 계약은 무려 8561건에 달했다.

마쓰시타는 경쟁 기업이 개발한 기술로 더 싸고 좋은 상품을 만드는 데 열중했다. 시장에 출시된 제품을 분해해 더 싸고 더 나은 부품을 찾아내 비용을 낮추면서 양질의 제품을 생산했다. 대개는 30% 안팎의 싼 가격에 출시했고, 어떤 제품은 경쟁 제품보다 70% 낮은 가격에 신상품을 내놓은 적도 있었다.

그가 중시한 것은 시장 점유 전략이었다. 고객의 평판과 고객의 지적이 훨씬 값어치 있다고 평가했다.

소니가 처음 내놓은 영상 녹화용 비디오테이프는 1시간짜리 TV 드라마를 녹화할 수 있었다. 파나소닉의 영상 녹화 기술은 애초에 소니를 따라가지 못했다. 소니로부터 소니 기술로 비디오테이프를 함께 생산해 수출하자는 제의를 받았다. 시장의 1등 기업으로서는 자존심 상하는 제안을 받은 셈이었다.

마쓰시타는 한동안 고민했다. 하지만 최대 시장인 미국의 고객들

파나소닉이 처음으로 개발한 라디
오(위)와 텔레비전(아래). ⓒ 파나소닉

요구는 4시간 동안 녹화하는 기술이었다. 미식축구 경기를 녹화하려면 4시간 동안 녹화할 수 있는 비디오테이프가 필요했다. 그래서 마쓰시타는 계열사가 개발한 기술의 도움을 받아 소니보다 녹화 시간이 두 배인 비디오테이프를 잇달아 개발했다.

"소니 제품은 100점짜리야. 하지만 우리 것은 200점짜리야."

예상대로 고객들은 마쓰시타의 손을 번쩍 들어주었다. 마쓰시타는 기술에서 밀렸으나 시장에서 승리했다.

마쓰시타는 자본, 기술, 정보, 인맥 등 기업에 필수적인 요소가 빈궁한 창업자였다. 처음부터 카리스마가 뛰어난 리더는 못 되었고 경영의 신이라는 권위는 억만장자가 된 뒤에 받은 것이었다. 그가 선택할 수 있는 길은 매우 제한적이었다. 다른 사람의 돈을 빌리고, 좋은 기술을 모방하고, 유익한 정보를 열심히 수집하고, 다른 사람의 인맥을 활용할 수밖에 없었다.

마쓰시타는 발명된 기술을 개량하는 데 머물렀기에 '모방의 천재', '베끼기 전문 기업'이라는 야유를 들었다. 시기, 질투의 감정이 들어가 있지만 대부분의 히트 상품은 선발 회사의 제품을 한 발, 두 발 개선한 것들이었다.

이것은 전형적인 '추격자 전략'이었다. 끄트머리에서 시작해 앞서가는 회사를 하나둘 따라잡고 마지막에는 1등에 올라서는 경영이 집념의 추격자 전략이다. 나쁘게 말하면 모방 전략이지만 시장에서는 흔히 볼 수 있는 도전자의 행동 방식이다.

따지고 보면 일본 경제 전체가 추격자 전략으로 산업혁명을 이루었다. 미국, 유럽에서 개발된 자동차, 철도, 조선, 비행기를 뒤따라 만들었고 백화점, 대형 마트도 미국과 유럽의 노하우를 베꼈다. 자본주의경제의 작동 원리를 통째로 서양에서 배웠고, 기업 자금을 공급하는 금융시스템까지 고스란히 복사하지 않았는가.

이 때문에 누구도 마쓰시타를 모방의 천재라고 비난할 자격은 없다.

마쓰시타는 창업 초기부터 포드자동차의 창업자 헨리 포드를 존경했다. 자동차왕이 자동차를 어떻게 대중에게 공급하는지를 배웠다. 그는 포드의 경영 비법을 배우려고 포드 자서전을 읽었고, 요코하마에 들어선 포드자동차 공장을 견학했다. 포드를 '사업의 교과서'로 삼는다는 발언을 사원들에게 자주 했다.

마쓰시타가 포드를 비롯한 미국 기업의 파워를 절감한 시기는 한국전쟁 이후였다.

한국전쟁은 하늘이 내린 최고의 선물 가운데 하나였다. 미국은 공산주의와 싸우기 위해 일본 열도를 전쟁 물자를 생산하는 기지로 설정했다. 미국은 마쓰시타에게 경영 복귀를 허용한 데 이어 파나소닉에 내려졌던 각종 규제와 제한을 완전히 풀었다. 한국전쟁 발발 이후 일본 전체가 최고 호황을 만끽했다.

마쓰시타는 한국전쟁 덕분에 GHQ의 족쇄가 풀리자 1951년 미국을 방문했다. 미국 공장 여러 곳을 견학하며 미국 기업의 기술력과 생산력에 감탄했다.

애초에 1개월로 예정됐던 미국 탐방 일정은 3개월로 연장됐다.

일본을 떠날 때 군대식으로 짧게 자른 헤어스타일이 귀국할 때는 기름을 발라 넘긴 서양식으로 바뀌어 있었다. 미국을 뒤따라가며 배우겠다는 의욕이 그만큼 넘쳐 있었다.

마쓰시타의 추격자 전략은 일본의 국가 성장 전략과 일치하는 것이었다. 미국 기계류와 기술을 도입해 값싸고 근면한 일본의 노동력과 결합시키면 세계시장에서 경쟁력을 갖춘 제품을 얼마든지 만들 수 있었다. 파나소닉 제품은 일본 시장을 넘어 미국 시장, 유럽 시장으로 진출해갔다.

마쓰시타가 갔던 추격자의 길을 수많은 일본 기업들이 따라갔다. 오리지널 기술이 없으면 개량 기술로 1등을 뒤따라가야만 했다.

마쓰시타식 2등 전략은 후발 주자의 가장 유효한 성공 모델 중 하나다. 기술, 자본, 인재, 정보가 부족한 신생 기업과 후발 국가들이 채택할 수 있는 매우 효율적인 접근법이다.

후발 주자는 막대한 비용이 소요되는 원천 기술에 투자할 여력이 없다. 선두 주자를 뒤따라가며 모방 상품을 제조하거나 비싼 특허료를 지불하며 기술을 매입해야 한다. 때로는 소송을 각오하며 몰래 훔치기도 한다.

마쓰시타의 성장 모델은 1등에게 배운 기술을 조금씩 개선해 원가를 낮추고 성능을 키웠다. 종업원들에게 사명감을 잔뜩 불어넣으며 사기를 높여주자 불량품이 크게 줄었다. 마쓰시타는 후발 주자로 나서 선두를 따라잡는 경쟁에서 연전연승했다.

시장에서 정말 큰 이익을 올리는 기업은 반드시 선두 주자가 아니었다. 그는 세상을 놀라게 하는 창조 기술로 시장을 선점하는 선도형先導型 기업인은 아니었다. 뒤늦게 추격자로 출발해 1등을 따라잡은 뒤 더 크고 더 장기적인 이익을 만끽한다는 것을 마쓰시타가 증명했다.

확실히 마쓰시타식 경영은 20세기에 유용했다. 그의 전성기에는 환율이 고정돼 있었고 에너지 가격은 안정된 상태였다. 저임금 근로자를 채용해 대량생산이 가능했다. 소비자층의 욕구도 지금처럼 다양하지 않았다. 마쓰시타는 대중 소비시대에 걸맞은 범용 상품으로 시장을 장악할 수 있었다.

이제 마쓰시타 시대처럼 만만한 시장은 사라졌다. 화장실 청소부터 기업묘 운영, 사업부제, 댐 경영까지 그가 성공시켰던 여러 경영방식 가운데 21세기에 딱 들어맞는 것은 드물다.

그러나 마쓰시타식 추격자 전략을 무덤에 묻힌 유물쯤으로 냉소해선 곤란하다.

무엇보다 한국은 원천 기술이 빈약한 나라다. 노벨 과학상을 받은 과학자가 없을뿐더러 벤처 기술 개발을 자극하는 풍토가 지리멸렬하다. 이런 나라의 기업은 맨땅에서 출발해 등급을 올리다가 1등을 꾸준히 모방하며 따라잡는 전략이 유용할 것이다.

삼성전자는 휴대폰의 경우 애플의 아이폰을, 반도체의 경우 텍사스 인스트루먼트와 인텔을 모방하는 전략으로 글로벌 플레이어가 됐다. 현대자동차도 GM과 도요타를 추격하며 그들로부터 배웠다는 사실을 잊지 말아야 한다.

마쓰시타가 한국 기업에 건네는 조언들

존 코터 교수는 마쓰시타가 21세기 경영인들에게 남긴 교훈을 이렇게 정리했다.

"끊임없이 변화하는 환경 속에서 성공을 좌우하는 요소는 타고난 지능지수나 부모로부터 물려받은 사회적·경제적 지위, 카리스마 넘치는 성격, 정규교육보다는 평생에 걸쳐 배우는 자세에 있다. 평생에 걸쳐 배우는 자세는 겸손한 태도, 열린 사고, 기꺼이 위험을 감수하는 정신, 남의 말을 경청하는 능력, 정직하게 자기를 반성하는 태도와 직결된다."

맞는 말이다. 마쓰시타는 죽는 날까지 호기심을 갖고 배우는 자세를 잃지 않았다. 경영인은 배우려는 열정을 끝까지 유지하며 기업을 경영해야 한다는 말이다.

그렇다면 21세기 한국 기업과 기업인은 마쓰시타의 경영 모델에서 무엇을 배워야 하는 것일까.

노사 화합, 사업부제, 고객 만족 경영 등 마쓰시타를 성공으로 이끌었던 구체적인 경영의 테크닉은 이미 진부해졌거나 새로운 시대에 맞지 않을 수 있다.

개성과 개인의 창의력이 중시되는 시기에 마쓰시타식 가족주의, 집단주의 경영으로는 사원을 설득하기 힘들다. 글로벌 시장에서 언제 복병을 만나 도산할지 불안한 오늘의 기업에게 1인 1업을 고수하며 사업 다각화를 해서는 안 된다고 강요할 수도 없다.

확실히 그의 경영 모델은 20세기 제조업 시대에 적합했다. 20세기 세계는 성장을 거듭하면서 중산층 인구가 급속히 증가했다. 전세계가 하나의 시장으로 통합되고 대량 소비 시장이 형성됐다. 마쓰시타는 글로벌 통합 시장에 규격화된 제품을 싼 가격에 대량 공급해 큰 성공을 거두었다.

21세기의 세계는 100년 전과는 다르다. 제조업이 경제를 이끌던 시대에서 금융의 파워가 막강해지고 IT 기술이 경제 흐름을 좌우하는 시대로 바뀌었다. 변화의 흐름은 그 속도가 역사상 과거 어느때보다 빨라졌다. 이 때문에 생존을 위협받는 위기가 언제든 기업에 닥쳐오는 일이 잦아졌다.

마쓰시타가 창업한 파나소닉도 시대 변화에 적절히 적응하지 못해 시장 싸움에서 삼성전자에 밀리더니 LG전자와 경쟁하는 상황이다. 파나소닉 위상을 보며 마쓰시타의 경영 모델이 정말 한국에서 통할 만한 장점을 갖고 있는지 의문을 가질 수 있다. 인플레가 만연하던 시대 고성장 시장을 바탕으로 성립했던 마쓰시타 성공 스토리가 한국 땅에서 탄생하기는 무척 힘들어 보인다.

그럼에도 불구하고 마쓰시타 신화는 21세기에도 꺼지지 않고 있다. 그의 경영에서 자기 나름의 보물을 찾으려는 다양한 탐사가 진행되고 있다.

마쓰시타 경영이 한국 기업에게 남긴 보물은 추격자 전략 이외에도 여럿이다.

무엇보다 먼저 고민 끝에 세습을 포기했다는 점을 꼽을 수 있다.

일본의 2만 5000여 장수 기업 가운데 90%가 세습 기업이다. 세습이 기업 수명에 반드시 마이너스 요인은 아니며, 오히려 조직의 안정이나 장기 생존에는 플러스 요인일 수 있다는 뜻이다. 마쓰시타도 세습 기업의 강점을 몰랐을 리 없다.

그래서 마쓰시타는 사위와 손자에게 세습하려는 시도를 완전히 포기하지는 않았던 것으로 보인다.

그러나 최종적으로 파나소닉은 혈족 경영을 포기했다. 창업자는 전문 경영인을 두 명 연속 사장직에 올려놓고 세상을 떠났다. 이는 전문 경영인을 통한 경영이 회사를 더 강하게 키울 것이라고 믿었다는 증거다.

게다가 그의 후손들도 창업자 뜻에 따라 파나소닉의 경영권 장악 시도를 하지 않았다. 손자들은 다른 회사를 독립 경영하며 창업 정신을 이어가고 있다.

파나소닉에 이어 한 시대를 풍미했던 소니, 혼다도 세습을 포기했다. 마쓰시타가 남긴 유산이 다른 글로벌 대기업으로 이어졌다는 것을 보여주었다.

마쓰시타 가문의 경영권 세습 포기는 모든 재벌이 세습을 당연시하는 우리나라 현실에서 신선할 수밖에 없다. '우리도 언제쯤 세습을 포기하는 재벌 총수를 볼 수 있을까?' 하는 부러운 마음이 드는 것은 어쩔 수 없다.

마쓰시타의 또 다른 보물은 기업은 경영 이념, 경영 철학이 탄탄해야 한다는 점이다.

우리나라 주요 기업의 창업 이념은 산업 보국, 인재 제일, 합리 추구(삼성), 근면, 검소, 친애(현대), 정도正道경영(LG), 정직, 봉사, 정열(롯데), 신용과 의리(한화) 등으로 애매하다. 창업 철학을 사훈社訓으로 걸어둔 회사는 있지만 파나소닉처럼 사원들에게 구체적인 행동 지침까지 시달하며 교육하는 회사는 없다.

그뿐 아니라 창업 정신을 너무 쉽게 위반하는 경영을 하고 있다. 워낙 범법 혐의가 많아 걸핏하면 검찰의 수사 대상이 되곤 한다. 총수가 경영 이념과 동떨어진 의사 결정을 내리는 전횡을 일삼는 경우가 잦다.

세계 장수 기업의 큰 특징은 창업자의 경영 철학을 지킨다는 점이다. 창업 이념은 시대에 따라 재해석되고 일부는 수정되기도 하지만 골격은 유지되고 있다.

기업의 경영 철학이 뚜렷하지 않으면 쉴 새 없이 변하는 환경에 휘말려 허우적거리기 쉽다. 튼튼한 장수 기업을 원한다면 우리 기업들은 경영 이념부터 다시 챙겨봐야 한다. 총수는 기업이 존재하는 이유가 무엇인지, 기업인의 진짜 사명이 무엇인지 진지하게 고민해봐야 한다.

인간을 중시했던 마쓰시타의 경영 철학도 한국 기업들에게 절실하다.

그는 기업이나 제품, 기계 설비보다 인간의 행복을 앞세웠다. 그래서 노조의 손을 덥석 잡았고, 회사와 관련된 이해 당사자들Stakeholder을 세심하게 배려했다. 노조의 과격한 구호에 흥분하기보

1989년 4월 파나소닉 본사에서 치러진 마쓰시타의 장례식. 2만 명이 문상을 했다. ⓒ 파나소닉

다는 안락한 삶을 바라는 그들의 마음을 읽었다.

기업은 인간을 위해 존재하고, 기업 이익은 인간의 행복에 공헌한 대가라고 여겼다. 이 때문에 기업 생존을 위해 집단 해고를 하거나 종업원에게 무리한 희생을 강요하는 일을 삼갔다.

마쓰시타는 인간의 무한한 잠재력을 믿었다. 학력, 지식이 부족한 사람도 자신처럼 성공하기를 바랐다.

그의 계열사 중에는 승용차 운전수를 하다가 사장까지 승진한 사례가 있었다. 오너를 수행하며 임원, 간부들과 나누는 대화를 통해 원가 절감 방법이나 적정 가격 결정 방식 등을 현장에서 귀동냥했다. 그는 시간이 나는 대로 회사 내에서 성공하는 임원, 간부들을 찾아가 공부하는 열성을 보였다. 이를 지켜본 마쓰시타가 "자네라면 충분히 회사 하나를 맡아 책임질 수 있다."며 사장직을 맡겼다.

마쓰시타 일대기에서 한국 기업인이 배울 수 있는 네 번째 보물은 세상의 평가와 평판을 두려워하는 자세다.

'사회로부터 사랑을 받아야 한다.'

그는 기업이나 기업인은 소속된 사회로부터 사랑받아야 한다고 믿었다. 기업은 사회 속에서 존재하고, 인간을 행복하게 해주는 일을 해야 한다고 생각했기 때문이다.

이익을 많이 낼수록 좋다거나 매출액이 오를수록 좋다는 식의 경영을 하지 않았다. 주주 이익을 극대화하고 M&A로 문어발 확장을 계속하는 일이 경영인의 1차적 사명이라는 생각을 하지 않았다.

기업의 사명은 일자리를 제공하고 세금을 내면 끝나는 것이라고 자만하지도 않았다. 일자리, 세금은 기업의 가장 기초적 의무라고 여겼다.

그는 '저 기업이 더 잘나가야 우리들에게 좋다', '저 회사가 잘 굴러가면 우리 모두가 행복해진다'는 평가를 사회로부터 들어야 한다고 했다. 그렇지 못한 기업은 존재 의미가 없고 사회에 암적 요소가 될 수 있다고 걱정했다.

기업과 기업인은 사랑을 받아야 한다고 믿었기에 마쓰시타는 국가와 사회를 향해 항상 겸손한 자세를 유지했다. 그는 "세간의 평가가 틀리더라도 세간은 옳다."고 했다. 잘못된 평판마저 거역하지 말고 따라야 한다는 말이다.

그의 후손들은 창업자가 설립한 회사에서 독립, 별도 회사를 경영하고 있다. 한국의 2세, 3세 총수들처럼 사회의 눈총을 도외시한 채 멋대로 행동하는 불상사를 일으키지 않는다. 창업자의 겸손한 처신이 후손들에게 계승되고 있다고 볼 수 있다.

하지만 마쓰시타로부터 찾고 싶은 가장 소중한 보물은 '아무리 어려운 상황에서도 길은 있다'고 믿었던 마음가짐이다.

마쓰시타는 "호황도 좋고 불황 또한 좋다."고 입버릇처럼 말했다. '아무리 어려워도 언제나 길은 있다.'

그는 "길은 열린다."고 말하지 않았다. "길을 열라."고 했다. 자동으로 열리기를 기다리지 말고 열정을 갖고 길을 열어보라고 했다. 체념하거나 포기하지 말고 돌파구를 찾아야 한다는 말이었다.

일본이나 한국 경제는 20년 시차를 두고 장기적인 저성장 사이클에 들어섰다. 저출산, 고령화로 인해 생산 인구는 감소하고 있다. 일본 기업이나 한국 기업이나 뒤따라오는 중국이라는 추격자에 쫓기는 처지에 놓였다.

마쓰시타는 세계적 대공황과 여러 번의 불황에서 회사를 살려냈고, 회사가 공중분해될 위기에서도 생존했다. 그는 그저 미래를 낙관하며 길이 열리기를 바라지 않고 그때마다 새로운 길을 뚫고 나가는 힘을 보여주었다.

기업의 사활을 장담할 수 없는 시대다. 불황이 길어지고 경영 환경이 험악해질수록 마쓰시타를 찾는 이들이 늘고 있다.

마쓰시타를 따르는 많은 사람들은 경영의 신이 영험한 주술^{呪術} 한마디로 모든 고민을 씻어주는 신비로운 체험을 하고 싶은지 모른다. 그가 주변 위협과 장애물을 제거하고 잘 포장된 길을 활짝 열어주기를 바랄 것이다.

하지만 신은 이렇게 대답한다.

"길은 당신이 열어라."

후기

태풍으로 망가진 파나소닉 기업묘

2018년 11월 고야산은 단풍이 지배하고 있었다. 파나소닉 기업묘는 다른 기업들 묘와는 다른 길에 있었다. 일본 역사에 등장하는 유명 인사들 묘소와 큰 전쟁의 희생자를 기리는 위령탑, 공양탑들 사이에 자리 잡고 있었다. 2~3평 정도의 좁은 묘지에는 사망한 사원들 위령탑과 마쓰시타 가문의 묘비가 있었다.

여기에도 재앙이 덮쳤다. 두 달 보름 전 큰 태풍이 지나가면서 묘지를 둘러싼 아름드리 삼나무 세 그루가 쓰러졌다.

삼나무는 바로 옆 다른 묘지들을 모두 피해 공교롭게 파나소닉 묘지를 타격했다. 마치 파나소닉을 겨냥해 쓰러진 듯한 느낌마저 주었다. 위령탑은 박살 났고 묘지 한쪽 축대까지 크게 붕괴됐다. 깨진 위령탑 돌 조각이 흩어져 있었다. 쓰러진 삼나무는 밑동이 잘리고 토막이 난 채로 주변에 쌓여 있었다. 마쓰시타 생가의 소나무가 천둥 벼락에 쓰러진 후 48년 만에 닥친 재앙이다.

사망 사원 위령탑은 무너졌지만 다행히 마쓰시타 가문의 묘비석은 기적처럼 온전했다. 파나소닉에는 재앙이 닥쳐도 마쓰시타 가문은 안심해도 된다는 시그널인가.

많은 기부로 음덕을 베풀었던 덕분일까. 아니면 강운을 타고났던 효험이 사후 30년이 다 되도록 쇠진하지 않았다는 것인가. 그것도 아니면 사후 명성은 영원히 유지될 것이라는 신의 계시인가.

파나소닉 경영에서 배제된 두 손자는 모두 별도 회사를 꾸리고 있다. 큰손자는 할아버지의 경영 이념을 마케팅하고 있고, 둘째 손자는 벤처기업가로 활동 중이다. 증손자 가운데 한 명이 3~4년 전 파나소닉에 입사했지만 마쓰시타 일가가 파나소닉 경영권 탈환을 노리는 분위기는 찾을 수 없다. 창업자는 저세상에서 후손들이 자기 힘으로 돈 버는 기쁨을 맛보기를 기대하고 있는지 모른다.

5전짜리 동전의 위력

마쓰시타가 사망하기 3년 전 인터뷰에서 인생을 회고하는 질문을 받았다.

"오늘날까지 인생에서 최고로 기뻤던 일은 무엇입니까?"

그의 인생은 찬란했다. 일본 최고 부자에 등극했고 히트 상품을 여러 번 성공시켜 세계를 흔들었다. 베스트셀러 작가인 데다 수많은 명예 직책과 명예박사 학위에 '경영의 신'이라는 귀한 애칭까지 얻었다. 정치권력을 쟁취하지 못한 것을 빼면 더 부러울 게 없는 한평생이었다.

인생 최고의 하이라이트를 묻는 질문에 그의 대답은 의외였다.

"말단 점원으로 일하던 시절 첫 급여로 5전짜리 백동전을 받았을 때였어……. 화로점 주인어른이 불러서 갔더니 반 달분 급료로 동전 한 닢을 주시는 거야. 번쩍번쩍 빛나고 있었지."

그는 기쁜 마음에 하얀 동전 하나를 손바닥에 올려놓고 지긋하게 살펴봤다. 당시 5전은 알사탕을 100개 사 먹을 수 있는 금액이었다.

"어머니가 알사탕 사 먹으라고 주시던 1리厘짜리 동전으로 50개나 되는 거야. 정말 많이 받았다는 기분이 들었어."

어린 마쓰시타에게는 큰 금액이었다.

"불가사의하게 그날 밤부터는 어머니와 집을 생각하며 이불 속에서 울던 증상이 싹 없어졌어. 잠자리에서 오줌을 제대로 가리지 못하던 나쁜 습관도 사라졌지."

5전 동전 하나에 외로움을 잊고 일할 수 있었다는 고백이었다. 동전 한 닢이 어린 그를 완전히 변화시켰다. 동전의 힘은 그에게 그토록 강렬했다.

어린 나이에 돈의 위력을 알았기 때문일까. 그는 억만장자의 돈으로 뭔가 더 해보겠다는 의욕을 끝까지 감추지 않았다.

90세에는 "90을 반환점으로 삼아 180살까지 살겠다."고 했다. 주치의가 "100세 이상 사는 사람은 드물다."고 조심스럽게 말하면 마쓰시타는 단번에 반박했다.

"나는 큰일을 새로 시작할 생각이라오. 헌데 3년이나 5년밖에 살지 못한다고 하면 일을 시작할 수 있겠소. 30~40년은 족히 남았다고 해야 일을 시작할 시간이 있다고 생각할 게 아니오."

그와 마지막 인터뷰를 했던 기자의 증언도 똑같다. 병상에서 삶에 강한 애착을 보이며 새로운 일을 벌이고 싶어 하는 기색이 역력했다고 한다.

기자가 "인생에서 마지막으로 꿈을 하나 이루고 싶다면 무엇을 꼽겠는가요?" 하고 물었다.

"전 재산을 줄 테니 나를 20세로 돌려놓아 봐 주세요. 그러면 다시 한 번 똑같은 재산을 쌓아 올리겠어요."

그는 미국 시인 사무엘 울만의 시 〈청춘〉을 자기 방식대로 요약해 대리점과 지인들에게 뿌렸다.

1987년과 1988년 마지막 두 해 동안 마쓰시타는 2760억 원 상당의 기부를 실행했다. 공익재단을 만들어 과학자들과 외국인 유학생을 지원하는 프로그램을 만들었다. 그의 기부는 가난한 계층에 살포하는 방식이 아니었다. 보다 나은 사회를 위해 공헌하는 사람들을 지원하는 쪽을 선택했다. 당장 눈앞에 닥친 굶주림을 해결해 주기보다는 더 큰 번영과 행복, 평화를 만드는 일에 투자하고 싶어 했다. 그의 마지막 업무는 기부였던 셈이다.

마쓰시타 공동체

1989년 4월 5일 전용 병실에 있던 마쓰시타 몸에서 열이 났다. 기관지폐렴 증상이 심했다. 가래가 숨통을 막을 수 있었다. 주치의가 마쓰시타에게 가래를 빼야 한다고 했다.

"지금부터 삽관하겠으니 아플 것입니다. 잘 참아주십시오. 부탁드립니다."

통증을 견디어달라는 당부였다.

마쓰시타가 응답했다.

"아니, 아니, 부탁하는 쪽은 바로 나요."

'잘 부탁한다'는 말을 해야 할 사람은 자신이라고 강조했다. 그것이 이 세상에서의 마지막 말이었다. 그는 20년 주치의에게 자신을 낮추며 겸손한 자세를 보였다. 그러면서 삶에 대한 의욕을 잃지 않았다.

그는 혼수상태에 빠졌다 깨어나는 반복을 거듭한 끝에 22일 후 4월 27일 숨을 거두었다.

장례식장에는 2만여 명이 조문했다. 미국 대통령 부시는 조의를 표했다. 장례식은 위성을 통해 24개 모든 공장에 생중계됐고, 종업원들은 동시에 묵념을 올렸다.

세계적인 기업인이었다고는 하지만 서양인의 눈에 한 기업인을 추모하는 엄중한 분위기는 매우 이색적이었다. 미국, 유럽 언론은 마쓰시타를 숭배하는 일본을 스케치하는 데 가세했다.

마쓰시타는 마음을 활짝 열고 인간 중시 경영으로 일관했다. 사원 복지 확대에 앞장섰고, 회사 묘를 만들어 사원의 사후 안락까지 챙겼다. 대리점과 협력업체를 딸을 시집보낸 사돈네라고 했다.

그는 회사가 이익 공동체이자 마음을 터놓고 살아가는 정서적 공동체가 되기를 바랐다. 사원들, 신세진 사람들과 함께 '마쓰시타 마을'에서 영원히 함께 사는 꿈을 꾸었는지 모른다.

그를 운구한 차량은 말단 점원 시절을 보냈던 센바에 들렀다. 점원 시절 그가 명절 때마다 가서 놀았던 센바 중심 도로의 절에 잠시 들렀다. 점원이야말로 억만장자로 살았던 기나긴 여정의 원점이었다고 말하는 듯했다.

마쓰시타 고노스케의
경영 어록 10

마쓰시타 고노스케 松下幸之助 ⓒ 파나소닉

1
"기업은 사회의 공기公器입니다."
(기업 공기론)

마쓰시타는 사업 초기 세무사찰을 받게 된 것을 계기로 기업은 사회의 공동 자산이라는 생각을 굳혔다.

회사의 이익은 사회로부터 인재, 물자, 돈을 가져다 쓰고 도로, 상하수도 같은 인프라를 값싸게 이용한 끝에 얻는 결과라는 인식이었다. 기업 이익을 창업자나 주주의 것이라고 생각하면 세금 납부가 억울하지만, 기업이 사회 공동의 소유라고 생각하면 기꺼이 세금을 납부할 수 있다는 결론이다.

"법률적으로는 회사의 이익금을 내 돈이라거나 주주의 돈이라고 말할 수 있겠지만 그 이익금은 내 것이라고 할 수 없어요. 그중 일부는 내 것처럼 쓸 수는 있지만 대부분의 이익은 세상이 잠시 나에게 맡겨놓은 위탁금이죠. 나에게 일을 더 늘려보라고 하는 위탁금이에요."

그는 이익금 중 일부는 주주가 배당금으로 가져갈 수 있지만 대부분의 이익은 재투자용 자금이라는 메시지로 받아들였다.

마쓰시타의 기업 공기론은 주주 이익 극대화를 더 강조하는 미국식 자본시장 논리와는 거리가 있다. 주주의 권리를 앞세우는 각종 펀드의 주장과도 딱 들어맞지 않는다.

하지만 기업의 탄생 과정을 보면 마쓰시타의 기업관은 엉뚱한 발상이 아니다.

인간 사회는 오늘날 흔히 보는 기업을 사회적 합의를 통해 창조했다. 법이라는 강제 수단으로 투자자들의 모임이 인간과 같은 인격을 갖고 있다고 인정한 것이 바로 주식회사다. 기업에 생명을 불어넣은 것은 인간들끼리의 합의인 것이다.

기업을 법에 의해 만들어진 가상 인격체, 즉 법인法人이라고 하는 연유가 여기서 시작됐다. 만약 사회적 합의가 깨지면 기업이란 인간 사회에 존재할 수 없는 것이다.

마쓰시타가 기업의 탄생과 성장의 역사를 연구했다는 흔적은 없으나, "어떤 기업도 그 사회가 필요하다고 했기 때문에 만들어졌다."고 설파했다. 기업의 출발점을 정확하게 짚어낸 말이다. 이는 전자제품이 필요 없다는 사회적 합의가 이루어지면 파나소닉 같은 회사는 존재할 수 없다는 뜻이기도 하다.

그의 기업 공기론은 세월이 흐르면서 점점 더 확장되는 면모를 보였다.

"기업 이익은 사회에 공헌하고 그 대가로 받는 사례금입니다."

"사원들 월급도 사회에 봉사하고서 받는 보수입니다."

그의 기업관은 기업의 사회공헌 활동을 의무라고 강조하는 단계로 이어졌다.

"기업은 반드시 사회에 보탬이 되고 인간의 사회생활과 문화를 발전시키는 데 도움을 주어야 합니다."

그는 기업이 사원을 고용하는 이유도 사회에 공헌할 필요가 있기 때문이라고 했다. 기업이 적자를 내는 것은 사회에 공헌한 것이 그만큼 적거나 없기 때문이라는 해석도 여기서 나왔다.

마쓰시타는 기업, 경영인, 회사원 모두 사회 속에서 탄생했고, 사회와 함께 번영하는 존재라고 믿었다. 이 때문에 시대가 아무리 변해도 기업과 기업인은 사회적 책임을 다해야 한다고 했다.

'사회로부터 사랑받는 기업'이 경영인의 최종 목표가 되어야 한다고 강조했다.

2
"다른 사람에게 머리를 더 깊이 굽히는 사람일수록
상인 기질(기업가 정신)이 강합니다."
(겸손 경영론)

파나소닉의 OB가 마쓰시타에게 물었다.

"어떤 사람이 진짜 상인입니까."

마쓰시타는 훌륭한 상인의 자질로 3가지를 꼽았다. 첫째, 장사의 의미를 아는 사람, 둘째, 상대방의 마음을 읽을 수 있는 사람, 셋째, 다른 사람보다 머리를 더 굽히는 사람이다.

마쓰시타는 기업인, 경영인이라는 단어보다는 '상인商人'이라는 표현을 자주 썼다. 자신을 키워준 오사카 센바에서는 기업 경영인을 늘 상인이라고 불렀기 때문이다.

장사의 의미를 아는 사람이란 기업의 사명을 깨달은 기업인을 말하는 듯하다. 상대 마음을 읽을 수 있는 사람이란 치열한 시장에서 살아남으려면 경영인은 경쟁자, 거래처, 대리점의 진심을 파악할 수 있는 능력을 갖추어야 한다는 뜻으로 해석된다.

그는 1935년 제정한 파나소닉 사규에 이렇게 썼다.

'마쓰시타전기(파나소닉)가 장래 더 커지더라도 항상 한 사람의 상인다운 관념을 잃지 말고······.'

사원들에게 겸양을 강조하며 상인다운 자세를 잃지 말라고 당부했다.

사규에 굳이 이런 당부까지 넣을 필요가 있었느냐고 따질 필요가 없다. 그는 겸손한 자세로 사업을 해야 한다는 점을 강조하고 싶었을 것이다. 이는 평생 그가 지키려고 했던 기업가로서의 처신이기도 했다.

그가 평사원과 함께 도쿄 긴자銀座 거리를 걸을 때의 일이다. 수많은 보행자들을 보며 돌연 이렇게 말했다.

"이봐, 나는 말이야, 저기 오는 한 사람 한 사람에게 절을 올리고 싶은 기분이야. 저분들이 집에 가면 틀림없이 파나소닉 제품을 쓰게 될 것이 아닌가. 하지만 여기서 일일이 머리를 숙이다 보면 내 고개가 탈이 날까 걱정돼 머리를 숙일 수 없다네. 그래서 마음속으로 저분들께 머리를 숙이고 있는 거야. 자네가 이런 내 기분을 짐작하겠는가."

그는 대리점, 협력업체는 물론 고객들에게 항상 감사해야 한다고 했다.

"손님이 가게에서 나갈 때 그의 등을 향해 고맙다는 마음으로 두 손을 모아야 합니다. 그런 마음가짐을 갖고 있는 점포에는 저절로 손님이 몰립니다."

그는 "나의 성공은 90%가 남이 도와준 덕분"이라고 말하곤 했다. 주변 사람에게 감사할 줄 알아야 성공할 수 있다는 뜻이다.

"다른 사람이 나보다 뛰어나다고 생각하면 반드시 일이 잘 풀립니다."

"성공은 운이 좋았던 덕분이고, 실패는 내가 잘못한 탓입니다."

그는 누구보다 기업인의 오만을 경계한 반면, 겸양과 겸손을 중시했다.

3
"기업인의 사명은 일상생활에 필요한 상품을
수돗물처럼 싼 가격에 공급하는 일입니다."
(수돗물 철학)

마쓰시타가 기업인의 사명을 깨달은 결정적인 계기는 텐리교 본당 건설 현장을 견학한 뒤였다.

텐리교 신자들이 헌신적으로 무료 봉사하는 광경을 보며 종교가 인간에게 정신적으로 큰 선물을 안긴다고 감탄했다. 기업인도 수돗물처럼 값싼 상품을 인간 사회에 풍부하게 제공하는 것으로 가난을 극복하고 행복을 선물할 수 있다고 믿었다. 기업이 수돗물 공급과 같은 공공서비스를 해야 한다고 결심한 것이다.

그는 종교가 인간에게 정신적 행복을 준다면 기업은 물질적 행복을 주어야 한다고 확신했다. 기업인도 종교 지도자와 똑같이 신성한 일을 맡고 있다고 의미를 부여했다.

수돗물 철학의 정립 과정을 보면 종교 지도자 또는 사회주의자 향취가 짙게 풍긴다.

그때부터 마쓰시타는 경영인과 종업원이 하나의 운명 공동체라는 인식을 갖게 된다. 그래서 세계적으로 유례가 없는 기업묘를 꾸 몄고 제사 담당 직원을 두었다. 오너가 노조 창립 대회에서 과감하 게 축사를 한 이유도 여기서 찾을 수 있다.

수돗물 철학은 무엇보다 현실 경영에 전폭 도입됐다. 그는 경쟁 회사보다 성능을 개선하고 가격을 인하하는 연구에 몰두했다. 경쟁 사에서 신상품이 출시되면 해체와 조립을 반복하며 원가를 극도로 낮추는 전략을 추구했다. 그것은 오리지널 기술을 갖고 있지 못한 그로서는 가장 효율적인 시장 공략법이었다.

그는 누구나 쉽게 구입할 수 있는 범용 제품을 대량생산하는 방 식으로 가격을 낮추었다. 인건비를 낮추려고 생산 기지를 일본에서 동남아, 중국으로 옮기기도 했다. 그렇게 파나소닉의 라디오, TV, 세탁기, 냉장고가 속속 싼 가격을 무기로 일본 시장을 장악하더니 곧이어 세계 시장을 휩쓸었다.

수돗물 철학은 지금도 파나소닉 경영 전략의 핵심 중 하나다.

2019년 2월 현재 파나소닉의 8번째 사장을 맡고 있는 쓰가 가즈 히로津賀一宏는 일본경제신문 인터뷰에서 오늘의 파나소닉을 '일상 생활 업데이트くらしUpdate 회사'라고 했다. 인간의 삶을 보다 편리하 게 하는 상품과 서비스를 값싸게 제공하는 게 회사 전략이라는 말 이다. 창업 후 100년이 흘렀지만 대중의 하루를 보다 풍요롭게 만 들어 행복을 선물하겠다는 창업 정신은 변하지 않고 있는 셈이다.

파나소닉은 해외에 공장을 설립할 때마다 수돗물 철학을 현지 종업원들에게 교육했다.

하지만 상수도 인프라가 절대 부족한 나라에서는 수돗물이 값싸고 풍부한 것이라는 설명이 도무지 통하지 않았다. 인도네시아의 경우 수돗물 혜택을 받지 못하는 종업원이 다수였다.

어쩔 수 없이 현지에서 가장 많이 생산되는 바나나로 창업 이념을 설명해야 했다. 인도네시아에서 수돗물 철학이 '바나나 철학'으로 재탄생했다.

4

"노조가 회사를 무너뜨리는 게 아닙니다.
정말 위험한 사람은 사장이고 총지배인(2인자)입니다."
(대립과 조화론)

마쓰시타는 우주 만물의 이치를 '대립과 조화'라는 표현으로 요약했다. 모든 사람과 사물이 대립하면서도 조화를 이루어간다는 시각이었다.

심지어 정원에 있는 나무과 실개천, 폭포도 서로 대립하는 가운데 하모니를 이룬다고 보았다. 파나소닉 게스트하우스에 정원수를 배치할 때도 자신의 우주관에 따라 나무, 산책로, 모래밭을 디자인했다고 한다.

그는 자기 주변에 쓴소리를 할 만한 인물을 배치했다. 상대하기 껄끄러운 인물이 때로는 대립과 갈등을 빚지만, 길게 보면 안정된 경영을 보장한다고 보았다.

사위에게 사장 자리를 물려주면서도 자신의 심복을 사위 옆에 배치했다. 가끔은 대척점에 서서 사위의 폭주를 견제하라는 메시지였다. 조직에서는 항상 누군가가 최고 권력자와 다른 견해를 피력하는 역할을 맡아주어야 한다는 생각이었다.

대립 역할을 맡은 사람은 상대가 듣기 싫은 말을 해야 한다. 하지만 전횡과 독주를 막는 견제장치고, 경영상 위험을 낮춰주는 안전장치다.

마쓰시타는 자본가는 자본가 입장에서 말하고 노동자는 노동자 입장에서 의견을 말해야 한다고 확신했다. 노조는 경영진에게 듣기 싫은 말을 해줘야 한다는 견해. 노조가 소비자들의 불만, 불편을 생생하게 회사 경영에 반영해주기를 바랐다.

"노조가 무리한 요구를 내던지는 바람에 회사가 망할 것이라고 걱정하지만, 그렇지 않습니다. 정말 위험한 사람은 사장이고 2인자입니다. 사장과 2인자가 한 번 잘못 판단하면 단번에 수백억 엔의 손실을 초래합니다."

그는 노조가 임금을 한꺼번에 2배, 3배 올리라고 하지는 않는다고 했다. 반면 사장의 판단 미스는 회사를 곧바로 흑자에서 적자의 지옥에 빠뜨린다고 걱정했다. 이 때문에 노조의 감시와 견제는 경영 안정에 필수적이라는 시각이었다.

노조의 대립 역할은 타협을 전제로 하는 것이라고 보았다.

언젠가 부사장과 노조가 노사 협상을 진행했으나 좀체 타결책을 찾지 못했다. 답답해하던 노조 대표들이 사장인 마쓰시타를 면담했다. 그들은 사장이 결단을 내려달라고 다그쳤다.

"나는 협상권을 부사장에게 다 위임했네. 내가 최종 결단을 내리면 2인자 체면은 뭐가 되겠는가. 그 사람은 허수아비가 되어버리는 게 아닌가. 이 자리에서 내가 결정해버리면 다음번에도 내가 나서야 하는 일이 반복될 거네."

마쓰시타는 딱 잘라 거절하며 이렇게 덧붙였다.

"다만 내가 부사장에게 자네들 입장을 전해주겠네. 회사에 무리한 요구를 한 것을 노조가 깊이 반성하고 있더라고 알려주겠네."

'반성'이라는 말로 노조에 양보하라는 메시지를 던진 것이다. 그러면서 부사장에게도 타협을 종용하겠다는 언질이었다.

며칠 뒤 노사 협상은 순조롭게 마무리됐다. '대립과 조화'는 일본 노조운동의 지침이 되었다.

5
"저는 60점짜리에게 일을 맡깁니다.
인간은 다이아몬드 원석原石과 같습니다.
다듬기에 따라 다른 화려한 빛깔을 냅니다."
(인재 중시 경영론)

"기업 경영은 사람이 전부다."

마쓰시타의 전매특허처럼 통용되는 인재 중시 발언이다. 기업 경영에서 이런 말은 너무 자주 들어 진부하게 들리기도 한다.

그는 인재를 회사 내부에서 키웠다. 인재를 내부에서 양성하겠다는 욕심은 그가 창안한 '인질人質관리' 단어에 요약돼 있다. 제품의 품질관리도 중요하지만 그보다 사원의 품질관리가 훨씬 중요하다고 간부들에게 누누이 역설했다.

마쓰시타의 인재 육성 전략은 외부에서 유능한 인재를 스카우트하는 것이 상식화된 이 시대에는 좀체 어울리지 않는다.

그러나 그의 인간관은 새겨들을 만하다. 인간은 제각각 다른 재능을 갖고 태어났다고 마쓰시타는 믿었다.

"다이아몬드 원석과 같아요. 다이아몬드 원석은 어떤 각도로 얼마만큼 다듬느냐에 따라 다른 빛을 냅니다. 인간도 어떻게 쓰느냐에 따라 재능이 다르게 나타납니다. 저마다 다른 화려한 빛깔을 자랑합니다."

그가 평생 동안 가장 많이 받은 질문이 있었다.

"많은 이들이 제게 묻습니다. '사업 성공의 비결은 무엇인가요?' '억만장자가 될 수 있는 비법은 무엇인가요?' '사람을 잘 부리는 기술은 무엇인가요?' 저를 무슨 돈을 버는 천재라고 여기며 다그치지만 저는 이렇게 대답합니다. 특별한 비결이 없다고요. 90%는 하늘이 내린 섭리라고요."

그렇지만 그는 운명론자라는 것을 부정했다.

"90%가 하늘로부터 정해진 것이라고 말하면 다들 저를 운명론자라고 합니다. 하지만 저는 운명론자가 아닙니다. 90%는 하늘이 정해준 순리대로 따르면서도 나머지 10%는 나의 의지에 따라 달라질 수 있습니다. 누구나 노력하면 그 10%로 자기 운명을 100% 바꿀 수 있습니다."

그래서 누구나 자기처럼 부자가 될 수 있다고 믿었다. 인간의 무한한 성장 가능성을 강조했다.

인간의 성장에 대한 무한한 신뢰가 있었기에 그의 인재 등용 방식은 특출했다.

새로운 사업의 책임자로 100점짜리를 찾지 않고 60점짜리를 주로 썼다. 60점짜리 사원을 100점, 200점 간부로 키우는 인재 전략을 구사했다.

그는 공업고교 출신과 공업전문학교 졸업생을 연달아 후임 사장에 지명했다. 파나소닉의 역대 사장 중 마쓰시타 사위만을 제외하고 나머지 6명은 모두 오사카 부근 지방대 출신이다. 출신 학교나 지식, 가문, 인맥보다는 그들의 열정을 훨씬 중시했다.

반면에 학벌이 쟁쟁한 엘리트 사원을 경계하는 발언이 잦았다.

"저렇게 야무진 사람이 왜 실패하는지 살펴보면 거기에는 반드시 '자기(自)'가 있습니다."

다시 말해 사욕私慾이 발견된다는 뜻이다. 엘리트 사원일수록 과욕을 부리다가 실패하는 일이 잦다는 지적이다.

"유능한 기술자는 일이 안 될 수밖에 없는 이유부터 찾아냅니다."

6
"세간은 언제나 옳습니다."
(중론 경영론)

세간이란 기업 경영을 둘러싼 환경, 즉 사회 전반을 말한다. 마쓰시타는 정치권부터 경제계, 고객층, 언론, 거래처 등 기업에 한마디씩 던지는 모든 주변 여건을 통틀어 세간이라고 표현하곤 했다.

그는 "세간은 신과 같다."고 했다. 기업에 절대 전능의 힘을 발휘한다는 말이다.

"누구나 검술을 좀 익히면 다른 사람들이 자기보다 약해 보이기 마련입니다. 내가 큰 칼을 뽑으면 누구든지 다 이길 것처럼 생각됩니다. 그러나 내 위에는 또 다른 고수가 있습니다. 나보다 칼을 잘 쓰는 사람이 여럿 있다는 것을 곧 알게 되는 거죠."

그는 "세간은 인간을 단련시키는 도장"이라고 했다. 그래서 "세간은 옳다."는 말은 한국식 표현으로 하면 결국 "세상 무서운 줄 알라."는 말로 풀이할 수 있다.

마쓰시타는 세상의 평판이 자신의 위치를 알게 해주는 나침반이자 과속 질주를 막는 안전장치라는 인식이 강했다.

이 때문에 현실 경영에서 세간의 평판을 쉬지 않고 체크했다. 대리점과 고객으로부터 불만이 제기되면 제품 성능을 개선하고 서비스를 바꾸는 계기로 삼았다.

또 노조 간부들이 지하철에서 하는 얘기까지 듣고 싶어 했다. 이를 위해 그룹 회장으로 억만장자 반열에 오른 뒤에도 대리점 사장과 노조 대표들을 직접 면담했다. 현장의 생생한 증언을 들으려는 욕심이었다.

"사업은 사회가 해달라고 하는 일을 하는 것입니다. 사업이 번창할지 말지를 결정하는 것도 세간이 결판냅니다."

"세간에서 (기업을) 보는 눈이 타당하다고 여기고, 타당한 세간과 함께 열심히 일을 하게 되면 복잡한 고민들이 해결됩니다."

세상 여론을 중시하면 경영상의 장애물이 하나둘 사라진다는 논리다.

마쓰시타는 세간의 중론을 따르라고 했다.

"사업 의욕이 왕성하더라도 이걸 할지 말지 망설이는 경우가 있곤 합니다. 할까 말까 망설일 때 그걸 해결하는 방법으로 저는 중지衆知를 모으면 좋다고 봅니다."

신사업 여부를 놓고 회사 안팎에서 많은 사람의 의견을 들어 결정하는 것이 좋다는 태도다. 여론을 듣는 것은 사회의 지지를 받는 절차나 마찬가지다. 또 사회의 중론을 따르는 것이 경영상 위험을 낮출 수 있는 안전책이라는 뜻이다. 그만큼 주변 여론과 사회적 반향을 중시해야 한다는 조언이다.

마쓰시타는 사회 여론의 지지에 회사 내부의 중론까지 플러스되어야 한다고 했다.

"사원 전원의 총의總意를 따르면 역시 큰 힘이 생깁니다."

많은 사원이 찬성하는 전략이 더 큰 성과를 만들어낸다는 것이다. 최고경영진이 일방적으로 결정하지 말고 사전에 사내 여론을 수렴하면 파워를 극대화할 수 있다는 얘기다. 전원 참여 경영의 효과를 강조한 말이다.

7

"대리점은 딸을 시집보낸 사돈댁이라고
생각해야 합니다."
(공존공영 철학)

마쓰시타는 단골손님이나 오래 거래한 협력업체를 친척이라고
했다. 신상품은 종종 애지중지 키운 딸에 비유했고, 파나소닉 제품
을 판매하는 대리점은 딸을 받아들인 사돈댁이라고 했다.

경영 위기를 맞아 아타미에서 전국 판매대리점 사장 회의를 개
최한 뒤에는 이런 발언이 부쩍 늘었다.

사장과 종업원이 운명 공동체인 것처럼 기업을 둘러싼 모든 이해
당사자가 모두 친척이고 가족이라는 인식이었다. 이 세상에서 만난
인연으로 공생하며 함께 행복을 누려야 한다는 사고방식이었다.

그는 항상 대리점들의 경영 상황을 체크했다. 적자가 누적되면
방문하거나 전화로 상황을 파악했다. 신상품을 출시하기 전에는 적
정한 판매 가격을 물어보곤 했다. 본사가 일방적으로 가격을 하달
하지 않았다.

파나소닉은 도요타자동차에 라디오, 시계를 납품하는 협력업체

다. 한번은 도요타에서 카 라디오 납품 가격을 낮추라는 요청을 받았다.

"오늘 당장 5% 인하하고, 6개월 이내로 25% 더 내려주세요."

6개월 안에 납품 가격을 무려 30% 낮춰야만 했다. 카 라디오에서 나오는 이익률은 5%에 불과했다. 자동차용 시계의 경우 무려 70% 인하 요구 압박이 들어왔다.

이럴 바에야 납품을 포기하는 게 낫다는 의견이 대두됐다. 도요타에 가설된 고위층 인맥을 동원해 인하 폭을 줄여보자는 제안도 나왔다.

하지만 마쓰시타는 납품 가격을 낮추지 않으면 도요타의 위기가 자칫 파나소닉으로 파급될지 모른다고 걱정했다.

"도요타에 가격을 맞춰 납품합시다. 거기서 우리는 10% 이윤을 확보합시다."

그는 납품 중단의 위기를 이윤을 늘리는 기회로 삼을 것을 결정했다. 이에 도요타와 파나소닉 기술자들이 협력하는 수밖에 없었다. 결국 파나소닉은 완전히 새로운 카 라디오를 개발하는 방식으로 파나소닉의 이윤을 챙기면서 도요타 측 요구를 충족시켰다.

파나소닉과 협력업체 간의 거래도 그래야 한다고 믿었다. 본사와 협력업체 간에 납품 가격, 기술 개발을 놓고 쉴 새 없이 협의했다. 협력업체가 적정 이윤을 확보하지 못하면 언젠가 그 부담이 본사를 덮칠 것을 걱정했다. 이 때문에 본사 방침이 일방통행하는 횡포를 극력 억제했다.

마쓰시타의 공존공영론에는 다분히 끈끈한 인정을 가미한 전근대적인 발상이 개입된 것이 사실이다. 이성과 합리를 따지는 현대 경영에서는 대리점이나 협력업체와는 냉철하고 엄밀한 파트너 관계를 유지하는 것이 맞을 것이다.

다만 사돈댁을 살피는 것처럼 대리점, 협력업체와 끊임없이 접촉하며 표정을 관찰하는 성의는 항상 필요한 것이다.

8

"후계자라는 것은 운명이라고 봐야 합니다.
자연스런 흐름에 맡기지 않으면 안됩니다."
(후계자 검증론)

마쓰시타는 1961년 사장직에서 퇴임하며 사위에게 실권을 이양했다. 자신은 회장직을 맡았다. 그때 소감을 이렇게 말했다.

"사업 규모가 점점 커지는 것과 함께 아무리 초인超人 같은 훌륭한 사장일지라도 한 사람의 힘으로는 회사 경영을 원활하게 할 수 없게 됩니다. 특히 나처럼 당대에 사업을 일으킨 회사에서는 창업자인 나에게 많은 것을 의존하는 경향이 강해집니다. 혼자 모든 것을 결정하는 원맨One Man 경영에 빠질 위험이 있습니다. 역시 내 말 한 마디로 결정하는 경우가 많지 않습니까. 아직은 충분히 더 활동할 수 있다고 생각하지만 하루빨리 일선에서 물러나고 후계자를 키우겠다고 마음먹었습니다."

그는 창업자로서 독선에 빠져 원맨쇼 같은 경영으로 가버릴 리스크를 경계하며 퇴임을 결심했다. '충분히 더 활동할 수 있다'는 전제를 깔고 사위를 후계자로 육성하려는 의지를 분명히 밝혔다.

마쓰시타는 사장직을 물려주며 임원들에게 반드시 지켜야 할 행동 수칙을 꼼꼼히 문서로 만들어 시달했다. 경영은 사장 중심으로 추진하되 회사 안팎의 경영 관련 정보를 자신을 포함한 임원진이 공유하는 체제를 유지하라고 했다. 경영권은 물려줬으나 회사가 어떻게 돌아가는지 일일이 보고를 받아야겠다는 뜻이었다.

그는 교토 PHP연구소에 머물며 임원들로부터 보고를 받았다. 재무 상황, 임원 인사는 물론 신제품 개발까지.

하지만 1964년 도쿄 올림픽 불황을 계기로 그는 사실상 경영에 복귀했다. 후계자 사위를 사장직에 그대로 앉혀둔 채 경영권을 회수한 꼴이었다.

그는 사장직에서 물러나며 계열사(마쓰시타전공) 경영진의 성공 사례를 칭찬했다.

"그 회사 임원회의에는 세 번에 한 번꼴밖에 참석하지 못했어요. 그 회사 공장도 별로 들러본 적이 없어요. 하지만 경영진이 책임감을 갖고 일하다 보니 내가 있거나 없거나 잘하고 있어요. 요즘에는 그쪽 임원들이 와서 보고하지도 않지만 잘 굴러가고 있어요."

그는 학벌, 집안, 재능, 체력을 다 갖춘 사위가 마쓰시타전공의 최고경영인처럼 검증 과정을 거쳐 멋진 경영인으로 성장하길 바랐다. 하지만 사위는 위기를 제때 감지하지 못했고 대응에 미적거리는 것을 보았다.

"똑똑한 사람은 회사를 일으키기도 하고 나라를 일으키기도 합니다. 동시에 똑똑한 사람은 회사를 망치기도 하고 나라를 망치기

도 합니다. 하지만 평범한 사람은 뭔가 일으키지는 못하지만 무난
하게 살아가죠."

　첫 번째 후계자 검증이 실패한 것을 계기로 인생을 통달한 듯한
발언을 훗날 내놓았다. 경영권 세습을 무리하게 밀어붙이면 회사가
망가질 것을 걱정했던 것 같다.

9
"비가 오면 우산을 씁니다.
경영도 자연의 도리를 따라야 합니다."
(우산 경영론)

젊은 기자가 당돌하게 물었다. 고참 기자가 마쓰시타 사장을 인터뷰하는 자리였다. 그는 고참을 따라온 신출내기였지만 첫 대면에서 '경영의 신'에게 묻고 싶은 질문이 있었다.

"파나소닉의 성공적인 경영 비결은 한마디로 무엇입니까."

딱 한마디로 대답하기는 어려운 질문이었다.

마쓰시타는 즉각 반문했다.

"비가 내리면 어떻게 하시는가요?"

기자가 대답했다.

"우산을 씁니다."

"그렇습니다. 경영은 비가 오면 우산을 쓰는 것입니다. 비가 오면 우산을 쓰듯 당연한 일을 하는 것이 경영입니다."

그는 외상 매출 회수 문제를 자주 사례로 들었다.

"회사 자금이 부족하다고 해서 은행에 부랴부랴 돈부터 빌리러 가서는 곤란합니다. 먼저 외상부터 회수해야죠. 외상을 회수하지 않고 대출부터 받으려 하면 경영이 될 수 없어요."

외상 회수와 은행 대출의 순서를 뒤바꾸는 경영은 순리에 맞지 않는다는 논법이다.

사업 확장을 결정할 때도 순리를 따졌다.

"우리 회사가 감당할 수 있는 사업을 해야 합니다. 또 사장과 임원들이 감당할 수 있는 일을 하는 게 옳습니다."

무리한 사업 다각화보다는 회사 잠재력과 경영진의 능력에 맞는 사업에 집중하라는 말이다. 그는 제2차 세계대전 중 잘 모르는 전투기와 군함을 만들었다가 그룹이 공중분해될 뻔한 위기를 맞기도 했었다.

그래서 한때는 경쟁 전자업체들이 모두 고성능 대형컴퓨터에 투자하고 있었지만 마쓰시타는 초기 단계에서 포기했다. 1등 전자업체가 대형컴퓨터 사업을 접자, 재계에서는 적지 않은 논란이 발생했다.

"대형컴퓨터에는 투자하는 회사가 너무 많아요. 미국 회사, 일본 회사가 모두들 뛰어들었으니까."

과당경쟁이었다. 게다가 파나소닉에는 원천 기술이 많지 않았다. 일본 정부가 끝까지 기술 개발을 지원할 것 같지도 않았다. 그럴 바에야 1등 기업의 체면을 구기더라도 일찌감치 철수하는 편이 낫다는 판단을 내렸다.

그런 식으로 그는 재봉틀 제조 사업 등 파나소닉에 맞지 않는 사업은 서둘러 중단해버렸다. 그러면서 '조령모개朝令暮改'라는 사자성어를 들어 자신의 결정을 합리화했다.

"아침에 내린 결정을 그날 저녁에 뒤엎는 변덕을 부린다고 하지만 그게 뭐가 잘못인가요. 나는 조령조개朝令朝改예요."

잘못된 일은 아침에 결정한 것을 곧바로 아침에 바꾸는 게 낫다는 농담이다. 이치에 맞지 않는 일에는 신속한 번복이 리스크를 줄이는 지름길이라는 것이다.

"내가 해도 좋을 사업과 내가 하고 싶은 사업은 전혀 다릅니다. 나를 과시하고 싶다는 기분으로 사업을 하면 그건 실패의 씨앗을 뿌리는 일입니다."

10

"회사에 댐을 쌓아야 합니다. 자금의 댐, 인재의 댐, 설비의 댐, 재고의 댐으로 여유를 가져야 합니다."
(댐 경영론)

이는 1960년대 중반의 불황을 극복한 뒤 본격적으로 공개 발언한 것이다. 경영 전반에 걸쳐 만일의 비상사태에 대비해야 한다는 뜻이다.

자금, 사람, 설비, 재고를 필요한 이상으로 보유하면 반드시 추가 비용이 들어간다. 비용을 최소화하면서 이익을 극대화하는 것이 경제 원리에 맞다.

그래서 도요타자동자는 재고를 갖지 않고 그때그때 필요한 만큼의 부품을 조달하는 경영(Just-In-Time)으로 세계적 기업이 됐다. 꼭 필요한 경영 자원만을 확보해 제품을 조립하는 무재고無在庫관리 경영 기법이다. 이는 헛돈 지출을 막아 원가를 절감할 수 있는 비결이기도 하다.

마쓰시타의 댐 경영론은 도요타 방식과는 대비되는 전략이다. 경영 자원에서 어느 정도의 여유를 확보하는 것이 좋다는 얘기다.

그가 말한 여유란 반드시 불필요한 잉여를 말하는 게 아니다. 불황 국면의 비상금 용도뿐만 아니라 사업 다각화와 미래의 재투자를 위해 유보금과 재고를 확보해두어야 한다는 논리다.

이는 현대 경영학에서 말하는 조직슬랙Organizational Slack 이론과 통한다. 조직에는 쓸데없어 보이는 잉여가 어느 정도는 준비되어 있는 것이 좋다는 학설이다. 에너지 가격, 환율, 금리 등 경영 상황이 워낙 급격하게 변하고 장래에 대한 불확실성이 높아지고 있기 때문이다.

마쓰시타의 가르침에 따라 파나소닉은 '은행'이라고 불릴 만큼 여유 자금을 넉넉하게 유지했다. 환율이 변동환율제로 바뀐 이후에는 수출 대금으로 받은 외화를 엔화로 바꾸지 않고 현지 통화로 쌓아두는 외환 전략을 구사했다. 엔화 가치가 2배 이상 강세를 보여도 너끈히 견딜 수 있는 체력을 확보했다.

댐 경영론을 내세울 수 있었던 배경은 마쓰시타가 경영 책임을 맡고 있는 동안 파나소닉이 고속 성장한 덕분이었다.

하버드 경영대학원 존 코터 교수 연구에 따르면 20세기의 유명한 경영인 가운데 마쓰시타 사장 시절의 파나소닉은 매출액이 연평균 49.5% 증가했다. 이는 혼다자동차의 혼다 소이치로(36.5% 성장), 월마트의 샘 월튼(35.0%)보다 높았다. 인텔의 앤디 그로브(8.9%), 마이크로소프트의 빌 게이츠(3.8%)에 비하면 월등한 경영 성적이었다.

그나마 계열사 영업 이익률은 매년 평균 20%에 달했다. 그는 얼마든지 여유 자원을 남겨놓을 수 있었던 것이다.

그러나 중소기업들이 평상시 경영 자원의 댐을 쌓는 것은 꿈같은 일이다. 댐을 어떻게 쌓을 수 있느냐고 비법을 물을 수밖에 없다.

이에 마쓰시타는 '어떻게든 댐을 쌓아야 한다.'고 간절한 다짐을 먼저 가지라고 주문했다. 이나모리 교세라 회장은 바로 그 지점에서 마쓰시타 성공의 핵심을 파악했다.

마쓰시타 고노스케 생애의
결정적인 장면

1894년: 11월 27일 일본 와카야마 센다의 와사무라 큰 소나무 집에서 지주 계층인 마쓰시타 마사쿠스와 도쿠에 사이 8명의 자녀 중 3남이자 막내로 탄생

1899년: 유복하던 가문이 몰락, 가난의 수렁으로 추락하다

아버지가 쌀 선물 투기에 뛰어들어 대대로 내려온 가산을 모두 탕진하는 바람에 월셋집으로 이사. 끼니를 제대로 때우지 못하는 가난을 체험

1900년: 둘째 형 병사

1901년: 초등학교 입학. 큰형과 둘째 누나 돌연 병사

1902년: 아버지가 오사카 사립맹아원에 취직

1904년: 말단 점원, 인턴사원, 기능공으로 일하며 사업가의 꿈 키우다

초등학교 4년 중퇴 후 오사카 센바 화로점에서 기숙하며 청소하고 아이를 돌보는 말단 점원으로 취업. 9세

1905년: 센바의 고다이자전거 상점으로 옮겨 말단 점원으로 일함. 이곳에서 상인의 기본예절을 배우고 브랜드, 가격정책의 중요성 터득

1906년: 아버지를 비롯 셋째, 넷째 누나 병사. "학교에 다니지 말고 말

단 점원으로 일하며 사업을 배우라."고 아버지가 유언. 11세 소년 호주가 됨(어머니는 18세에 잃고 24세엔 다섯째 누나, 26세에는 첫째 누나까지 병사해 부모 형제를 모두 사별)

1910년: 고다이자전거 상점을 사직한 후 사쿠라시멘트 임시 운반공으로 잠시 취업했다 매형의 도움으로 오사카전등(현재 간사이전력) 견습사원(인턴)으로 입사

1911년: 견습사원에서 최연소 공사 담당자로 승진

1913년: 간사이상공학교 야간부 예과에 입학. 다음 해 중퇴

1915년: 이우에 무메노井植むめの와 결혼해 오사카 쓰루하시鶴橋 백제마을에 거주. 20세

1916년: 개량 전기 소켓을 개발해 실용신안 특허 출원했으나 상사로부터 퇴짜를 맞음. 오사카 시내를 달리는 전차를 타면서 전기의 시대가 닥쳐올 것이라고 직감

1917년: 월급쟁이 생활 털고 창업에 뛰어들다

오사카전등 최연소 검사원으로 승진했으나 글씨를 반듯이 못 쓴다는 지적을 받고 스스로 강등 요청. 회사를 퇴사하고 쓰루하시 근처 백제마을에서 직장 동료 2명, 처남, 부인과 함께 개량 소켓 제조에 뛰어들었으

나 팔리지 않아 대실패. 그 대신 선풍기 부품을 대량 납품해 초기 사업 자금 마련

1918년: 3월 7일 오사카 오히라키쵸^{大開町}에서 '마쓰시타 전기기구 제작소'라는 회사 간판을 정식으로 달고 부인, 처남과 3인이 전기 플러그를 본격 생산하기 시작(파나소닉의 공식 창업). 23세

1920년: 첫 상표를 등록, 종업원 28명 전원이 참여하는 사내 친목회(步一会) 결성. 친목회는 1946년 노조 결성 후 해체. 도쿄에 사무소 개설

1922년: 오히라키에 1차 본점 및 공장 건설. 종업원 50명 전원이 공장 내에서 합숙

1923년: 외동딸 사치코^{幸子} 탄생. 포탄 모양 자전거 램프 제조해 대히트

1925년: 구의원 선거에 출마, 2위로 당선

1927년: 외동아들 코이치^{幸一} 돌연 사망. 전기다리미와 전기난로 생산 개시. 나쇼나루^{National} 상표로 자전거 램프 판매. 신문에 광고 시작

1929년: 세계적인 대공황을 맞아 대량 해고가 빈번하던 시기에 종업원 집단 해고, 임금 삭감 없이 반나절 근무, 공장 가동 절반 축소로 불황 극복

1930년: 라디오 판매 시작. 다음 해 파나소닉 라디오가 NHK 라디오 경연대회에서 공동 1위 우수 제품으로 선정됨

1932년: 경영 이념 선포, 250년 장수 기업 계획을 밝히다

5월 5일 기업인의 사명을 깨달았다며 창업기념일 기념식을 개최. 기업인의 사명은 가난 극복이라고 전제, 파나소닉은 싸고 좋은 제품을 수돗물처럼 공급하자고 선언. 회사의 250년 생존 계획을 공포

1933년: 사업부제 실시. 전 사원이 참석하는 조회와 저녁 마무리 회의를 개시, 현재까지 실시하고 있음. 가도마^{門眞}시에 3차 본사와 공장을 건설하고 본사를 이전. 사원들이 받들어야 하고 지켜야 하는 5대 정신 (나중에는 7대 정신) 제정

1934년: 사원 연수 시설 개설. 사내 신문 창간

1935년: 주식회사 등록. 회사 내규 제정

1936년: 기능공 훈련소 개설

1938년: 와카야마 고야산에 일본 기업 중 최초로 기업묘 설립

1940년: 외동딸이 히라다 마사하루^{平田正治}와 결혼, 사위가 마쓰시타의 양자가 됨. 전 사원에게 회사 현황과 새해 사업계획을 설명하는 신년 경영방침 발표회를 처음 개최, 이후 회사 연례행사로 정착. 회사 전용 병원 건립

1943년: 군의 요청으로 목제 함정과 목제 전투기를 제조하는 방위산업체를 설립, 제2차 세계대전용 무기를 생산 공급

1945년: 큰손자 마사유키正幸 탄생. 제2차 세계대전에서 일본 패배. 일본이 미국 주도의 GHQ가 통치하는 식민지체제에 편입됨

1946년: 전범 기업으로 지정돼 사장직 퇴출 위기에 처하다

미군 주둔 아래 경제민주화 열풍이 휘몰아치는 바람에 회사가 공중분해 대상으로 몰리며 기업가로서 최대의 위기를 맞음. 노조 결성식에 불청객으로 참석해 "회사가 가는 목적지와 노조가 가는 목적지가 같다."는 취지의 축사로 노조운동을 긍정적으로 받아들여 타협점을 찾았음. GHQ가 파나소닉과 마쓰시타를 전쟁범죄를 저지른 재벌과 해당 기업인으로 지정, 임원들에게 전원 퇴진할 것 등 7가지 규제 조치를 단행. 마쓰시타는 "다 끝났다."는 절망감을 피력함. 그러나 노조와 판매대리점에서 마쓰시타 사장 퇴임에 반대하는 서명운동을 전개, GHQ에 제출, 사장 퇴임은 없던 일로 되었음. PHP연구소 창설

1947년: 월간지 〈PHP〉 창간

1949년: 창업 후 처음 희망퇴직 실시. 부가세를 내지 못해 고액 체납왕으로 언론에 보도됨

1950년: 한국전쟁 발발을 계기로 경기 호황을 맞음. 파나소닉은 전쟁범죄 기업 지정에서 해제돼 상황이 호전. 신년 경영방침 발표회에서

"거센 바람이 거칠게 부는 가운데서 드디어 일어설 수 있게 됐다."고 선언. PHP연구소 활동 중단

1951년: 억만장자, 글로벌 플레이어로서 출발점에 서다

신년 경영방침 발표회에서 "파나소닉은 오늘부터 다시 개업하는 마음가짐으로 경영에 임하겠다."고 선언. 미국을 3개월 시찰하면서 미국의 풍요와 민주주의에 감탄하고 미국 기업의 기술력과 생산능력을 배워야 한다고 결심. 후발 주자로서 오리지널 기술 개발보다는 개량 제품을 개발하는 '모방 전략' 본격 추구

1952년: 네덜란드 필립스사와 기술제휴

1955년: 소득세 납부 1위에 처음 올라 일본의 최고 부자 자리에 등극. 이후 1960년을 제외하고 1963년까지 1위를 고수했고, 1964년 이후 1989년 사망하기 직전까지 납세 순위에서 10위권을 벗어난 적이 없음. 규슈에 공장 설립. 이후 소외된 지방 발전을 위해 모든 현縣에 파나소닉 공장을 1곳씩 안배하기 시작

1956년: 신년 경영방침 발표회에서 회사의 5개년 성장계획 선포

1959년: 미국 법인 설립, 미국 시장에 본격 진출

1960년: 신년 경영방침 발표회에서 "5년 후 주5일근무제를 전면 도입

하겠다."고 발표

1961년: 둘째 손자 히로유키弘幸 탄생. 사장직에서 물러나 회장에 취임하며 경영 일선에서 한발 후퇴. 사장직은 사위에게 이양. 노조에 개인 돈 2억 엔 기부. 교토 진진암眞眞庵에서 PHP연구소 활동 재개. 월간지 〈문예춘추〉에 이케다 총리 내각의 소득배증 정책을 비판하는 글 투고

1962년: 미국 〈타임TIME〉 지에 커버스토리 인물로 등장하며 서구 언론의 본격적인 조명을 받기 시작. NHK가 마쓰시타 성공 스토리를 특집 방송

1963년: NHK 특별 프로에서 이케다 일본 총리와 대담

1964년: '공존공영' 경영 철학을 실천하다

불황 극복을 위해 아타미에서 전국 판매대리점 사장회의를 개최해 '공존공영'의 경영 방침을 약속. 영업본부장 직무대행 직함으로 판매제도 개혁에 착수하며 경영 일선에 복귀. 사실상 사위의 경영 능력에 의구심을 표명

1965년: 주2일 휴무제 전면 도입

1967년: 신년 경영방침 발표회에서 "5년 내 유럽 수준까지 임금을 인상하겠다."고 발표. 3~4년 만에 달성

1973년: 정치 개혁 주장하며 저술 활동에 돌입, 세상을 향해 입을 열다

창업 55주년을 맞아 회장직에서 상담역으로 퇴진. "80세가 되니 그동안 막연하게 생각해오던 두 글자, 즉 '은퇴'가 현실감을 갖게 되는 기분이야. 그렇지, 슬슬 물이 빠질 때가 된 거야." 이런 소감을 남긴 뒤 일본의 장래를 걱정하는 저술 활동에 본격 돌입. 『사업의 마음가짐』(PHP연구소) 90만 부 판매

1974년: 『경영의 마음가짐』 46만 부 판매, 『사원의 마음가짐』 26만 부 판매, 『무너져가는 일본을 어떻게 구할 것인가』 75만 부 판매

1975년: 『길은 무한대로 있다-불황에서 살아남으려면』 38만 부 판매, 『지도자의 자격 요건』 99만 부 판매

1976년: 『순수한 마음이 되려면』 68만 부 판매

1977년: 전문 경영인을 후계 사장으로 지명하다

손자에게 대물림하려는 미련을 완전히 버리지 않으면서도 월급쟁이 출신 57세의 야마시타 도시히코山下俊彦를 사장에 발탁, 경영권을 전문 경영인에게 위임하기 시작. 21세기의 일본을 주제로 가상소설을 발표. 『나의 꿈, 일본의 꿈』, 『나의 경영을 말한다』, 『정치를 바로잡자』 등 저

서를 공개

1978년: 창업 60주년 기념식장에서 사원들에게 허리를 90도 굽혀 3차
례 큰절

1979년: 미래의 지도자를 양성하겠다는 포부로 사재 70억 엔을 투입해
마쓰시타 정경숙 설립, 이사장 겸 학장에 취임. 중국을 방문해 등소평과
회담한 뒤 중국 진출 본격화

1981년: 하버드대학 MBA스쿨에 100만 달러 기부하고 '마쓰시타 교수
직'을 설치

1986년: 사장에 전문 경영인 출신 중 두 번째로 다니이 아키오谷井昭雄
를 지명. 손자의 경영 능력이 검증되기를 기다리지만 전문 경영인 세력
은 오너 가족의 퇴진을 요구하기 시작

1988년: 마쓰시타국제재단 설립

1989년: 4월 27일 오전 10시 6분 사망. 주요 TV가 사망 소식을 생중
계하고, 신문은 호외 발행. 94세

2000년: 큰손자 마사유키가 파나소닉의 명예직인 부회장으로 지명돼
후계자 대열에서 공식 탈락

참고 문헌

권혁기, 『마쓰시타 고노스케』, 살림, 2017.

김진수, 『정주영 vs. 마쓰시타』, 북오션, 2017.

나카지마 다카시(中島孝志), 『실패의 왕에서 경영의 신으로』, 김은숙 옮김, KSAM한국표준협회미디어, 2012.

박정운, 『이봐 해봤어? 시련을 사랑한 정주영』, KFI미디어, 2007.

이병철, 『호암자전』, 나남, 2014.

존 코터(John P. Cotter), 『운명(Matsushita Leadership)』, 이주만 옮김, 다산북스, 2015.

松下幸之助, 『道をひらく』, PHP, 2018.

松下幸之助, 『運命を生かす』, PHP, 2018.

松下幸之助, 『わが經營を語る』, PHP, 1990.

松下幸之助, 『私の履歷書-夢を育てる』, 日本經濟新聞出版社, 2013.

嶋聰, 『最强經營者の 思考法』, 飛鳥新社, 2016.

渡部昇一, 『繁榮の哲學を貫いた巨人』, WAC, 2012.

岩瀨達哉, 『血族の王』, 新潮社, 2011

岩瀨達哉, 『パナソニック人事抗爭史』, 講談社, 2015.

塩澤茂, 『松下電器 企業革命』, 講談社, 1971.

皆木和義, 『樂土の商人』, 駒草出版, 2011.

皆木和義, 『松下幸之助と稻盛和夫-經營の神樣の原点』, 總合法令出版, 1998.

有森隆, 『世襲 派閥 策謀-社長爭奪』, さくら舍, 2018.

江口克彦,『部下がついてくる叱り方』, 方丈社, 2017.

江口克彦,『松下幸之助はなぜ, 松下政經塾をつくったのか』, WAVE出版, 2010.

青木仁志,『人が育つ會社のつくり方』, PHP, 2016.

梶田あずさ,『松下幸之助は私たちの中に生きている』, PHP, 2018.

阿部牧郎,『家電兄弟-松下幸之助と井植歳男』, PHP, 2017.

青野豊作,『商人の知慧袋』, PHP, 1986.

青野豊作,『松下幸之助の遺言』, PHP, 2010.

溝上幸伸,『松下とソニ-戰爭』, あっぷる出版社, 1991.

大西宏,『ビジネス番長』, 主婦の友社, 2014.

立石泰則,『松下幸之助の憂鬱』, 文藝春秋, 2014.

立石泰則,『パナソニックショック』, 文藝春秋, 2013.

谷井昭雄,『松下幸之助ものづくりの哲學』, PHP, 2017.

三島佑一,『船場 道修町』, 和泉書院, 2016.

谷口全平-德田樹彦,『松下幸之助 茶人-哲學者として』, 宮帶出版社, 2018.

小倉榮一郎,『近江商人の經營』, サンブライト出版, 1988.

小宮一慶,『なぜ君は働くのか-松下幸之助 運命の言葉』, 主婦の友社, 2017.

高畑敬一,『決斷と挑戰-松下電器 勞組の發想の原點』, PHP, 1982.

中島祥和,『ヒロ松下の挑戰-インディのカミカゼ』, ビジネス社, 1996.

PHP綜合研究所,『松下幸之助研究』6호(2000년 冬季號).

PHP研究所,『PHP Business Review-松下幸之助』20호(2014년 11~12월호).

PHP研究所,『論叢-松下幸之助』제1호(2004년 4월)~16호(2011년 4월).

KI신서 8121

마쓰시타 고노스케

1판 1쇄 인쇄 2019년 4월 12일
1판 2쇄 발행 2019년 5월 10일

지은이 송희영
펴낸이 김영곤 박선영
펴낸곳 ㈜북이십일 21세기북스
출판사업본부장 정지은 **인문기획팀장** 장보라
책임편집 강지은 **디자인** 어나더페이퍼
인문기획팀 양으녕 윤홍 이정인 김다미
마케팅1팀 나은경 박화인 한경화 **마케팅2팀** 배상현 김윤희 이현진
마케팅3팀 한충희 김수현 최명열 윤승환 **마케팅4팀** 왕인정 김보희 정유진
홍보기획팀 이혜연 최수아 박혜림 문소라 전효은 염진아 김선아 양다솔
제작팀 이영민 권경민

출판등록 2000년 5월 6일 제406-2003-061호
주소 (10881) 경기도 파주시 회동길 201(문발동)
대표전화 031-955-2100 **팩스** 031-955-2151 **이메일** book21@book21.co.kr

㈜북이십일 경계를 허무는 콘텐츠 리더

21세기북스 채널에서 도서 정보와 다양한 영상자료, 이벤트를 만나세요!
장강명, 요조가 진행하는 팟캐스트 말랑한 책 수다 〈책, 이게 뭐라고〉
페이스북 facebook.com/jiinpill21 포스트 post.naver.com/21c_editors
인스타그램 instagram.com/jiinpill21 홈페이지 www.book21.com
서울대 가지 않아도 들을 수 있는 명강의! 〈서가명강〉
네이버 오디오클립, 팟빵, 팟캐스트에서 '서가명강'을 검색해보세요!

ⓒ 송희영, 2019

ISBN 978-89-509-8078-8 03320